Knaur

Über die Autorinnen:

Barbara Wörmann, geboren 1971, ist Psychologin und lebt seit kurzem in München. Sie hatte ihr Coming Out mit 23 Jahren und engagierte sich daraufhin in einem Frauencafé, war Mitbegründerin einer Aktionsgruppe, die sich für die Sichtbarkeit von Lesben einsetzt, und organisiert mit anderen Frauen das Berliner Lesbenkino »Out in Friedrichshain«.

Pia Werner, geboren 1971, studiert Geschichte und Literaturwissenschaften und lebt schon immer in München. Dieses Jahr feiert sie ihr 10-jähriges Coming-Out-Jubiläum. Da ihr die Münchner Frauenprojekte eher suspekt waren, engagierte sie sich nirgends, besuchte oft und gerne spaßbringende Kultur- und Tanzveranstaltungen und kämpfte sich alleine durch ihr Coming-Out.

Über die Cartoonistin:

Katrin Kremmler, geboren 1972, lebt in Budapest. Sie sagt von sich selbst:»Mein Coming Out vor fast 10 Jahren fiel mir schwer, weil ich sehr still und schüchtern war. Damals fing ich an, Comics zu zeichnen – all die Peinlichkeiten und Unsicherheiten, mit denen ich mich herumplagte! – und stellte durch das begeisterte Feedback meiner lesbischen Umgebung fest, daß ich bei weitem nicht die Einzige war, die sich so fühlte. Mein Coming Out Tipp: Haltet durch, Mädels.« Katrin Kremmler veröffentlichte unter anderem *Ausgezeichnet – Lesbencomics* (Aetna Verlag 1993), *Dykes On Dykes* (Konkursbuchverlag 1998), sowie in Anthologien und im Internet: www.dykesworld.de

Jane liebt Julia

Das Coming-Out-Buch

Pia Werner & Barbara Wörmann

Illustriert mit Fotos von Barbara Wörmann
und Cartoons von Katrin Kremmler

Knaur

Der Inhalt dieses Buches sowie alle Ratschläge und rechtlichen Hintergründe wurden von den Autorinnen und dem Verlag sorgfältig geprüft. Für die Richtigkeit der Angaben in jedem Einzelfall können aber weder die Autorinnen noch der Verlag Gewähr übernehmen.

Besuchen Sie uns im Internet:
www.droemer-knaur.de

Originalausgabe März 2000

Redaktion: Bettina Traub
Innenillustrationen: Fotos Copyright © 1999 Barbara Wörmann;
Cartoons Copyright © 1999 Katrin Kremmler.
Alle Rechte vorbehalten.
Umschlaggestaltung: Agentur Zero
Umschlagabbildung: Photonica, Hamburg
Satz: Ventura Publisher im Verlag
Druck und Bindung: Clausen und Bosse, Leck
Printed in Germany
ISBN 3-426-77449-6

5 4 3 2 1

Inhalt

Willkommen am anderen Ufer

Dieses Buch handelt vom Coming Out – also davon, wie Mädchen und Frauen entdecken, dass sie lesbisch sind. Und deshalb geht es auch um Liebe – um die Liebe zwischen Frauen. Wir haben unser Coming Out ganz unterschiedlich erlebt, die eine mit 17 in Bayern, die andere mit 23 in Berlin. Trotzdem haben wir ähnliche Erinnerungen: Es war eine aufregende und verwirrende Zeit.

Als wir nicht wussten, ob wir unseren Gefühlen trauen können, und uns vor den Konsequenzen des Coming Out fürchteten, hatten wir Freundinnen, die uns unterstützt haben. Da wir selbst »richtige Lesben« geworden sind, haben wir beschlossen, etwas von unseren Erfahrungen weiterzugeben. Wir haben unsere eigenen Geschichten und Gedanken aufgeschrieben und zusätzlich noch jede Menge Lesben in ganz Deutschland gefragt, wie sie ihr Coming Out erlebten.

Dieses Buch kann selbstverständlich keine gute Freundin ersetzen, aber vielleicht kann es dir helfen, eine zu finden. Uns war es wichtig, ein Buch speziell für Lesben zu schreiben. Über die schwulen Jungs wird sowieso schon genug geredet, und sie haben ausreichend Literatur. Du kannst dir also sicher sein, dass die folgenden Seiten hundertprozentig auf dich zugeschnitten sind.

Wir haben uns gefragt, was eigentlich eine echte Lesbe ausmacht. Deshalb der ultimative Test, der dir sagt: Du bist's oder du bist's nicht. Hast du es herausgefunden, stehen große Fragen an: Coming Out, wie geht das? Wie finde ich heraus, was ich will? Wie bringe ich meinen Eltern bei, dass sie eine lesbische Tochter haben?

Hast du das geschafft, geht's los: Wir machen dich fit für die Szene und verraten, ob Club Lesbe und Diesel Dyke jemals ein Paar werden. Und ganz wichtig – wo du sie überhaupt kennen lernen kannst. Ein Wörterbuch mit den wichtigsten Szeneausdrücken erleichtert dir den Einstieg. Also, wenn mal was unklar ist, nachschauen.

Wenn es dann so richtig gefunkt hat, wirst du dich fragen: Was machen Lesben eigentlich im Bett? Und wie machen sie es safe? Du wirst eine Antwort darauf bekommen und – Lust nach mehr ...

Es ist gut, ein paar Vorbilder zu haben, deshalb haben wir uns auf die Suche nach berühmten Lesben von gestern und heute gemacht: Du bist nicht alleine!

Du willst sicher auch noch wissen, wie die anderen, die Heteros, über uns Lesben denken. Und wie's mit der Homoehe steht. Damit nicht genug: Wir verreisen noch und zeigen dir, wie Lesben in anderen Ländern leben und was für dich an Information wichtig ist, wenn du dich im Ausland aufhältst.

Was bleibt? Das, was richtig gut ist: die besten Songs, Adressen im Internet, Filme, Zeitschriften und Bücher für Lesben.

Wenn man davon ausgeht, dass fünf bis zehn Prozent aller Frauen in Deutschland lesbisch sind, ist es doch erstaunlich, wie wenige wir wirklich zu sehen kriegen. Umso mehr danken wir allen, die etwas zu *Jane liebt Julia* beigetragen haben. Gemeinsam sind wir stark. Also komm raus, es lohnt sich!

Du kannst uns übrigens mailen. Ja, schreib uns, wie du dein Coming Out erlebt hast. Oder was dich sonst lesbenmäßig bewegt. Über einen kleinen Kommentar zum Buch würden wir uns natürlich auch sehr freuen. Hier unsere E-mail-Adresse: JaneliebtJulia@gmx.net.

Bis bald

Pia und Barbara

DER WEG ZUM COMING OUT

Lieber lesbisch lebensfroh,
als verklemmt und hetero

I am what I am – oder?

Bei uns war das so:

Barbara: Es ist noch gar nicht lange her, dass ich mich zum ersten Mal richtig in eine Frau verliebt habe. Ich kann mich noch sehr gut an das prickelnde Gefühl erinnern, als sie neben mir stand. Ich war 22 und sie hieß Maria.

Pia: Ich wusste schon immer, dass ich auf Frauen stehe und fand das gar nicht schlimm. Als kleines Mädchen habe ich meinem Sandkastenfreund immer erzählt, wenn ich groß bin, lass ich mich zum Mann umbauen, denn ich fühlte mich in meiner Mädchenrolle nicht wohl.

Barbara: Von meinen überraschenden Gefühlen für Maria bis zum Coming Out war es ein langer Weg. Als heterosexuell sozialisiertes Mädchen konnte ich mir lange Zeit nicht vorstellen, dass es überhaupt möglich sein könnte, ein Leben mit Frauen zu führen, und dann auch noch ich.

Pia: Als ich alt genug war, um alleine auszugehen, habe ich all meinen Mut zusammengenommen und mich bei der Lesbenberatung erkundigt, wo man andere Frauen kennen lernen kann. In einer Bar habe ich dann meine erste Freundin getroffen. Damals war ich 17.

Barbara: Ich habe den Kontakt zu Lesben gesucht und ein paar tolle Frauen kennen gelernt. Einige waren Vorbilder, andere steckten in einer ähnlichen Situation wie ich. Wir haben viel diskutiert und die Szene ausgekundschaftet. Nach einigem Hin und Her bin ich dann mit meiner ersten Freundin zusammengekommen.

Pia: Als meine Mutter herausfand, dass ich eine Freundin habe, hat sie mir den Kontakt mit ihr verboten. Ich musste ein Postfach einrichten, um Briefe von ihr bekommen zu können. In dieser Zeit habe ich mich furchtbar einsam und unverstanden gefühlt. Erst später habe ich genug Selbstbewusstsein entwickelt, um meinen eigenen Weg zu gehen.

Das sind unsere Geschichten. Und wie steht's mit dir? Vielleicht fragst du dich gerade, was oder wie eine echte Lesbe überhaupt sein kann? Wir haben uns mal umgehört:

- Eine Lesbe verliebt sich in Frauen.
- Eine Lesbe möchte sich lieber mit Frauen als mit Männern verbünden.
- Jede Frau, die von sich sagt, »ich bin lesbisch«, ist eine Lesbe.
- Ich bin eine Lesbe, weil ich mich in eine Frau verliebt habe und danach in eine andere und wieder in eine andere … Das macht mich wohl zu einer Lesbe, obwohl ich den Begriff nicht leiden kann.
- Eine Lesbe ist eine Frau, die auf Frauen steht. Sie bleibt auch eine Lesbe, wenn sie gerade keine Freundin hat.

Fazit ist, dass es jeder selbst überlassen bleibt, ob sie sich Lesbe nennen will, und was sie damit verbindet. Niemand kann bestimmen, ob du Lesbe sein darfst oder nicht, und niemand kann dir die Entscheidung abnehmen. Wenn du dich von Frauen angezogen fühlst, heißt das noch lange nicht, dass du lesbisch bist.

Verliebt oder nicht – wie find ich's raus?

Es gibt Situationen, da meint frau verliebt zu sein, ist es aber nicht wirklich. Vielleicht ist es lediglich Bewunderung für eine faszinierende Frau. Oder Eifersucht, weil deine Freundin einen neuen Schwarm hat, du sie aber lieber ganz für dich behalten

willst. Vielleicht hat dich auch die Abenteuerlust gepackt, oder die Typen gehen dir gerade einfach auf die Nerven.
Genauso wahrscheinlich ist es allerdings, dass du dich wirklich in eine Frau verliebt hast. Ja! Wenn du an sie denkst, spürst du ein Kribbeln im Bauch und musst lächeln. Und eigentlich findest du es ganz toll, dass sie eine Frau ist. Wenn du wirklich lesbisch bist, wird es dir wie ein Aha-Erlebnis vorkommen. Plötzlich machen Gedanken und Gefühle Sinn, die du schon vorher hattest.

Nicht alle Frauen, die sich in eine Frau verlieben, sind lesbisch

In eine Frau verliebt zu sein ist nicht gleichbedeutend mit lesbisch sein. Es kommt darauf an, was du aus deinen Gefühlen machst. Du kannst abwarten, deine Gefühle ignorieren oder ihnen nachgehen. Es gibt heterosexuelle Frauen, die wissen, dass sie sich in eine Frau verlieben könnten, aber bewusst darauf verzichten. Oft spielt die Angst vor gesellschaftlicher Ablehnung eine wichtige Rolle bei dieser Entscheidung. Andrerseits sind wir der Meinung, dass sich lesbische Gefühle nicht verdrängen lassen. Auch wenn dir der Gedanke, lesbisch zu sein, im Moment vielleicht Angst macht, auf Dauer ist es einfacher, zu deinen Gefühlen zu stehen, als sie zu verleugnen.

Ist lesbisch sein angeboren?

Immer wieder taucht die Frage auf, warum die eine Lesbe wird und die andere nicht. Beim Menschen gibt es nicht den einen Grund für Homo- oder Heterosexualität. Alle Versuche, die Ursachen von Homosexualität wissenschaftlich nachzuweisen, sind bisher fehlgeschlagen. Es liegt also weder an den Genen noch an der Erziehung. Heute ist man der Auffassung, dass viele Faktoren bei der sexuellen Orientierung zusammenspielen, ohne dass ein einzelner von ursprünglicher Bedeutung oder gezielt beeinflussbar wäre. Fest steht auch, dass frau nicht zum Lesbischsein verführt werden kann. Zumindest nicht dauerhaft.

Eine Frau zu küssen ist nicht schwer, lesbisch sein schon mehr

Welche Hetera muss sich schon Gedanken darüber machen, ob sie wirklich auf Männer steht? Obwohl nach Angaben der Lesbenberatung in Berlin rund zehn Prozent aller Frauen in der Bundesrepublik lesbisch leben, ist es noch nicht »normal«, sich als Frau in eine Frau zu verlieben. Schon als kleines Mädchen werden wir dazu erzogen, uns später mal mit einem Mann zusammenzutun. Nicht nur unsere Eltern oder die Gesellschaft prägen uns, auch in Film, Fernsehen und in der Literatur spielen Lesben eine untergeordnete Rolle. Wenn du mit einer Frau zusammen sein willst, brichst du aus diesem vorgezeichneten Weg aus.

Lesbe wird man durch ein Coming Out

Wenn du merkst, dass du lesbisch sein könntest, ist auf einmal nichts mehr, wie es war. Klar macht das Angst, und du bist total verunsichert, ob du deinen Gefühlen überhaupt trauen kannst. Das Nachdenken über die eigene sexuelle Identität ist ein längerer Prozess, der Coming Out genannt wird. Er besteht in der Regel aus zwei Teilen: Erst mal musst du dir selbst über deine Gefühle schlüssig werden. Danach findest du auch einen Weg, wie du vor anderen zu deinen Gefühlen stehen kannst.

Um dir beim ersten Teil deines Coming Out auf die Sprünge zu helfen, haben wir ein paar Fragen zusammengestellt, die dir am Ende verraten werden: Du bist's oder du bist's nicht!

Der ultimative Lesbentest

1. Du durchstöberst alte Fotos aus Kindergartenzeiten. Schon damals warst du:
   A. das niedlichste Kind der Straße
   B. ein kleiner Wildfang
   C. die Chefin der Jungs-Gang

2. Du sitzt in der U-Bahn und merkst, dass dich eine gut aussehende Frau beobachtet. Was denkst du?
   A. Stimmt irgendwas mit meiner Frisur nicht
   B. Das wäre bestimmt eine interessante Gesprächspartnerin
   C. Ob sie mich attraktiv findet

3. Eine lesbische Freundin hakt sich bei dir unter. Wie reagierst du?
   A. Oh Gott, die will bestimmt was von mir
   B. Schön, dass Frauen auch körperlich sein können
   C. Hoffentlich merkt sie nicht, dass ich sie klasse finde

4. Deine erste große Liebe ist mittlerweile:
   A. verheiratet mit zwei Kindern (schluchz!)
   B. ein richtig guter Kumpel
   C. schwul bzw. lesbisch

5. Für die Zukunft wünschst du dir:
   A. Kohle, Karriere, Kinder
   B. Computerkenntnisse, nette Kollegen, Konzertbesuche
   C. Katzen, Küsse, eine Wohnung in Kreuzberg

6. Eine Lesbe äußert sich abfällig über Männer. Wie findest du das?
   A: Total männerfeindlich
   B: Von einem feministischen Standpunkt aus nachvollziehbar
   C: Amüsant – die Kerle reden ja auch nicht gerade nett über uns

7. Letzte Nacht hast du im Traum Sex mit einer Frau gehabt. Wie reagierst du?
   A: War das geil. Ich würde es gerne mal mit einer Frau probieren
   B: Ich frage mich, welches Ereignis des vorherigen Tages der Auslöser gewesen sein könnte
   C: Langsam verunsichert mich das. Vor allem weil ich diese Traumfrau verführt habe

8. Wie stellst du dir Sex mit einer Frau vor?
   A: Total harmonisch. Frauen verstehen einfach besser, was anderen Frauen gefällt
   B: Lustig – wir würden bestimmt die ganze Zeit kichern
   C: Wenn ich darüber nachdenke, wird mir ganz schwindelig

9. Welchen Sport treibst du?
   Tennis (1 Punkt), Handball (10 Punkte), Volleyball (3 Punkte), Fußball (3 Punkte), Ballett (minus 2 Punkte), Basketball (1 Punkt)

10. Du bist in einem Fitnessstudio für Frauen. Warum?
   A: Da muss ich mich nicht mit Männern messen
   B: Ich lehne Fitnessstudios grundsätzlich ab
   C: Eigentlich wollte ich nur mal vorbeigehen, aber die Frauen haben mir so gut gefallen

11. Frauenfeste faszinieren dich. Warum?
A: Manche Frauen sehen ja echt wie halbe Typen aus
B: Ich kundschafte gerne unterschiedliche Lebenswelten aus
C: Es kribbelt und ich habe das Gefühl etwas Verbotenes zu tun

12. So, nun begebe dich zu deinem CD-Regal. Welche dieser CDs findest du dort?

Melissa Etheridge	Anne Clark	Jan & Ilse
Gianna Nannini	Cultured Pearls	Cheryl Crow
Chumbawamba	Sinead O'Connor	Skunk Anansie
Marla Glenn	Indigo Girls	Mecano

Vergebe einen Punkt pro CD und teile die errechnete Punktzahl durch die Gesamtzahl deiner CDs.
Solltest du von einer Gruppe das komplette Werk oder gar den Bandits-Soundtrack besitzen, rechne noch fünf Punkte extra dazu.

13. Noch eine letzte Frage, bevor wir zur Auswertung kommen.
Was beweist dir der Test?
A: Dass du auch für Frauen attraktiv bist
B: Dass du nichts gegen Lesben hast
C: Dass du ganz und gar und überhaupt nicht lesbisch bist

So, nun viel Spaß beim Zusammenzählen: Ein A zählt null Punkte, ein B einen Punkt und ein C zwei Punkte.

Auswertung

0 bis 15 Punkte
Die abenteuerlustige Hete. Mal ganz ehrlich, du glaubst doch wohl nicht im Ernst, dass du lesbisch bist? Nein, du fühlst dich ganz wohl bei den Jungs und wirst da wahrscheinlich auch bleiben. Mal 'ne Frau zu küssen wäre schon ganz nett, aber pass auf, dass du dich nicht verliebst, denn Lesben sind verführerischer, als du glaubst.

16 bis 25 Punkte
Die Unentschlossene. Männer? Frauen? Theorie? Praxis? Hör auf nachzudenken und mach dich auf den Weg. Geh tanzen, flirte und lass dich küssen. Dann wird dir bestimmt einiges klarer.

Über 25 Punkte
Tja Baby, willkommen im Club. Nicht gleich in Panik ausbrechen. Du hältst ja jetzt ein Coming-Out-Buch in Händen, hast uns und kannst sicher sein, dass die große bunte Lesbenwelt auf dich wartet.

Bist du lesbisch?

Tina (22): Ich hatte sie schon des öfteren im Frauencafé beobachtet: Sie war eine von denen, die wusste, was sie ist. Eine Lesbe, die schon lange im Café arbeitete und eine gefestigte Identität hatte. Eigentlich hätte ich mich ihr überlegen fühlen können. Immerhin war ich älter, ziemlich viel rumgekommen und hatte länger studiert. Aber das Gegenteil war der Fall: Sie kam mir reif und selbstsicher vor, ich dagegen fühlte mich wie ein junges Huhn.

Während des Sommerurlaubs hatte ich bereits lesbische Luft geschnuppert: Ich hatte mich in eine Frau verknallt. In eine richtige Lesbe. Hatte sie von der Ferne aus angehimmelt, und wenn sie in meine Nähe gekommen war, hatte es in meinem Bauch von Schmetterlingen nur so gewimmelt.

Dann war der Sommer vorüber, und eine Ahnung blieb. Jetzt war es November, und ich war immer noch aufgewühlt. Konnte ich mich tatsächlich in Frauen verlieben? Würde ich es wagen, mich in der neuen Stadt auf eine Frau einzulassen? War ich in die Schöne aus dem Frauencafé verknallt?

Meine Mitbewohnerin sah das alles ganz pragmatisch. Große Liebe hin oder her, so wie die aus dem Café mich angeschaut hätte, fände sie mich bestimmt ganz toll. Außerdem würden mich ein paar praktische Erfahrungen auf dem Weg der Identitätsfindung sicher weiterbringen (ich glaube, ich hatte die Hoffnung, dass es ganz ekelig sei, eine Frau zu küssen, und sich mein Problem deshalb in Luft auflösen würde).

Mal war ich mutiger, mal völlig verschüchtert, aber ich lernte die Schöne besser kennen. Eines Abends schließlich stand sie mir in der Disko gegenüber. Wir unterhielten uns über dieses und jenes, und dann fragte sie, ob sie mir mal eine persönliche Frage stellen dürfe. Da die Musik sehr laut war, kam sie nah heran und legte die Hände auf meine Schultern. Sie würde gerne wissen, ob ich immer noch der Meinung sei, strikt Hetero zu sein? Mir wurde heiß und kalt, einfacher hätte sie es mir nicht machen können. Aber ich befürchtete, dass sie mich küssen würde, wenn ich verneinte. Und was wäre dann? Also nickte ich tapfer. Noch!

Was heißt Coming Out?

Wenn sich irgendwo zwei Lesben kennen lernen, kannst du davon ausgehen, dass sie schon bald auf das Thema Coming Out zu sprechen kommen. Sie werden sich darüber unterhalten, wie out sie bei ihren Eltern sind oder wie sie sich in der Arbeit mal unfreiwillig outeten. Wenn sie keine Schranklesben sind, erzählen sie sich sicher gegenseitig ihre Coming-Out-Geschichten. Die Bezeichnung Schranklesbe leitet sich aus der Redewendung »Sie kommen aus ihren Schränken« ab und stammt dem Vernehmen nach aus dem Amerikanischen. Früher sagte man »they are coming out of their closets«, wenn auf Debütantinnenbällen die Mädchen aus der Oberschicht schön herausgeputzt in die Gesellschaft eingeführt wurden.
Heute ist Coming Out ein feststehender Begriff, den du in jedem Wörterbuch findest. Coming Out bedeutet, sich öffentlich zu etwas Privatem und Intimem bekennen. Meistens wird darunter jedoch das Bekenntnis zur Homosexualität verstanden. Man kann sich aber auch als Katzenliebhaberin, Bayern-Fan oder Fleischesserin outen. Meistens outet man sich freiwillig, aber man kann auch »zwangsgeoutet« werden. Anfang der 90er Jahre sorgte der schwule Filmemacher Rosa von Praunheim für Furore, als er in der RTL-Sendung »Der heiße Stuhl« ausplauderte, dass Alfred Biolek und Hape Kerkeling ebenfalls homosexuell seien.

Schritt für Schritt ins neue Glück

Lesbe wird frau nicht an einem Tag. Das Coming Out ist ein langwieriger Prozess, durch den sich viel in deinem Leben verändern wird. Du wirst kein neuer Mensch, aber ein Teil deiner Persönlichkeit, der vorher im Verborgenen lag, kommt zum Vorschein. Erstmal geht es darum, dass du dich selbst als Lesbe akzeptierst – das ist dein privates Coming Out. Wenn du das geklärt hast, willst du wahrscheinlich anderen von dir erzählen. Dazu musst du nach außen hin zu deinem Lesbischsein stehen – das ist dein öffentliches Coming Out.

Beide Prozesse beeinflussen sich gegenseitig. Wenn du zum Beispiel einer Freundin gestehst, dass du lesbisch bist, gibst du nicht nur etwas von dir preis, sondern durch ihre Reaktion wird auch für dich dein Lesbischsein realer.

Für das Coming Out gibt es keine Altersgrenzen. Es gibt Frauen, die schon mit 15 Jahren wussten, dass sie lesbisch leben wollen, und sofort ihr gesamtes Umfeld eingeweiht haben. Andere entdeckten erst mit 68 ihre lesbische Sexualität.

Für ein Coming Out kann man keine zeitlichen Vorgaben festsetzen. Einige Frauen sind so froh, endlich ihre lesbische Seite entdeckt zu haben, dass sie sich volle Kraft voraus in die Lesbenszene stürzen und keine Affäre auslassen. Andere wollen sich ihrer Gefühle absolut sicher sein, bevor sie erste zarte Berührungen wagen.

Obwohl das Coming Out zu einem bestimmten Zeitpunkt im Leben anfängt und du dich irgendwann mit deiner lesbischen Identität ganz wohl fühlen wirst, ist es nie wirklich abgeschlossen. Wenn du neue Leute kennen lernst, einen neuen Job hast oder dich allgemein in einer neuen Situation befindest, gehen

die meisten Menschen davon aus, dass du heterosexuell bist. Du musst entscheiden, wie viel du von dir preisgeben kannst und ob du dich outen willst.
Ganz am Anfang deines Coming Out hast du wahrscheinlich nur eine vage Vermutung, dass du dich zu Frauen hingezogen fühlst. Vielleicht hast du einen Lesbenfilm gesehen, der dich nicht mehr loslässt, oder du hast dich unsterblich in eine Freundin verliebt. Einigen wird auch erst nach Jahren bewusst, dass ihre Beziehungen zu Frauen oft sehr intensiv waren und dass sie mehr als Freundschaft wollen. Ein bisschen im Vorteil sind diejenigen, die schon »immer« wussten, dass sie irgendwie anders sind und nichts für Männer übrig haben. Aber auch die so genannten Sandkastenlesben müssen erstmal lernen, zu ihren Gefühlen zu stehen.
Es gibt kein Patentrezept, wie man sich am schnellsten, besten und effektivsten outen kann. Hier einige Tipps:

Finde heraus, was du wirklich willst

Du meinst, es könnte sein, dass du ein kleines bisschen lesbisch bist? Du willst dich nicht festlegen, wahrscheinlich bist du auch eher bisexuell, und bestimmt (hoffentlich) ist es bald wieder vorbei.
Und was wäre, wenn du dir einfach eingestehen würdest, dass du lesbisch bist? Du hast Angst, dass du deshalb von deinen Freunden gehasst wirst? Vielleicht solltest du ihnen etwas mehr vertrauen. Du würdest dich festgelegt fühlen. Aber wer kann schon sagen, was in zehn Jahren ist? Heteras können auch nicht garantieren, dass sie nicht irgendwann mal den Verlockungen lesbischer Liebe verfallen. Du hast die »echten« Lesben vor Augen, die über jeden Zweifel erhaben sind, und fühlst dich minderwertig? Wer weiß, wie lange die schon in der Szene sind? Entweder sie stecken auch in ihren Anfängen und schauen so cool, weil sie noch unsicherer sind als du. Oder sie kön-

UNSERE RUBRIK:
'FRAGEN SIE FRAU BETTINA'
Liebe Frau B., seit 3 Monaten bin ich jedes Wochenende im Anal und im Wasserturm und im EX und im SO36 (dort auch Mittwochs) und bin schon völlig pleite und abgefrühstückt, und finde einfach keine Freundin! Was mach ich nur falsch?! Ich bin jung, hübsch & hip und auch nicht dumm. Helfen Sie! Ihre Gabi aus B.
LIEBE GABI! ALLER ANFANG IST SCHWER. ES IST EIN REINES MISSVERSTÄNDNIS. HÖR' MAL GUT ZU:
WIR HAM' UNS BEI ALDI AN DER KASSE GETROFFEN.
ALDI
BEATE
SANDRA
SIE WAR DIE AVON-BERATERIN, DIE BEI MIR AN DER HAUSTÜR KLINGELTE.
... HACH...
ULRIKE
SIE WAR MEINE TRAININGSPARTNERIN IN MEINER LESBISCHEN KAMPFSPORTGRUPPE.
GENAU.
ANJA
STEFFI
WIE WAR DAS DENN NOCHMAL – JUTTA KANNTE BIRGIT, UND DIE KANNTE ANNA, DEREN EX USCHI MIT DIR IM SEMINAR SAß. UND ICH KANNTE BIRGIT, ABER NICHT USCHI, UND SABINE KANNTE ANNA, UND WIE WAR DAS NOCHMAL?
GLÜCK WARS. REINES GLÜCK.
MARTINA
SABINE
WAS ICH DIR DAMIT SAGEN WILL, GABI: (goldene Regel #254)
DIE FRAU DEINES LEBENS FINDEST DU ÜBERALL, ABER NICHT IN LESBISCHEN LOKALEN.
ACH SO? ABER ZUM TANZEN IS' ECHT SUPER.
KREMMLER '99

nen gut nachvollziehen, wie du dich fühlst, weil sie mal in der gleichen Situation waren.
Denk daran, du bist deines Glückes Schmied. Du alleine entscheidest, was du aus deinem Leben machst. Wenn es dir mit Frauen gut geht, genieße es. Du findest es doch auch bei anderen in Ordnung, dass sie lesbisch leben. Warum darfst du dir das nicht gönnen? Es ist schwierig, zu seinen Gefühlen zu stehen, aber es ist noch schwieriger, sie zu verleugnen. Wenn du aufhörst, deiner Wahrnehmung zu misstrauen und anfängst, deine lesbischen Gefühle ernst zu nehmen, kannst du dich mit deiner Angst und deinen Zweifeln auseinandersetzen. Aber erstmal musst du wissen, was du wirklich willst.

Es ist wichtig, sich festzulegen

Manuela (35): Ich finde es wichtig, erstmal eine Identität als Lesbe zu entwickeln. Du kannst sie immer wieder neu in Frage stellen oder auch verändern, aber 'ne Identität ist ganz entscheidend, und ein Label auch. Und Worte dafür zu finden und sagen zu können: »Ich bin lesbisch.« Was das dann heißt, und wie du das leben kannst, ist 'ne ganz andere Sache, da greifen dann wieder individuelle Entwürfe. Ich finde es fatal, wenn Leute behaupten: »Ich brauche das nicht, ich bin irgendwie, ich bin Wischiwaschi.« Das nutzt niemandem, das ist auch gelogen. Je genauer du dich definieren kannst, desto genauer kannst du deine Bedürfnisse benennen und desto besser kannst du auch damit rumspielen und sagen: »Ich bin das und das und erkunde jetzt mal das und das.« Es ist viel leichter, dich voll als Lesbe zu bekennen und einfach mal zu sagen: Ich habe jetzt mal Bock, Sex mit 'nem Mann zu haben. Das macht mich deshalb noch lange nicht weniger lesbisch. Je stärker deine Identität entwickelt ist, desto lockerer kannst du auf andere Dinge zugehen und sie ausprobieren. Unter der Überschrift »Lesbisch« kann es ja ganz viel geben, da müssen auch nicht alle gleich sein, aber sich auf einer gemeinsamen Ebene zu be-

wegen, das ist wesentlich. Je mehr Identität, desto mehr Freiraum.

Mach dich frei von Vorurteilen

Du hast beschlossen, dass du gerne mit Frauen zusammen sein, dich aber nicht als Lesbe bezeichnen möchtest? Woran könnte das liegen? Was fällt dir ein, wenn du mal ganz abstrakt an Lesben denkst? Stell dir vor, du liest folgende Anzeige: Lesbe vermietet Zimmer. Du machst mit ihr einen Besichtigungstermin aus. Welche Art von Frau erwartest du dann?
Die eigenen Vorurteile sitzen tief und werden durch die Umgebung genährt. Lesben sind eine gesellschaftliche Minderheit, und viele Menschen kommen – aus welchem Grund auch immer – nicht damit zurecht, dass sich zwei Frauen küssen. Es gibt schlechte Witze über Lesben und üble Sprüche: Lesben haben keinen abgekriegt. Lesben sind frustriert. Lesben sind Mannweiber. Männerhasserin ist nicht gerade ein attraktives Selbstbild. Du könntest die Liste sicher noch fortführen. Wir sind alle mit diesen Vorurteilen aufgewachsen. Obwohl du dich als frauenliebende Frau überhaupt nicht frustriert fühlst (eher das Gegenteil), sind diese Sprüche bei dir im Kopf fest verankert. Das nennt man verinnerlichte Homophobie. Es ist wichtig, dass du dir diese Vorurteile bewusst machst und sie überprüfst (schreib sie einfach alle mal auf). Wenn du mit dem Vorurteil, dass Lesben häßlich sein sollen, durch die Gegend läufst, wirst du bei jeder lesbischen Frau, die nicht deinem Schönheitsideal entspricht, denken: typisch lesbisch. Dich selbst und deine Freundinnen wirst du wahrscheinlich mit der Begründung ausklammern, dass ihr eben die Ausnahmen von der Regel seid. Wenn du so denkst, wird es dir schwerfallen, ein gutes Selbstbewusstsein als Lesbe zu entwickeln. Vielleicht schämst du dich sogar dafür, »zu denen« zu gehören.
Lesben sind keine besseren Menschen, aber auch keine

schlechteren. Erst wenn du das selber glaubst, kannst du auch andere davon überzeugen. Die Christopher-Street-Day-Paraden, bei denen Lesben und Schwule auf die Straße gehen, um selbstbewusst ihre Lebensform zu feiern, sind ein gutes Beispiel dafür. Mittlerweile feiern auch viele Heteras mit, weil unsere Kultur so schön bunt und ausgelassen ist. Beim CSD kannst du dich stärken, um auch im Alltag mit einem Lächeln auf dem Gesicht sagen zu können: »Ich bin Lesbe, ist das nicht toll!«

Treffe dich mit Lesben

Zu Beginn deines Coming Out kannst du es wahrscheinlich gar nicht glauben, dass du wirklich lesbisch sein sollst. So sehr du dich auch über deine neuen Gefühle freust, so groß ist auch deine Unsicherheit und die Angst vor dem Ungewissen. Spätestens wenn der Zeitpunkt erreicht ist, dass in deinem Kopf die Gedanken wie wild umherwirbeln, wird es Zeit, dich mit anderen auszutauschen. Auch wenn du das Gefühl hast, deine Situation sei einzigartig und dich würde sowieso niemand verstehen, gibt es andere Frauen, die sich in einer sehr ähnlichen Lage befinden. Besonders schlimm ist es, wenn du mit den Personen, denen du sonst deine Geheimnisse anvertraut hast, nicht mehr reden kannst, weil du Angst hast, dass sie sich verschließen.
Vielleicht gibt es ja eine Lesbe in deinem Umfeld, der du von dir erzählen kannst. Auch wenn ihr sonst keinen Kontakt habt, und sie schon erfahren ist, solltest du es versuchen. Irgendwann ist sie auch mal rausgekommen und kann deshalb deine Situation gut nachvollziehen. Oder du informierst dich, ob es in deiner Stadt einen Mädchentreff, ein Frauenzentrum oder eine Lesbenberatung gibt (s. Adressteil). Hier werden oft Coming-Out-Gruppen angeboten, bei denen du Gleichgesinnte triffst. Um dorthin zu gehen, brauchst du dir nicht sicher zu

sein, dass du lesbisch bist. Meistens bestimmen die Teilnehmerinnen selbst, worüber sie reden wollen. Beliebte Themen sind zum Beispiel das Verhältnis zu den Eltern, wie man Frauen kennen lernen kann, was Lesben im Bett machen etc. Die anderen Frauen dort fühlen sich genauso unsicher wie du. Und wenn eine schon weiter geoutet ist, erzählt sie sicher gerne, wie es ihr damals erging und wie sie sich in deiner Situation verhalten hat.
Ein weiterer positiver Aspekt der Coming-Out-Gruppe ist, dass du spannende Frauen kennen lernst. Hier sollen zwar nicht allzu viele Hoffnungen geweckt werden, aber es soll schon mal vorgekommen sein, dass zwei Teilnehmerinnen das Thema Liebe nicht nur theoretisch erörtert haben. Wir verstehen uns!?!

Lass dir Zeit

Hetera bist du nicht an einem Tag geworden und deshalb wirst du auch nicht an einem Tag zur Lesbe. Die meisten von uns wachsen mit der Vorstellung auf, dass sie sich irgendwann einmal in einen Mann verlieben und mit ihm eine Beziehung eingehen werden. Wenn du beschließt, lesbisch zu leben, wirfst du diese Lebensplanung erst einmal über den Haufen. Ein Coming Out ist deshalb ein längerer Prozess, weil sich sowohl in dir als auch in deinem sozialen Umfeld eine Menge tun wird. Wenn sich gewohnte Situationen verändern, fühlen wir uns zunächst verunsichert. Nimm dir Zeit, um die Ereignisse zu verarbeiten. Es gibt viele Möglichkeiten, wie du es dir gut gehen lassen kannst. Gönn dir ausgedehnte Spaziergänge im Grünen oder ein Bad mit einem tollen Duftöl und Kerzen. Geh zum Sport, treffe dich mit deinen Freunden. Frauenzeitschriften haben da immer ein paar gute Tipps parat. Du brauchst nicht gleich dein ganzes Leben umzuschmeißen. In kleinen Schritten kommst du auch ans Ziel.

Langsam, langsam!

Svenja (32): Ich habe mir sehr viel Zeit gelassen, um mich dahin zu entwickeln, wo ich heute stehe. Und trotzdem war ich mit meinem Coming Out im Alter von 15 Jahren überfordert. Das ist mitten in der Pubertät, da bricht das schon sehr über einen rein. Ich sehe viele junge Frauen, die da viel zu schnell rangehen. Man muss doch nicht alle sexuellen Erfahrungen bis 22 gemacht haben. Auch das Phänomen, in die Großstädte zu ziehen und die Sau rauszulassen, sich alle Drogen reinzuziehen und alle Sexszenarien mitzuspielen – viele machen das und kommen seelisch mit der Verarbeitung gar nicht hinterher. In der Szene herrscht ja auch ein unglaubliches Potenzgehabe: Mit wie vielen Frauen warst du schon im Bett? Was hast du schon alles erlebt? Als Olle würde ich den Jungen einfach sagen: Lasst euch Zeit. Letztendlich schadet ihr euch selbst, wenn ihr schneller lebt, als ihr es vertragen könnt. Man kann nicht davon ausgehen: Heute wache ich mit meinem Coming Out auf und morgen muss ich es bis in alle Ecken durchgezogen haben.

Schütze dich vor schlechten Witzen

Auch wenn du es ganz toll findest, deine lesbische Identität entdeckt zu haben, mit Lesbischsein kann man in unserer Gesellschaft leider keinen Blumentopf gewinnen. Vielleicht wird es einige FreundInnen geben, die sich mit dir über dein Coming Out freuen. Aber bereite dich auch darauf vor, dass niemand hurra schreien wird, wenn du erwähnst, dass deine neue große Liebe eine Frau ist. Als Lesbe gehörst du einer gesellschaftlichen Minderheit an, und das macht dich verletzlich. Wenn du deine Freundin auf der Straße küsst, kann es dir passieren, dass du mit blöden Sprüchen angemacht wirst. Vielleicht ist es dir vorher gar nicht aufgefallen, wie selbstverständlich andere davon ausgehen, dass du einen Freund hast. Neuerdings musst du dich erklären, wenn du neue Leute kennen lernst. Früher wäre es dir auch nicht aufgefallen, wie viele Scherze Harald Schmidt und Konsorten auf Kosten von Lesben und Schwulen machen, jetzt bleibt dir das Lachen im Halse stecken. Wo du hinschaust, nur Heteros. Im Horoskop ist von deinem Partner die Rede, die Frauenzeitschrift verrät, wie du ihn rumkriegst, und auf der Singleparty kannst du deinem Traumboy Briefchen schreiben. Es kann sehr ermüdend und frustrierend sein, sich immer etwas außerhalb der Mainstream-Kultur zu fühlen. Manche Lesben passen sich total an, um nicht aufzufallen. Aber was ist das für ein Leben? Andere stellen sich trotzig und selbstbewusst der heterosexuellen Herausforderung. Das ist bewundernswert. Und zum Glück bist du nicht die erste Lesbe auf dieser Welt. Im Frauenbuchladen findest du Romane, in denen Lesben die Hauptrolle spielen, und auf Frauenpartys sind Männer allerhöchstens als »friends« geladen.

Wähle selbst aus, wem du was erzählen möchtest

Dies ist ein Ratschlag für die kämpferischen Damen unserer Zunft. Niemand verlangt von dir, am Morgen, nachdem du das erste Mal mit einer Frau geschlafen hast, sofort deine Eltern, deine Tante und deine Oma im Schwäbischen zu informieren und dich als Lesbe zu outen. Gerade wenn du mit Lesben befreundet bist, die schon länger out sind, verspürst du vielleicht den Druck, dass du dich bekennen solltest. Aber du musst dein Tempo selbst bestimmen. Es macht keinen Sinn, dass du überall als die superklare Kampflesbe auftrittst, dich im Grunde aber nicht mehr wiedererkennst. Außerdem ist es wichtig, dass du mit deiner Energie gut haushaltest. Um schwierige Situationen bestehen zu können, brauchst du auch sichere Rückzugsmöglichkeiten. Also überlege dir gut, ob du dich vor der ganzen Schule oder in der Arbeit outen willst oder ob du erstmal nur einen kleinen, ausgewählten Kreis von Freunden einweihst.

Diesen kannst du dann, je sicherer du dich fühlst, Stück für Stück erweitern. Jedes Outing kostet Energie. Du versuchst, die Reaktion deines Gegenübers einzuschätzen, das ist ein Risiko. Du hoffst, dass du ein positives Feedback bekommst, aber es kann auch danebengehen. Manchmal ist es einfach angenehmer, als heterosexuell durchzugehen. Es wird noch genug Gelegenheiten geben, deine Umwelt zu konfrontieren.

Sich outen ist ein Kraftakt

Sigrun (22): Die Mehrheit geht eben davon aus, dass alle Menschen heterosexuell sind. Gegen diese Annahme Widerstand zu leisten bedeutet auch, immer wieder einen Kraftakt zu starten und zugleich abzuwägen: Sage ich was oder sage ich nichts? Meistens geht es mir gar nicht so sehr darum, dass etwas passieren könnte, sondern um die Frage: Will ich, dass sich andere Gedanken um meine Homosexualität machen? Dazu bin ich einfach nicht immer in der Stimmung.

Hab Geduld mit Familie und Freunden

An irgendeinem Punkt während deines Coming Out möchtest du, dass die Menschen, die dir wichtig sind, an deiner Entwicklung teilhaben. Sie sollen dich verstehen und natürlich auch weiterhin mögen. Mit deiner Offenheit bringst du ihnen großes Vertrauen entgegen, und das stellt die wesentlichste Grundlage für tiefe, echte Beziehungen dar. Nicht nur für dich hat sich viel verändert, auch deine Familie und Freunde müssen umdenken. Vielleicht hatten deine Eltern Pläne für dein Leben. Vielleicht gerät in deinem Freundeskreis einiges durcheinander, wenn die schöne Heteroruhe dahin ist. Du konntest schon länger über dein Coming Out nachdenken, dir deine Worte gut zurechtlegen. Diese Zeit solltest du auch deinem Umfeld zugestehen. Sei ihnen nicht böse, wenn sie dir nicht gleich um den Hals fallen und dich beglückwünschen. Erstmal müssen sie die Neuigkeiten sacken lassen. Dann werden sie wahrscheinlich viele Fragen stellen. Oder du erklärst ihnen von dir aus, was es für dich bedeutet, lesbisch zu sein. Du kannst ihnen auch deine Freundin vorstellen. Für Eltern ist es oft ein beschwerlicher Weg, bis sie sagen können: »I am a proud parent of a homosexual child!«

Suche dir Vorbilder

Als Lesbe musst du kreativ sein, wenn du dich auf die Suche nach Vorbildern machst. Ob in Geschichtsschreibung, Kunst oder Literatur, Lesben kommen einfach nicht vor. Viele berühmte Frauen haben andere Frauen geliebt, aber das erfährst du nur, wenn du zwischen den Zeilen liest. Man geht davon aus, dass heute in Deutschland bis zu zehn Prozent Frauen in lesbischen Beziehungen leben. Aber wo sind die alle? Vielen fällt gerade mal Hella von Sinnen ein, wenn sie nach einer berühmten Lesbe gefragt werden. Bücher wie *Wer mit wem? Berühmte Frauen und ihre Liebhaberinnen* von Ines Rieder und *Out – 500 berühmte Lesben, Schwule & Bisexuelle* von Karen-Susan Fessel und Axel Schock bieten da interessante Erkenntnisse. Die Suche nach Vorbildern und berühmten Schwestern verhilft dir zu mehr Selbstbewusstsein, denn – Lesben gab es schon immer und wird es immer geben.
Auch deine eigene Geschichte musst du neu erfinden. Die Meilensteine heterosexueller Lebensentwürfe wie Heiraten und Kinderkriegen sind für dich irrelevant. Vielleicht hast du dir dein Leben sowieso anders vorgestellt. Andererseits musst du eventuell gar nicht darauf verzichten, denn gerade wird die Homoehe diskutiert. Eine alternative Hochzeitsfeier zu planen wäre auch eine Möglichkeit. Ein Drittel aller Lesben hat außerdem Kinder. Sie stehen zwar nicht im Licht der Öffentlichkeit, aber: Wer suchet, der findet.

Als ich mal heiraten wollte …

Claudia (23): Ich lebe als Lesbe in einer Großstadt und fühle mich dort sehr wohl. Doch immer wenn ich zu meinen Eltern fahre, werde ich auf sonderbare Weise sentimental. Vielleicht liegt es daran, dass sie in einem schönen Haus wohnen, seit 25 Jahren glücklich verheiratet sind und drei Kinder großgezogen haben. Wenn ich dort bin, wünsche ich mir auch ein normales Leben. Doch wie soll das als Lesbe gehen? So erzählte ich meiner Mutter, als wir an einem Sonntagnachmittag wie eh und je durch den Wald spazierten, dass ich traurig sei, nie heiraten zu können. Sie überlegte kurz und meinte dann, sie wolle mein Hochzeitsfest auch ungern missen. Schon bald übertrafen wir uns gegenseitig mit Ideen, wie wir das Fest ausrichten wollten und wen wir alles einladen würden. Meine Mutter kennt sogar eine lesbische Pastorin, die eine Ansprache halten könnte und auf der Hochzeitstorte würden zwei Bräute thronen. Als alles bis ins Detail besprochen war, fragte sie mich, wann es denn nun so weit sei? Ich sah sie verdutzt an und war heilfroh, dass mich am nächsten Morgen ein Zug zurück in die Großstadt bringen würde.

Misch dich unters Lesbenvolk

Bevor du lange darüber nachdenkst, ob du lesbisch bist, sei es einfach. Manche Entscheidungen ergeben sich von selbst. Geh auf Frauenfeste und schau dich um. Niemand wird dir ansehen, dass du noch nicht 100 Prozent davon überzeugt bist, eine echte Lesbe zu sein. Es ist viel leichter, anhand einer konkreten Person zu entscheiden, ob du mit Frauen zusammen sein möchtest als in deiner Phantasie. Wenn du mit anderen Lesben etwas unternimmst oder dich in lesbischen Zusammenhängen engagierst, steigt dein Selbstbewusstsein. Außerdem wirst du die Vorzüge lesbischer Subkultur kennen lernen. Es kann auch

Spaß machen, am Rande der Gesellschaft zu stehen und sie mit kritischen Augen zu betrachten.

Kiss-in auf dem Weihnachtsmarkt

Karin (22): Ich lebte noch gar nicht lange lesbisch, als ich mich einer Aktionsgruppe, die sich für mehr Sichtbarkeit von Lesben einsetzt, anschloss. Einerseits fand ich deren Zielsetzung gut, weil ich in meiner Jugend viel zu wenig über Lesben erfahren hatte und mich wahrscheinlich schon viel früher geoutet hätte, wenn ich mehr Lesben gekannt hätte. Andererseits war ich von den vielen schönen Frauen in der Gruppe angezogen. An einem der ersten Abende planten wir auf dem Berliner Weihnachtsmarkt an der Gedächtniskirche ein Kiss-in, um den heterosexuellen Weihnachtsbummlern zu zeigen, dass es Lesben gibt. Wir versammelten uns alle zu einer bestimmten Uhrzeit und zogen dann in kleinen Gruppen los. Als ich plötzlich mit einer Freundin zu zweit dastand, war mir richtig mulmig zumute. Am liebsten hätte ich mich unauffällig unter die Leute gemischt. Aber es gab keinen Weg zurück. Wir küssten uns demonstrativ und erregten tatsächlich einiges Aufsehen. Als wir uns wieder alle in der großen Gruppe versammelten und umgedichtete Weihnachtslieder sangen, war ich richtig stolz. Alleine hätte ich mich das nie getraut.

Erwarte nicht nur eitel Sonnenschein

Männer sind Schweine, Frauen Säue. Wenn du lesbisch geworden bist, weil du dich immer mit den Jungs gestritten hast und zwischen Frauen mehr Harmonie erwartest, liegst du falsch. So wie es negative Stereotypen über Lesben gibt, finden sich auch positive über lesbische Beziehungen. Die Harmonie zwischen Frauen sei doch natürlicher gegeben als die zwischen Mann und Frau; Männer und Frauen könnten sich einfach nicht verstehen, heißt es. Doch auch Frauen streiten, hassen, betrügen sich, und wie in jeder Beziehung gibt es Konflikte, die ausgetragen werden müssen. Also, gib nicht gleich auf, wenn es zum ersten Krach kommt oder dich eine sitzen lässt. Frauen können auch richtige Bestien sein. Das soll nicht heißen, dass nicht einige reizende Exemplare darunter sind.

Warum ist ein Coming Out überhaupt schwierig?

Unsere Gesellschaft ist heterosexuell dominiert, d. h., fast jedes Mädchen wächst in dem Glauben auf, dass es normal ist, heterosexuell zu sein, und sich irgendwann mal in einen Typen zu verlieben. Schon kleine Kinder spielen Vater und Mutter. Der Freundeskreis der Eltern besteht aus heterosexuellen Paaren. Leben Personen alleine, werden sie als Singles bezeichnet. Oft wird behauptet, die hätten keinen abgekriegt. In Schulbüchern tauchen keine Lesben auf. Es geht immer nur um intakte Hetero-Familien. Lesbische Vorbilder gibt es kaum. Nirgends leben mal zwei Lesben als Paar. Im Biologieunterricht geht es fast nur um Geschlechtsverkehr zwischen Heterosexuellen und Schwangerschaftsverhütung. Schwule kommen vielleicht noch beim Thema Aids vor. Lesben werden erwähnt, aber als Sonderform innerhalb der Sexualität gesehen. Welche Lehrerin würde es wagen, sich vor der Klasse zu outen.
Irgendwann kommt die Zeit, sich zu verlieben. »Hei, bist du schwul?«, ziehen sich die Jungen gegenseitig auf. Nein, natürlich nicht! Wir lernen schon recht früh, dass es irgendwie falsch ist, romantische Gefühle für dasselbe Geschlecht zu hegen. Wenn es dann doch passiert, kann es zu unterschiedlichen Reaktionen kommen. Entweder unsere Gefühle werden uns gar nicht erst bewusst, weil wir sie nicht haben dürfen, oder wir versuchen, sie zu verdrängen. Viele Lesben erinnern sich im Nachhinein, dass sie eigentlich schon lange wussten, was mit ihnen los war, es jedoch nicht wahrhaben wollten.

Coming Out

Wenn ich dir sage, ich bin lesbisch,
kommt mir das komisch vor.
Es klingt wie ein unwiderruflicher Zustand,
dabei ist es eine unvollendete Geschichte.
Es klingt wie ein hartes Urteil,
dabei ist es ein zartes Gefühl.
Es klingt wie etwas Allumfassendes,
dabei setzt es sich aus vielen Einzelerlebnissen zusammen.
Es klingt wie eine Provokation,
dabei will ich nichts lieber, als in Frieden leben.
Es klingt wie etwas Besonderes,
dabei ist es für mich ganz normal.

Wahrscheinlich war ich schon immer lesbisch
und werde es auch immer sein.
Ich will, dass du das akzeptierst.
Doch im Grunde will ich dir sagen:
Ich bin ich. Versuch mich zu sehen!

Verbotene Liebe

Frauke (28): Die Zuneigung zu Frauen ist vielleicht angeboren, aber lesbisch zu werden, d.h., Worte für seine Gefühle zu finden und dazu zu stehen, muss frau erst mal lernen.
Meine erste bewusste Lesbe traf ich in Oldenburg bei einem Patenschaftstreffen der Fachschaft Pädagogik. Sie gehörte zu den älteren Studentinnen, die sich um uns Neuankömmlinge kümmern sollten. Wir erfuhren von ihr, dass sie einen Hund hatte und lesbisch war. Mich faszinierte die Vorstellung, dass sie es nicht nötig hatte, mit einem Mann zusammen zu sein, dass sie das wahr machte, wovon meine Freundinnen und ich nur zu

träumen wagten. Aber eigentlich wussten wir, dass wir nur auf den Richtigen warten mussten und dass wir dann irgendwann heiraten und Kinder kriegen würden. Ich hätte gerne mehr über ihr Leben erfahren, aber ich befürchtete, die falschen Fragen zu stellen. Am meisten jedoch fürchtete ich mich vor der Frage, warum ich eigentlich Fragen stellen wollte. Also redeten wir über den Hund.

Meine zweite Lesbe habe ich in dem Buch Goldene Zeiten *von Rita Mae Brown getroffen. Mein Lieblingsbuchhändler hatte mir das Buch empfohlen, als ich ihm sagte, ich bräuchte etwas, was meinem Leben neuen Schwung gebe. Er kannte mich ganz gut und mochte mich, aber war ich so leicht zu durchschauen? So las ich im tiefsten Andalusien die Geschichte von zwei Frauen, die eine Affäre miteinander hatten und konnte gar nicht glauben, dass es so etwas gibt. Und dass das Buch in einem Mainstream-Verlag gedruckt werden konnte und vor allem dass ich über die lesbische Liebe lese und auf einmal nachts davon träume. Natürlich habe ich mich auch sofort in meine Spanischlehrerin verliebt, zum Glück aber nicht versucht, so offensiv wie die Frauen im Buch auf sie zuzugehen.*

Was mich sehr wundert, ist, dass ich zu diesem Zeitpunkt bereits 22 Jahre alt war. Gut, ich komme aus einer Kleinstadt, aber meine Eltern sind bei weitem nicht die konservativsten im Ort. Und es gibt doch Fernsehen, Bücher, andere Leute. Warum habe ich die Lesben nicht gesehen? Warum habe ich die Möglichkeit, dass eine Frau lesbisch sein kann, dass ich es vielleicht sogar bin, bis zu diesem Zeitpunkt völlig ausgeblendet? Man sollte meinen, dass unterschiedliche Lebensformen in den aufgeklärten 90ern gleichberechtigt nebeneinander stehen, tun sie aber nicht. Auch wenn meine Eltern den Vorwurf vehement bestreiten, ich sei heterosexuell sozialisiert worden. Ich hatte nicht die Wahl homo oder hetero zu sein. Wer lesbisch leben möchte, muss sich das Recht dazu nehmen.

Gespürt hab ich es schon immer

Tanja (26): Ich habe mir vor kurzem Fotos angesehen und dabei festgestellt, dass ich schon mit zehn Jahren das erste Mal in eine Frau verliebt war. Im Urlaub fand ich eine ganz toll. Sie war schon 18 und ich wollte immer ganz viel Zeit mit ihr verbringen. Als sie dann abgereist ist, habe ich ganz fürchterlich geweint. Dann hatte ich was mit Jungs, aber das fand ich immer ziemlich schnell langweilig. Und ich erinnere mich noch, dass ich mit zwölf mal einen Artikel mit Fotos in der Zeitung über Lesben gelesen habe. Und ich weiß, dass ich es ganz heimlich tat, mit klopfendem Herzen. Ich erinnere mich auch noch stark an die Bilder. Die haben mich sehr ergriffen.

Als ich 13 war, hat meine Cousine, zwei Jahre älter als ich, mit der ich ganz viel gekuschelt und ihr immer meine Hand auf die Brust gelegt habe, dann auf einmal meine Hand genommen und an ihre Möse gelegt. Ich habe da ein bisschen rumgespielt und wusste irgendwie, dass ich da was Verbotenes tue, aber es war auch schön. Sie hat dann gemeint, ich dürfe es niemandem sagen. Das war jetzt mein großes Geheimnis, über das ich mit niemandem reden konnte. Mit 15 war ich dann ganz heftig in meine Sportlehrerin verknallt. Das ging irgendwann vorbei und dann war in meiner Klasse eine, mit der ich so aus Spaß mal rumgeknutscht habe. Erst mussten wir nur kichern und waren ganz albern. Als wir dann mal zusammen im Bad waren, hat sie das Licht ausgemacht und mich geküsst. Ich habe ganz weiche Knie bekommen. Mit ihr hatte ich dann ein halbes Jahr lang meine ersten sexuellen Erfahrungen. Wir haben uns nie richtig ausgezogen, nur oben herum, und uns manchmal durch die Hose angefasst. Da haben uns in der Schule schon welche hinterhergerufen: Hei, ihr seid Lesben! Aber ich konnte mit dem Wort in Bezug auf mich nichts anfangen. Ich dachte immer noch, der Traumprinz wird schon kommen. Als ich mich dann mit 16 wieder in 'ne andere Frau verliebte, mit der ich dann auch das erste Mal richtig geschlafen habe, also darunter ver-

steh ich jetzt mal, richtig an der Möse anfassen, da habe ich langsam angefangen nachzudenken, ob dieses Wort Lesben vielleicht doch was mit mir zu tun haben könnte. Es hat sich dann noch alles ziemlich lange hingezogen, und ich dachte, bevor ich nicht mit einem Mann geschlafen hätte, könne ich gar nicht beurteilen, was ich lieber wolle. Na ja, dann habe ich eben mit zwei sehr guten Freunden von mir geschlafen. Das war nicht blöd, aber auch nicht richtig toll. Wie ein angenehmes Gespräch hat sich das angefühlt. Ich habe also nicht sehr viel dabei empfunden. Hingegen die Erfahrung mit 15, mit meiner ersten großen Liebe, wenn die mich nur anschaute oder küsste, hatte das ganz viel in mir ausgelöst: irrsinniges Herzklopfen, weiche Knie und so. Dann habe ich im Urlaub meine erste Freundin, die schon vorher was mit Frauen hatte, kennen gelernt. Da ist mir dann langsam klar geworden, dass ich wahrscheinlich lesbisch bin. Und dann bin ich nach Berlin gezogen, da gab's ganz viele. Ich glaube, dass diese ganzen Anfeindungen, die auch ich erlebt habe, es sehr schwierig machen, sich unvoreingenommen zu überlegen, ob man jetzt lesbisch ist oder nicht.

Lesbenberatung – professionelle Hilfe von Gleichgesinnten

Mittlerweile gibt es in vielen deutschen Städten Lesbenberatungen und Lesbentelefone (s. Adressteil). Hier arbeiten Frauen, die sich gut in der Szene auskennen, und dir über die großen und kleinen Hürden des Coming Out hinweghelfen. Du musst keine überzeugte Lesbe sein, um dich hier zu informieren. Fragen und Zweifel sind erwünscht und ganz normal. Also, greife lieber zum Telefonhörer, bevor du dir lange den Kopf zerbrichst. Lesben beißen nicht!

Nicht ganz alleine auf weiter Flur

Kim (22): U-Bahnhof Yorkstraße in Berlin, ein grauer Tag. Der Herbstwind wirbelt Staub auf, Autos donnern vorbei. Ich bin spät dran. Seit einer Woche denke ich ständig daran, dass ich heute einen Termin bei der Lesbenberatung habe und trotzdem bin ich zu spät losgegangen. Mein Magen krummelt, vielleicht sollte ich noch eine rauchen, aber dann werde ich noch nervöser. Was mich wohl erwartet? Lange habe ich mit mir gerungen, letzten Dienstag habe ich dann angerufen: »Hallo, hier spricht Rita, was kann ich für dich tun?« fragte eine freundliche Stimme. Einen Termin will ich, habe ich kurz angebunden geantwortet. Und wieder Ordnung in meinem Leben, habe ich mir im Stillen gedacht. Ich schleiche die Kulmer Straße entlang, vorbei am Café Savarin. Hier werde ich mich nachher mit einem Kakao belohnen, falls ich es überleben sollte. Dann durch den Hinterhof der Hausnummer 20 und die Treppen hoch in den

4. Stock. Es riecht merkwürdig nach Farbe, noch kann ich umkehren.
Plötzlich stehe ich vor einer Eisentür. Sicher werden mich alle anstarren, wenn ich sie öffne, ich werde über irgendetwas stolpern und alle werden merken, wie unsicher ich bin. Ich komme mir ja selbst lächerlich vor. Ich bilde mir ein, dass ich mich in eine Frau verliebt habe, ich kann es nicht abstellen. Aber ist es nicht anmaßend zu denken, dass ich deshalb lesbisch bin? Ich kenne andere, richtige Lesben. Frauen, die schon ewig Freundinnen haben, das sind Lesben. Mein Leben hatte ich eigentlich anders geplant, aber ich will mit dieser Frau zusammen sein. Das passt doch nicht zusammen.
Dann öffne ich die Tür, betrete einen hellen Raum. An einer Theke stehen einige Frauen. Eine kommt auf mich zu und sagt lächelnd: »Schön, dass du gekommen bist.« Der erste Schritt ist getan.

Interview mit Steffi von der Lesbenberatung in Berlin

Sind die Frauen aufgeregt, wenn sie zum ersten Mal herkommen?
Ja, die meisten sind schon super aufgeregt, vor allem wenn sie alleine kommen. Da gibt es schon eine ganz schöne Hemmschwelle. Manche erzählen uns dann im Nachhinein, dass sie unten im Treppenhaus standen und dann doch erstmal wieder weggingen. Leider haben wir kein ebenerdiges Ladenlokal. Du musst die Treppen hochsteigen, dann stehst du vor der Eisentür. Wenn du sie dann öffnest, schauen dich alle an und wissen genau, was du willst.
Seit wann gibt es denn die Lesbenberatung in Berlin?
Uns gibt es seit 18 Jahren. Wir waren erst in anderen Räumen, dann sind wir in die Kulmer Straße umgezogen. Am Anfang hat sich die Lesbenberatung die Räume mit der Schwulenberatung geteilt, aber jetzt sind wir unabhängig.

Und wer arbeitet hier?
Wir sind elf Frauen, drei davon sind Angestellte, andere haben ABM-Stellen oder arbeiten als Honorarkräfte. Es gibt Psychologinnen, Sozialpädagoginnen, eine Politologin und eine Pädagogin. Ich bin seit zweieinhalb Jahren hier. Im Rahmen meines Studiums habe ich ein Praktikum in der Lesbenberatung gemacht und bin dann sozusagen hier hängengeblieben. Ich mache Jule, den offenen Junglesben-Treff.
Was ist denn ein Junglesben-Treff?
Mittwochs ist Junglesben-Tag. Von 16 bis 17 Uhr machen wir telefonische Beratung und von 17 bis 19 Uhr können Frauen bis 24 Jahre hierherkommen. Der Treff ist nicht so verbindlich wie die Gruppen, die wir anbieten. Die jungen Lesben kommen vorbei, quatschen und bestimmen eigentlich selbst, was sie bereden wollen. Wir gehen mal ins Kino, schauen hier einen Video oder reden einfach über das eine oder andere Problem. Oft ist es so, dass wir nett zusammensitzen und sich dann spontan etwas ergibt. Sehr häufig ist Coming Out ein Thema, also wie erzähle ich es meinen Eltern oder Freundinnen. Viele beschäftigt auch die Frage: Oute ich mich in der Schule oder in der Arbeit? Es ist total unterschiedlich, wie die Frauen damit umgehen.
Woher wissen die Frauen denn von euch?
Manche rufen vorher an. Die sehen dann wirklich unter Lesben im Telefonbuch nach und finden die Lesbenberatung. Oder wir annoncieren irgendwo. Ganz viele hören auch über Freundinnen von uns.
Was bietet die Lebensberatung sonst noch an?
Das Angebot ist sehr vielfältig, hier ist eine kleine Auswahl:

Coming-Out-Gruppen

Die Gruppen laufen ein halbes Jahr lang, einmal pro Woche. Wir beginnen mit ganz grundsätzlichen Fragen wie zum Beispiel: Bin ich lesbisch, weil ich mich in eine Frau verliebt habe? Oder: Wo kann ich andere Frauen kennen lernen? Die

Gruppen sind so beliebt, dass wir gerade zwei parallel laufen haben.

Migrantinnen-Projekt

In die Lesbenberatung kommen hauptsächlich weiße, deutsche, christlich sozialisierte Frauen. Und bis auf eine Frau, die aus dem Iran kommt und Praktikantin ist, arbeiten auch nur deutsche Frauen hier. Das wollen wir ändern, deshalb haben wir schon mehrere Veranstaltungen zum Thema Migration organisiert. Wir wollen uns mit anderen Projekten vernetzen und in erster Linie Informationen für Migrantinnen bereithalten.

Antigewalt-Arbeit

Lesben werden Opfer homophober Gewalt. Wir haben gerade in Zusammenarbeit mit anderen Projekten eine Dokumentation zum Thema Gewaltbetroffenheit von Lesben in Berlin herausgebracht.

Einzelberatungen

Man kann bei uns richtige Beratungsreihen machen oder auch nur einmalig zu einer Beratung kommen. Die ersten drei Gespräche sind kostenlos. Wenn eine Beratungsreihe entsteht, sind die Kosten nach dem Einkommen der Frauen gestaffelt. Auch Paare lassen sich beraten. Da kommen Frauen, die erste Informationen zum Coming Out haben wollen, bevor sie sich trauen, in eine Coming-Out-Gruppe zu gehen. Gerade ist das Thema Lesben und Kinderwunsch total aktuell. Viele Lesben wollen auch wissen, wo sie eine Psychotherapie machen können, d.h., wo es lesbische Therapeutinnen gibt und welche Therapieform speziell für sie die beste ist. Wir haben eine Therapeutinnenliste erstellt. Überhaupt bekommen sie jede Menge Informationen hier, zum Beispiel, welche Ärztinnen lesbisch sind, oder wo frau hingehen kann, wenn sie neu in Berlin ist.

Offener Treff

Zu diesem Treff kommen immer ungefähr 20 Frauen ganz unterschiedlicher Altersgruppen. Die älteste ist 70 Jahre alt. Außerdem begegnen hier Frauen, die gerade im Coming Out sind, anderen, die schon lange lesbisch leben.

Telefonberatung

Am Telefon haben Frauen die Möglichkeit, anonym über ihre Situation zu reden. Oft ergibt sich daraus ein persönliches Beratungsgespräch. Außerdem rufen auch Eltern und Freunde von Lesben an, denen wir helfen, mit der neuen Situation zurechtzukommen.

Doppelt diskriminiert – Lesben, die anders sind

Für so manche weiße, christlich sozialisierte, deutsche Frau bedeutet das Coming Out vielleicht die erste eingehende Auseinandersetzung mit sich selbst und ihrer Umwelt. Manche machen in dieser Zeit auch erstmals Erfahrungen mit Ablehnung. Weil sie nicht der Norm entsprechen, eben anders sind.

Was aber macht eine Frau, die schon von frühester Jugend an weiß, dass sie anders ist? Vielleicht weil sie eine andere Hautfarbe hat, einer anderen Religion angehört, weil sie behindert ist?

Wenn du anders bist, verspürst du irgendwann das Bedürfnis, dich mit Gleichgesinnten zu treffen, mit Leuten, denen es so geht wie dir. Du schaffst dir ein soziales Umfeld, eine Identität, solidarisierst dich. Du suchst Kontakt zu Leuten, die denselben Glauben oder kulturellen Background haben, oder auch behindert sind. Dieses Umfeld bildet dann deine Heimat, deine Identität.

Diese Gemeinschaften sind i.d. Regel heterosexuell dominiert und könnten auf dein Coming Out als Lesbe negativ reagieren. Vielleicht verlierst du auch diese Gemeinschaft, sprich deine Heimat, wenn du einen Schritt in Richtung Coming Out gehst. Du kommst sozusagen vom Regen in die Traufe: Die Gesellschaft diskriminiert dich, weil du anders bist. Dein soziales Umfeld diskriminiert dich, weil du lesbisch bist. Und in deinem neuen Zuhause, bei den Lesben, kann man mit deinem Anderssein eventuell genauso wenig anfangen wie in der Heterowelt, weil auch dort Vorurteile herrschen.

So manche nichtbehinderte Lesbe schaut irritiert, wenn eine Frau im Rollstuhl auf der Tanzfläche rockt. Schwarze Lesben werden von einigen weißen als etwas Exotisches betrachtet. Vorsichtshalber spricht frau sie auf Englisch an (and where are you from?), denn sicherlich kommt sie ja aus Amerika oder so. Wenn die schwarze Frau dann in perfektem Deutsch antwortet, folgt oft die erstaunte Frage, warum sie denn die Sprache so gut spreche. In diesem unserem Lande ist es für manche immer noch unvorstellbar, dass Menschen, die keine weiße Haut haben, auch Deutsche sein können.

Noch weniger kann sich die christlich sozialisierte Frau vorstellen, was es für eine Frau mit einem anderen kulturellen und religiösen Hintergrund bedeutet, ein Coming Out zu haben. Da heißt es nicht mehr: Papa, stell mal den Fernseher leiser, ich muss was mit euch bereden. – Ach Kindchen, det ham wa doch schon die janze Zeit jeahnt ... Einige werden von ihren Familien verstoßen, manche gegen ihren Willen verheiratet oder ohne männliche Begleitung nicht mehr aus dem Haus gelassen.

Stellt sich also für manche dieser Frauen die Frage: Ist es das wert?

Hier ist es für dich als Betroffene wichtig, mit Frauen in Kontakt zu kommen, die deine Situation nachvollziehen können, weil sie einmal das gleiche durchgemacht haben.

Im Adressteil haben wir eine kleine Auswahl von Selbsthilfegruppen aufgelistet, die dir – als doppelt Diskriminierter – bei deinem Weg zum Coming Out behilflich sein können.

Ein Wandern zwischen verschiedenen Welten

Annette (29): Noch lebe ich unbekümmert in der Welt der Nichtbehinderten. Ich studiere Sonderpädagogik, lerne viel über Behinderung und Behinderte, ohne auch nur im Entferntesten davon persönlich betroffen zu sein. Das Studium der Sonderpädagogik lässt viel Raum zur Selbstentfaltung. Ich wid-

me mich mehr den Studien feministischer Literatur und interessanter Frauen. Ich durchlebe eine spannende und aufregende Zeit, in der ich, die einst so religiös gefestigte Studentin, das erste Mal mein Weltbild aufbreche und ein klassisches Coming Out durchlaufe, nicht zuletzt mit Hilfe meines heiß geliebten Schwulen- und Lesbenzentrums in Köln. Die erste Liebe, das Eintauchen in die Lesbenszene, das Kennenlernen neuer Normen: Es ist wichtig, stark und unabhängig zu sein. Die sportliche und gesunde Lesbe ist gefragt, auch nach bestimmten Schönheitsidealen hat sich frau zu richten: kurze Haare, nicht zu dick, womöglich androgyn. Es ist nicht die Zeit für Behinderungen.

Es trifft mich unerwartet wie ein Knall. Ich kann es kaum glauben: Ich werde selbst behindert. Phasenweise schaffe ich es gerade noch zur Toilette, dann geht es wieder besser, aber eines steht fest: Gesund werde ich nie mehr. Andere können behindert sein, aber für mich ist das Leben mit einer Behinderung nicht mehr lebenswert. Eine Organisation, die anderen in dieser Situation helfen soll, erweist sich für mich als indiskutabel, weil sie sich nicht entscheiden kann, in meiner Anzeige für eine Selbsthilfegruppe das Wort »lesbisch« abzudrucken. Ich bemerke auch zum ersten Mal, dass in der Spitze von Behindertenverbänden keine Behinderten zu finden sind. Alle Ratschläge erfolgen von Nichtbetroffenen. Nicht betroffen vom plötzlichen Verlust der Gesundheit und zugleich nicht betroffen von einer andersartigen Lebensweise. An der angebotenen Beratung für Angehörige und Paare kann meine damalige Freundin nicht teilnehmen. Andererseits rückt die Lesbenszene in weite Ferne. Schon aus Mobilitätsgründen kann ich diese nicht mehr erreichen. Außerdem bin ich nun verunsichert. Ich bin nicht mehr stark, sogar auf Hilfe angewiesen und für Gedanken zu Schönheitsidealen habe ich überhaupt keinen Nerv. Für mich wird die Lesbenszene oberflächlich.

In all dem Chaos steht mein Examen vor der Tür, denn meine heterosexuellen nichtbehinderten Freundinnen haben die

Hoffnung nie aufgegeben, mich weiter an der Uni eingeschrieben und Material für mich gesammelt.
Mir wird klar: Wenn ich weitermache, dann nur zum Thema Lesben mit einer Behinderung. Auf diese Weise bin ich quasi gezwungen, ebensolche zu kontaktieren.
Ich darf an der Gründung der Krüppel-Lesben-Gruppe teilnehmen, in der ich bis heute bin. Hier lerne ich endlich Frauen kennen, die sich auch zwischen den Welten bewegen, die sich weder in der Behindertenwelt noch in der Lesbenwelt ganz zu Hause fühlen. Ich finde einen Platz, obwohl ich nicht von Geburt an behindert bin. Es bleiben immer Unterschiede, aber es zeigen sich auch immer wieder erstaunliche Gemeinsamkeiten.
Ich teile mit zwei weiteren Krüppel-Lesben das Markenzeichen »unsichtbar behindert«. Ein für uns drei existentielles Thema, weil wir uns gegenüber Nichtbehinderten und Behinderten oft rechtfertigen müssen, dass wir überhaupt behindert sind. Das hat zum Beispiel zur Folge, dass unsere einzige Rollifahrerin bei öffentlichen Auftritten stets als Aushängeschild dienen muss.
In unserer Gruppe befassen wir uns darüber hinaus mit vielfältigen Themen, die ich jedesmal als Stärkung erfahre: Sexualität und die damit verbundene Sozialisation, nichtbehinderte und behinderte Partnerin, degenerative Krankheitsverläufe, oder wie oute ich mich wo (besser nicht). Die zweiwöchentlichen Treffs lassen mich in unserer kleinen gemeinsamen Welt Luft holen und geben mir Gelegenheit, meine verschiedene Andersartigkeit zur Sprache zu bringen und zu verknüpfen.
Ich hatte mir überlegt, ob ich noch etwas zu meiner beruflichen Situation schreibe, wie ich als Krüppellesbe in einer Schule für Körperbehinderte, selbst behindert, Religion unterrichte. Das würde aber den Rahmen von Homosexualität sprengen, wäre nur ein weiteres Merkmal meines Wanderns zwischen den Welten.

OUT AND LOUD

Die Rache ist laut und lesbisch!

Lesbian Avengers

Jetzt rede ich – Coming Out bei den Eltern

Das Coming Out bei deinen Eltern ist vielleicht die schwierigste Situation, mit der du in deinem Lesbenleben konfrontiert wirst. Es kann auch ganz harmonisch verlaufen. Befürchte am besten nicht gleich das Schlimmste. Egal, was für ein Verhältnis du zu deinen Eltern hast, für jede von uns ist ihr Wohlwollen und ihre Akzeptanz immens wichtig. Freunde kann man sich aussuchen, nicht aber die Familie. Früher oder später wirst du dich mit ihnen arrangieren müssen, egal ob sie zu dir stehen oder nicht. So hoffen wir, dass Eltern und Geschwister, am besten auch die Omas und Tanten unsere Lebensform bejahen, aber wir können ihre Reaktionen nicht vorhersagen, geschweige denn kontrollieren.

Einige schließen von vornherein aus, dass ihre Eltern sie verstehen werden, weil sie ihre moralischen oder religiösen Ansichten kennen. Andere werden gegen ihren Willen geoutet. Aber viele erreichen auch den Punkt, wo sie das Versteckspiel satt haben und wollen, dass ihre Eltern wissen, wen sie lieben.

Die Chancen stehen nicht schlecht, dass sie es positiv aufnehmen, denn es gibt immer mehr Mütter und Väter, die kein Problem damit haben, dass ihre Tochter lesbisch ist. Natürlich ist es auch legitim, dich zuerst nur bei einem Elternteil zu outen. Wenn du zum Beispiel deine Mutter für verständnisvoller hältst, kann sie bei deinem Vater schon mal Vorarbeit leisten.

- Bereite dich darauf vor, dass dich die Situation aufwühlen wird, auch wenn du vorher meinst, ganz ruhig und entspannt zu sein. Das Coming Out bei deinen Eltern kann eine solche Erleichterung sein, dass eine Flut von Tränen aus dir herausbricht.
- Sei auch gewappnet, dass deine Eltern emotional reagieren können, selbst wenn sie bereits ahnen, was du ihnen erzählen willst. Vielleicht werden sie weinen, vielleicht schweigen, vielleicht auch aggressiv reagieren, wenn sie dich wirklich sagen hören: »Ich bin lesbisch.«
- Es ist hilfreich, wenn du dir schon vorab überlegst, was du sagen willst. Für dich ist es wahrscheinlich längst selbstverständlich, dass du eine Lesbe bist, aber deine Eltern werden sicher eine Menge Fragen haben. Überlege dir bereits vorab Antworten auf eventuelle Fragen wie zum Beispiel »Wie lange wusstest du schon, dass du lesbisch bist?« oder »Was ist mit dem Freund, den du früher mal hattest?« Überlege dir auch, wie du mit provokanten Fragen umgehen willst, zum Beispiel »Was macht ihr Frauen eigentlich im Bett?« oder »Wer soll denn dann für dich sorgen?« Sei positiv und selbstsicher. Deine Eltern sind nicht aus Watte, und eine Lesbe zu sein ist nichts, wofür du dich schämen oder verstecken müsstest.
- Wenn du dich bei deinen Eltern daheim outen willst, bitte jemanden von deinen Geschwistern, ob sie dazukommen. Ein bisschen Unterstützung hat noch keiner geschadet.
- Sollte dich niemand begleiten, frage eine Freundin oder deine Liebste, ob du nach dem Outing zu ihnen kommen kannst. Dann hast du jemanden, der dich auffängt, wenn deine Eltern schlecht mit der Situation umgehen. Wenn alles gut gegangen ist, könnt ihr gemeinsam feiern.
- Falls du noch daheim bei deinen Eltern wohnst, überlege dir, wo du nach dem Gespräch hingehen kannst. Das kann die

Wohnung einer Freundin oder eines Geschwisters sein. Wichtig ist, dass du dir und deinen Eltern Zeit gibst, die Nachricht zu verdauen.

- Wenn du in einer anderen Stadt als deine Eltern wohnst, solltest du überlegen, ob du ihnen einen Brief schreibst. Das hat den Vorteil, dass du in aller Ruhe ausformulieren kannst, was du sagen möchtest. Und deine Eltern haben Zeit, die Neuigkeiten zu überdenken, bevor ihr Euch wiederseht.
- Wähle die Situation für dein Coming Out mit Bedacht aus. Es sollte genug Ruhe und Zeit vorhanden sein. Wenn du dich zwischen Tür und Angel outest, haben sie keine Möglichkeit, zu reagieren und nachzufragen.
- Lass Dir von der Bundeszentrale für gesundheitliche Aufklärung (s. Adressteil) die Broschüre *Unser Kind fällt aus der Rolle* schicken. Das Heft ist ein Ratgeber für Eltern, die ihre homosexuellen Kinder verstehen wollen. Darin werden die häufigsten Fragen, die Eltern haben, beantwortet. Lese die Broschüre vorher selbst durch. Wenn du zu deinen Eltern fährst, kannst du sie mitnehmen oder ihnen später zuschicken. Falls es in deren Nähe eine Lesbenberatung gibt, solltest du deinen Eltern für den Fall, dass sie sich informieren oder Hilfe haben wollen, die Adresse geben.
- Tu irgendetwas Lesbisches am Tag nach deinem Coming Out, und lass es dir gut gehen. Kauf dir ein Geschenk im schwulesbischen Buchladen, geh auf ein Lesbenfest. Denk dran, dass dein Outing das beste Geschenk ist, das du Dir machen konntest.

Nun ist es also vollbracht. Du hast deinen Part erfüllt und dich geoutet. Jetzt wartest du auf die Reaktionen deiner Familie. Wenn sie dich nicht gleich verstoßen und enterbt haben, kann es sein, dass du erstmal nicht allzu viel von ihnen hören wirst. Gib deiner Familie Zeit, sich an die neue Situation zu gewöhnen.

Auch in ihnen muss sich etwas verändern. Sie sind von dir

Liebes Tagebuch.
Vielleicht hätte ich es meiner Mutti doch nicht erzählen sollen.
Sie ist zu tolerant.
ICH BIN STOLZ AUF DEIN VERTRAUEN!
Die Selbsterfahrungsgruppe für Mütter lesbischer Teenager, die sie sofort gegründet hat, war ja eine gute Idee.
WISSEN SIE EIGENTLICH, WAS EIN KLITORALER ORGASMUS IST, FRAU SCHMITT?
KATH. GEMEINDEZENTRUM KLEINDÖRFCHENSDORF
Auch daß sie nun ständig die relevanten Filme im TV-Programm ankreuzt, ist ok.
MAUSI! KOMM! ES KOMMT "KOMMT MAUSI RAUS?" AUF ARTE!
DEN HAM WIR DOCH SCHON DREI MAL GESEHEN, MUTTI. (Seufz)
POP CORN
Als sie neulich im Velvet auftauchte, waren alle begeistert von ihr.
MUTTI ?!
WOLLT' MAL SEHN, WO DU DICH SO RUMTREIBST!
Und daß sie besorgt um mich ist, ist ja auch verständlich.
DU HAST UNS WAS MITGEBRACHT?!
PLAY IT SAFE - VANILLE, ERDBEER, PFEFFERMINZ?
DEN TAL
LUBE
Aber daß sie nun gerade mit meiner Liebsten ihre bisexuelle Seite entdecken will, ist nun doch zuviel.
JETZT SEI MAN NICH SO SPIEßIG, MAUSI.
KNACK
KREMLER '99

überrascht worden und haben den Prozess nicht selbst in Gang gesetzt. Vielleicht sträuben sie sich erstmal dagegen, über das Gesagte nachzudenken. Sie könnten auch wütend sein oder Angst um dich haben. Auch deine Eltern werden unterschiedliche Stufen in ihrem Coming Out als Eltern einer lesbischen Tochter durchleben.

Auch Eltern brauchen Zeit

Andrea (31): Ich bin mit 27 Jahren, kurz vor Weihnachten nach Hause zu meinen Eltern gefahren. Ich hatte ihnen im Vorhinein schon angekündigt, dass ich dieses Jahr kein Geschenk haben wollte, sondern ihre Aufmerksamkeit. Ich forderte, dass sie mir zuhören, für mich Verständnis haben und mich so akzeptieren, wie ich bin.

Ich wartete einen günstigen Augenblick, als beide in der Küche waren, ab. Dann sagte ich offen heraus: »Ich bin lesbisch.« Beide sagten erstmal minutenlang nichts. Schließlich verlor ich die Geduld und schrie: »Jetzt sagt doch mal was!«

Woraufhin meine Mutter meinte: »Also von mir hast du das nicht.« Dann behauptete sie, es sei eine Phase, die schon vorbeigehen würde. Früher sei ich schließlich auch nicht so gewesen, die Stadt habe mich verdorben. Zum Schluß fiel ihr dann noch ein, dass ich gar nicht lesbisch sein könne, weil das an den Genen liege und niemand anders in unserer Familie sei homosexuell. Irgendwann schaltete sich mein Vater ein, der bis dahin geschwiegen hatte: »Mach halt mehr Sport, da kriegste das schon wieder in den Griff.« Dann wurde meine Mutter ganz ärgerlich und schrie nur noch rum. Sie sagte, ich sei verrückt, würde nur noch spinnen und sei eh nicht zurechnungsfähig. Ich solle für zwei Wochen zu ihnen kommen, dann würde ich die ganze Sache schon vergessen.

Ich weiß nicht, wie sie sich das vorgestellt hatten, aber wahrscheinlich wollten meine Eltern mit mir so eine Art Gehirnwäsche veranstalten. Irgendwann wurde mir das alles zu blöd,

und ich bin zurück in die Stadt gefahren. Ich fühlte mich wie ein Waisenkind.
Meinen ältesten Bruder habe ich dann beauftragt, mal mit meinen Eltern zu reden. Er redete ihnen ins Gewissen, dass sie sich so nicht benehmen könnten.
Drei Wochen später rief meine Mutter an und fragte mich, ob ich meinen Kontoauszug schon geholt hätte? Da sie mich nicht verlieren wollten, hätten sie mir 1 000 Mark überwiesen. Das war schon sehr erstaunlich, denn sonst bekam ich gerade mal einen Schlafanzug zu Weihnachten geschenkt.
Ich wollte mich nicht kaufen lassen und schickte das Geld zurück. Irgendwann bin ich dann aber doch wieder zu ihnen gefahren. Wir waren freundlich zueinander, aber sie haben das Thema nicht von sich aus angesprochen. Meine Mutter war sehr bemüht, sprang mit Kaffee und Kuchen durch die Wohnung. Aber man hat ihr die Aufregung und Verkrampfung angemerkt. Sie konnte es nicht als normal empfinden. Mit der Zeit haben sie mein Leben akzeptiert, besonders als ich anfing, meine Freundinnen mit nach Hause zu bringen.

Elternkommentare und Antwortvorschläge

- *Was haben wir falsch gemacht?*
  Wieso falsch? Richtig! Ihr seht doch, dass es mir gut geht.
  Oder: Homosexualität ist kein Ergebnis der Erziehung. Ihr habt mich zu einer selbständig denkenden Frau erzogen, die sich traut, ihr Lesbischsein zu leben. Dafür danke ich euch.
- *Das ist doch nur eine Phase. Der Richtige wird schon kommen.*
  Glaube ich nicht. Gewöhne dich lieber rechtzeitig an den Gedanken, dass ich lesbisch bin und bleibe.
- *Du wirst es schwer im Leben haben.*
  Ich glaube, es wäre schwieriger, mein Lesbischsein zu unter-

drücken. Oder: Vielleicht ist mein Leben nicht ganz einfach, dafür aber bestimmt nicht langweilig.

- *Wir hatten uns so auf Enkelkinder gefreut.*
Ich wollte sowieso keine Kinder.
Oder: Ich mich doch auch. Drück mir mal die Daumen, dass ich eine nette Freundin finde, die auch Nachwuchs will. Schwanger werden ist ja nicht allzu schwierig.
- *Ich brauche Zeit, um das zu verdauen.*
Das kann ich gut verstehen. Für mich ist auch alles noch sehr verwirrend. Aber ich wollte euch erzählen, was los ist, und an meinem Leben teilhaben lassen.
- *Mach, was du willst, aber erzähle es nicht überall herum.*
Toleranz ist ja schon mal ein Anfang. Aber ich würde mir wünschen, dass ihr mich vollständig akzeptiert, so wie ich bin. Dazu gehört auch, dass ihr vor anderen zu eurer Tochter steht.
- *Diese Eine da, die hat dich bestimmt verführt.*
Ja, diese Eine war meine erste große Liebe. Mit ihrer Hilfe habe ich entdeckt, dass es ganz normal ist, sich in Frauen zu verlieben. Aber die Anlagen waren schon da. Keine bleibt dauerhaft lesbisch, weil sie verführt worden ist, wenn sie sich nicht wirklich zu Frauen hingezogen fühlt.
- *Glaube nicht, dass du deine Freundin mitbringen kannst.*
Schade, ich hätte sie euch gerne vorgestellt. Sie ist auch gespannt, euch kennen zu lernen. Viele Eltern finden es einfacher zu akzeptieren, dass ihre Tochter mit einer bestimmten (ausgesprochen netten) Frau zusammen ist, als die allgemeine Tatsache, dass sie lesbisch ist.
- *Wie kannst du uns das antun? Was sollen die Nachbarn denken?*
Hier geht es zunächst nicht um euch und auch nicht um die Nachbarn. Ich möchte lesbisch leben und wünsche mir, dass ihr das akzeptiert. Ob du den Nachbarn erzählst, dass deine Tochter lesbisch ist oder nicht, ist mir egal. Wusstest du eigentlich, dass der Sohn von schräg gegenüber schwul ist?

- *Ich will nichts mehr davon hören.*
  Wenn du dich nicht damit auseinander setzt, dass ich lesbisch bin, verstehst du einen wichtigen Aspekt meines Lebens nicht. Natürlich können wir unsere Gespräche auf das Wetter beschränken, aber willst du nicht wissen, wie es mir wirklich geht?
- *Du spinnst, du bist verwirrt, dir gehört der Kopf gewaschen.*
  Ich denke nicht erst seit gestern darüber nach, ob ich vielleicht lesbisch bin. Es stimmt, ich wusste am Anfang nicht, ob ich meinen Gefühlen trauen kann oder ob ich verrückt bin. Aber jetzt bin ich mir relativ sicher.
- *Homosexualität ist nicht normal und ekelhaft.*
  Ich weiß, dass ich als Lesbe einer Randgruppe und nicht der Mehrheit der Gesellschaft, die die Normen aufstellt, angehöre. Ich weiß auch, dass es in den meisten Religionen für Homosexualität keinen Platz gibt. Aber ich hinterfrage diese Norm- und Moralvorstellungen lieber, als mein Leben zu ändern und mich ihnen anzupassen.
- *Na endlich, das habe ich mir schon lange gedacht.*
  Juhuuuuu! Dann mach ich schon mal den Champus auf.

Auf heißen Kohlen

Hanna (24): Irgendwann wollte ich, dass meine Mutter Bescheid weiß. Für mich war das eine Frage des Vertrauens, dass sie es zuerst von mir erfährt und nicht von jemand anderem. Ich habe mir dazu eine ganz geschickte Situation gebastelt. Wir sind zusammen weggefahren. Unterwegs wollte ich ihr alles erzählen. Da würden wir alleine sein und sie könnte nicht abhauen. Ich wollte am Steuer sitzen, damit sie nicht vor Schreck an einen Baum fährt.
Als der besagte Tag kam, war ich völlig übernächtigt. Meine Mutter bot an, sie könne doch fahren. Ich saß aber derartig auf heißen Kohlen, dass ich argumentierte, wenn ich mich nach ihr ans Steuer setzen würde, noch müder wäre. Es ging also los und

zehn Minuten später, wir waren noch nicht mal außerhalb der Stadtgrenze, war es dann raus. Ich hatte ihr gesagt, dass das mit Katja mehr als eine Freundschaft sei. Zuerst sagte sie gar nichts. Später dann, dass sie sich das schon gedacht hätte, mehr nicht. Ich habe ihr erklärt, dass ich möchte, dass sie sich mit meinem Lesbischsein auseinander setzt. In dieser Situation habe ich mich gefreut, dass ich mir selbst sehr viel Zeit für mein Coming Out genommen hatte. Auf diese Weise war ich schon sehr gefestigt. Ich bot ihr an, Fragen zu beantworten, und sie mit ihren Zweifeln nicht alleine zu lassen. Sie hat dann eine Weile gebraucht, aber, wie ich finde, für ihre 61 Jahre die Situation gut gemeistert. Sie ist nicht damit aufgewachsen, dass Sexualität offen gelebt und auf der Straße gezeigt wird.
Eine lesbische Tochter zu haben ist bestimmt nicht das, was meine Mutter sich gewünscht hat. Aber sie hat mir auch gesagt, dass sie möchte, dass ich glücklich bin.

Das Coming Out der Eltern

Viele Eltern beginnen erst, sich richtig über Homosexualität zu informieren, wenn sie durch ihre Kinder mit dem Thema konfrontiert werden. Sie wälzen Lexika, lesen Bücher und Broschüren, befragen Fachleute. Sinnvoll ist sicherlich, beides miteinander zu kombinieren: Selbst zu recherchieren, sich aber gleichzeitig auch an einen Berater zu wenden, um hilfreiche Gespräche zu führen.

Wo finden Eltern Hilfe?
In vielen Städten gibt es Beratungsstellen von PRO FAMILIA, die Auskünfte erteilen und Beratungen anbieten (s. Telefonbuch).
Darüber hinaus veranstalten manche Lesbenberatungen oder auch Volkshochschulen Informations- und Diskussionsabende für Eltern von schwulen oder lesbischen Kindern.

Viele Tageszeitungen oder Stadtmagazine veröffentlichen regelmäßig Adressen und Sprechzeiten von Gruppen, Beratungs- und anderen Kontaktstellen (Rubriken: Beratung, Hilfe, Gruppen).

Brust ab!

Tanja (22): Als ich meiner Mutter erzählte, dass ich lesbisch bin, hat sie erstmal zwei Tage lang nicht mehr mit mir gesprochen. Und als ich mir die Haare kurz geschnitten habe – vorher hatte ich ziemlich lange Locken – fragte sie, ob ich mir nicht meine Brüste auch noch abschneiden lassen wolle. Das hat mich sehr verletzt. Mein Vater meinte, das habe er sich schon gedacht, aber ich solle es lieber niemandem erzählen. Ich hatte das Gefühl, dass er nur um seinen guten Ruf besorgt war und es ihn nicht im Geringsten interessierte, was in mir vorging.

Brief einer Mutter an ihre lesbische Tochter

Liebe Tochter,
du fragst mich, wie es mir als Mutter einer Lesbe geht. Kurz würde ich schlicht und einfach mit »gut« antworten. Aber lass mich ein bisschen ausholen.
Bis vor zehn Jahren hätte ich mir nichts anderes vorstellen können, als meine Tochter darauf zusteuern zu sehen, sich einen Mann zu angeln und dann Familien- und Berufsleben miteinander zu verbinden. Dann begann aber für mich die Zeit, in der ich mich intensiv mit Frauenthemen auseinander gesetzt habe. Meine Sicht veränderte sich und mein Engagement wurde klarer, je deutlicher ich die patriarchalen Strukturen erkannte, in denen ich lebe. In dieser Zeit lernte ich bei einer Tagung zum ersten Mal lesbische Frauen kennen. Es waren Theologiestudentinnen. Ich erinnere mich, wie sie eigentlich nur am Rande von den Reaktionen ihrer Familien auf ihr Coming Out und von den Diskos, die sie besuchten, erzählten. Ihr Anliegen bei dieser Tagung war es, dass wir anderen Frauen sowohl ihre Lebensform wahrnehmen als zugleich auch unsere eigenen lesbischen Anteile reflektieren sollten. Sie forderten uns auf, sich mit ihnen zu solidarisieren, wo sie innerhalb der Kirche Diskriminierungen zu ertragen hatten. Diese jungen, engagierten Frauen waren es im Grunde, die mir gezeigt haben, dass es normal ist, lesbisch zu leben, wie es normal ist, nicht lesbisch zu leben. Begriffen habe ich auch, dass die lesbische Lebensform eine Herausforderung für die Gesellschaft und ihre Institutionen ist, weil sie festgefügte Strukturen in Frage stellt und andere Wertungen provoziert.
Doch zurück zu dir. Ich habe erkannt, dass auf dem Weg einer Lesbe vermehrt Steine liegen können. Wo ich dir dabei helfen kann, sie zu beseitigen, bin ich gerne bereit dazu. Als sich dein Lesbenweg andeutete, fiel ich also nicht vom Ho-

cker. Ich habe eigentlich nie nach psychologischen Erklärungen gesucht oder mich gefragt, ob in deiner Erziehung etwas grundlegend anders verlaufen ist als bei deinen Freundinnen, die sich mit Männern verbünden. Aus meiner Beobachtung sind dir an entscheidenden Wegkreuzungen Frauen begegnet, die für dich authentisch und lebendig waren und dir wichtig wurden.

Das ist die Sache zwischen dir und mir. Schwieriger ist es mit meinem Umfeld. In unserer Altersstufe werden ja stolz die Hochzeitsfotos der Kinder gezeigt und dann die Ankunft bzw. die Fortschritte der Enkel vermeldet. Die Frage »Tut sich denn bei eurer Tochter noch nichts?« muss man schnell entschlüsseln können. Wollen die Fragenden nur etwas von einem Schwiegersohn hören oder sind sie sensibel und aufgeschlossen genug, sich auf ein längeres Gespräch einzulassen. Die allermeisten haken bloß ab, dass noch kein Schwiegersohn in Sicht ist. Aber ich erzähle grundsätzlich, dass unsere Tochter und ihre Freundin uns zu Weihnachten besucht haben und dass wir zu dritt eine Woche in New York verbracht haben.

Da gibt es ja auch noch deinen Vater. Er war nicht wie ich auf die neue Lebensform vorbereitet. Vielleicht stimmt das auch nicht ganz, denn ich habe ja von dem, was ich erlebt habe, immer mal etwas erzählt. Aber er hatte auch mehr Vorurteile als ich. Und wieder zerplatzte der Knoten über die menschliche Beziehung. Da wartete nun deine Freundin am Bahnhof auf uns, um uns mit abzuholen, als wir dich besuchten. Der Funke sprang über. Sie war liebenswürdig und gefiel deinem Vater. Von zwei dynamischen Frauen, der Tochter und ihrer Freundin, umhegt zu werden, welcher Vater schmilzt da nicht dahin.

Liebe Tochter, ich freue mich darüber, wie du die Beziehung mit deiner Freundin lebst. Grüße deine Liebste herzlich von mir. – Bis bald, deine Mutter

Die Suppenkelle

Jenny hat ihre Mutter zu sich nach Hause eingeladen. Als sie zusammen mit Jennys Mitbewohnerin beim Abendessen sitzen, fällt der Mutter auf, wie nett die beiden Frauen miteinander umgehen. Jenny, der die Blicke ihrer Mutter auffallen, sagt vorsorglich: »Ich weiß, was du dir jetzt denkst, aber ich kann dir versichern, dass Tine und ich bloß Mitbewohnerinnen sind.« Eine Woche später fällt Tine auf, dass die silberne Suppenkelle verschwunden ist. Hat die Mutter sie etwa mitgenommen? Jenny schreibt ihr einen Brief: »Mutter, ich weiß nicht, ob du unsere Suppenkelle mitgenommen hast oder nicht. Tatsache ist, dass sie seit deinem Besuch fehlt.« Kurz darauf kommt die Antwort der Mutter: »Jenny, ich weiß nicht, ob du mit Tine schläfst oder nicht. Tatsache ist, dass, wenn Tine in ihrem eigenen Bett schlafen würde, ihr die Suppenkelle bereits gefunden hättet.«

Out at work – Work it out!

Nicht jede Lesbe hat das Glück, nur unter Lesben zu arbeiten oder ihre eigene Chefin zu sein. Und so steht irgendwann die Frage an: Sag ich's den anderen? Coming Out in der Arbeit gehört nicht gerade zu den leichtesten Übungen. Schließlich können wir uns unsere Kollegen nicht aussuchen. Müssen auch bei einer blöden Reaktion weiterhin gut mit ihnen auskommen. Die Entscheidung, tu ich's oder lieber nicht, sollte gut überlegt und geplant sein.

Urlaubserinnerungen

Susi (30): Einmal habe ich mich durch Zufall fast vor dem kompletten Großraumbüro, in dem ich sitze, geoutet. Ich arbeite bei einer Bank, und der Büroalltag lebt natürlich von Klatsch und Tratsch. Meine Freundin und ich haben im Urlaub ein Pärchen aus München kennen gerlernt, mit denen wir dort ziemlich viel unterwegs waren. Als ich dann in der Arbeit die Urlaubsfotos rumzeige, kennt eine Kollegin doch tatsächlich unsere Urlaubsbekanntschaft und schreit: »Mensch, das ist doch der Manni! Der erzählte mir, dass er und seine Freundin im Urlaub zwei Lesben kennen gelernt hätten, die total gut drauf gewesen seien und mit denen sie ganz viel unternommen hätten.« Ich dachte, ich müsse im Erdboden versinken. Ich hab das dann abzubiegen versucht, indem ich erklärte, dass der Typ Iris und mich irgendwann mal im Suff gefragt hätte: »Und, wie lange seid ihr schon zusammen?« Da hätten wir eben zum Spaß gesagt, seit drei Monaten, und irgendwie hätten wir das Spiel dann weitergespielt. Ob sie das geglaubt hat, weiß ich nicht, gesagt hat sie jedenfalls nicht viel. Von den anderen Kollegen kam weiter auch nichts mehr. Nur einmal, ich saß an einem Computer, neben mir ein Kollege, den ich noch nie leiden konnte. Da kam dann ein anderer vorbei, deutet mit seinem Kopf in meine Richtung und fragt: »Und, wissen wir schon was Neues über die Frau Kollegin?« Worauf der neben mir sagt: »Lass doch gut sein, sind doch auch nur Menschen wie du und ich.« Und das von dem, das hat mich echt erstaunt.

Für das Outing spricht, dass wir, so lange wir etwas verheimlichen, nicht als ganze Personen präsent sind. Es fordert schon einiges an schauspielerischem Geschick, den überzeugten Single zu mimen, wo doch jeden Abend die Liebste mit leckerem Essen in der gemeinsamen Wohnung wartet. Das Versteckspiel kostet Energie und raubt Kreativität. Wie oft müssen wir auf den Boden starren, wenn andere wie selbstverständlich von ihren Freunden, Männern und ihrer Familie sprechen?
Wenn du dich für ein Outing entscheidest, solltest du behutsam vorgehen. Erzähle erst mal befreundeten Kollegen aus deinem Privatleben. Wenn du dich auf ihr Verständnis und ihre Unterstützung verlassen kannst, hast du bei deinem weiteren Vorgehen Rückendeckung. Um dich bei weiteren KollegInnen oder deiner Chefin bzw. deinem Chef zu outen, musst du nicht demonstrativ sagen: »Ich bin lesbisch!« Wähle eine Umgebung, in der du dich wohl fühlst, zum Beispiel, wenn ihr Mittag essen geht oder zusammen Taxi fahrt. Erwähne einfach den Namen deiner Freundin oder dass du eine bestimmte Veranstaltung (zum Beispiel schwulesbisches Straßenfest) besucht oder einen Lesbenfilm angeschaut hast. Das wird sie schon auf die richtige Fährte bringen. Deine Transparenz am Arbeitsplatz hat außerdem den netten Nebeneffekt, dass die Sensibilität für das Thema Lesben und Schwule steigt und andere Lesben sich sicherer fühlen können. Vielleicht vertrauen sie sich dir an oder werden ermutigt, auch den Schritt des Coming Out zu wagen.

Interview mit einer Berufslesbe

Wie ist es, wenn alle wissen, dass du lesbisch bist? Wir interviewten Manuela Kay, lesbische Redakteurin bei der Berliner *Siegessäule:*

Du hast lesbische Themen zu deinem Beruf gemacht. War das eine schwere Entscheidung?

Das hat sich so ergeben. Ich bin früher um die ganze Welt gefahren und habe mir die Homoszene angeschaut. Minderheiten haben mich schon immer fasziniert. Und wie das mit der Ausgrenzung funktioniert, kann man sehr schön am Beispiel der Schwulen und Lesben erkennen. Vielleicht bin ich eine verkappte Soziologin. Bei meinen Reisen habe ich jedenfalls gemerkt, dass es nur ganz wenige Lesben gibt, die auch mal öffentlich was sagen. Da habe ich mir gedacht, bevor es keine macht, mache ich es lieber selbst. Sonst werden wir nie sichtbar. Klar muss man sich dann auch vorwerfen lassen, man sei 'ne Rampensau, wenn man in jeder Talkshow auftritt. Aber Gott, damit kann ich leben. Mittlerweile lass ich mich da nicht mehr so verbraten. Hier rufen jede Woche irgendwelche Redaktionen an, von Hans Meiser *bis* Bärbel Schäfer. *Aber da sage ich dann auch: »Hei, dat is jetzt durch, ik war doch nun in jeder Sendung, und was ich zu sagen habe, wissen die Leute doch mittlerweile.« Das passiert, weil es immer noch relativ selten ist. Du hast so ein Paradiesvogel-Image, und es hat eindeutig seine Nachteile. Ich kann nicht irgendwo hingehen, ohne dass mich die Leute in der Szene erkennen. Wenn ich mal Frauen kennen lernen will, ist das ganz grauenhaft, weil dich alle bereits kennen oder sich eine Meinung über dich gebildet haben. Man ist halt plötzlich 'ne Person des öffentlichen Lebens.*

Erntest du nicht auch viele Vorschusslorbeeren?

Nee, meistens ist das eher unangenehm, wenn sich Leute schon so ranschleimen und sagen: »Hei, du bist doch die Manuela von der Siegessäule«, dann ist das so ein Starfucker-Syndrom, das echt kein Mensch braucht. Ganz am Anfang, als ich noch beim

Radio war, habe ich mich in diesem Ruhm noch gesonnt. Aber da war ich Anfang 20, jetzt bin ich Mitte 30 und brauche keine Groupies mehr. Heute bin ich nur noch genervt, wenn ich auf 'ner Lesbenparty meinen Spaß haben will, und dann auf irgendwelche Artikel, die irgendjemandem nicht gefallen haben, angesprochen werde. Die Leute sehen einfach nicht ein, dass auch ich mal Feierabend habe. Aber wenn ich wirklich Scheu gehabt hätte, hätte ich es ja auch nicht gemacht.
Das wirklich Tolle daran ist, dass du dich nie wieder erklären musst. Du musst dich nie wieder outen. Du trittst einmal im Fernsehen auf, und alle wissen es: die Nachbarn, die Verwandten, die Kollegen. Keiner fragt mehr nach, das ist wunderbar. Auch wenn Leute mich fragen, was ich mache, und ich sage, dass ich Journalistin, Redakteurin von Berlins schwulesbischem Stadtmagazin bin, dann war's das. Punkt. Keine weiteren Fragen. Ich finde immer, je öffentlicher man sich macht, desto besser ist es eigentlich für einen selbst.

Die Schattenseite des Lesbischseins – Gewalt gegen Lesben

Homophobia is the worst desease, you can't love whom you want to love in times like these. (Chumbawamba)

Man könnte meinen, die Zeiten des Versteckspiels seien vorbei. Jährlich gehen Hunderttausende von Lesben und Schwule am Christopher Street Day auf die Straße und bekennen sich stolz zu ihrer Homosexualität. Bill Clinton erwähnte bereits 1992 bei seiner Rede zur Präsidentschaftskandidatur Lesben und Schwule in einem positiven Zusammenhang. In seinem Kabinett sind zahlreiche offen homosexuelle Abgeordnete, allen voran Roberta Achtenberg, die 1995 zurücktrat, um sich um den Bürgermeisterposten in San Francisco zu bewerben. Lesben tauchen in den Medien auf und kein Politiker, der etwas auf sich hält – außer er will rechte Wähler ködern –, kann es sich leisten, nicht für Lesben und Schwule Partei zu ergreifen. Die Öffentlichkeit hat sich daran gewöhnt, dass Homosexualität immer offener gelebt wird.

Doch wie sieht es im Alltag aus? Können Lesben unbeschwert das tun, was für Heteros ganz normal ist? Arm in Arm auf der Straße herumlaufen und die Liebste küssen, wenn ihnen danach ist? Klar, in den Großstädten gibt es Stadtteile, wo es von Lesben und Schwulen nur so wimmelt. Hier kannst du dich einigermaßen sicher fühlen, weil die Anwohner entweder selbst homosexuell sind oder sich an den Anblick gewöhnt haben. In München ist das zum Beispiel das Glockenbachviertel. In Berlin wohnen viele Schwule im Bermudadreieck rund um den

Winterfeldplatz, während Lesben gerne nach Neukölln oder Kreuzberg 36 ziehen.

Lesben sind unsichtbar

Janette (34): Lesben werden traditionell nicht wahrgenommen, weil es bei Frauen eher normal ist, auch mal den Arm um eine Freundin zu legen. Zum einen hatten wir damit immer den Vorteil, dass wir nie kriminalisiert wurden, andererseits hatten wir aber das Problem, in unserer Besonderheit nicht gesehen zu werden.

Und doch wirst du feststellen, dass es selbst in den Szenevierteln genug Leute gibt, die komisch gucken. Einige können es sich nicht verkneifen, Sprüche zu machen, andere werden richtig aggressiv. Und wie ist es dann erst in anderen Stadtteilen, kleineren Städten oder auf dem Land?
Das Problem der Gewalt gegen Homosexuelle ist bekannt, doch sind meistens schwule Männer gemeint. Diese haben schon früh angefangen, sich gegen homophobe Anfeindungen zu wehren, indem sie Überfalltelefone eingerichtet haben, bei denen sich die Opfer melden können. Gleichzeitig werden Statistiken geführt, um die Gewalttaten zu dokumentieren. Aufgrund harter Fakten, kann man von der Polizei fordern, sich für die Sicherheit von Schwulen einzusetzen. Mittlerweile gibt es bei der Berliner Polizei einen Ansprechpartner für gleichgeschlechtliche Lebensweisen, der sensibel für die Problematik ist. Für Lesben gibt es diese Statistiken nicht. Bisher schien es so, als ob Lesben weniger gefährdet sind, angegriffen zu werden.
Andere Erfahrungen machte jedoch die Lesbenberatung in Berlin. In den Beratungsgesprächen berichteten Frauen von Gewalt, die sie erlebten, weil sie sich offen als Lesbe zu erkennen gaben. Eine Fragebogen-Untersuchung zeigte schließlich das Ausmaß der Gewalt. Die Anfeindungen reichten von abfälligen

Blicken über Beleidigungen, blöden Sprüchen und zweideutigen Angeboten bis hin zu Drohungen und körperlichen Angriffen. Folgendes ereignete sich in der Münchner U-Bahn:

So schnell kann's gehen

Birgit (24): Ich saß mit einer Freundin in der U-Bahn. Uns setzten sich zwei junge Typen mit Bierflaschen in der Hand gegenüber. Wir verhielten uns ganz unauffällig, waren aber anscheinend aufgrund unserer kurzen Haare als Lesben zu identifizieren. Die beiden haben angefangen, rumzustänkern und blöde Sprüche zu machen, zum Beispiel: »Seid ihr lesbisch? Du bist doch bestimmt der Kerl?« etc. Wir haben sie ausgelacht, woraufhin sie immer unverschämter wurden und fragten, wann wir denn das letzte Mal einen drin gehabt hätten, und ob wir überhaupt schon mal gefickt worden seien. Die U-Bahn war übrigens ziemlich voll, aber niemand sagte etwas dazu. Irgendwann sind sie dann ausgestiegen. Obwohl wir uns mit Worten gewehrt haben, habe ich mich im Nachhinein schmutzig und besudelt gefühlt. Ich konnte es nicht fassen, dass ich in einer vollen U-Bahn sitze und mir solche Sachen anhören muss, ohne dass jemand einschreitet. Ich musste mit der Situation ganz alleine fertig werden.

Typisch für homophobe Anmache ist das Erstaunen der Betroffenen darüber, mit welchem Selbstverständnis die Täter sie beschimpfen. Obwohl sich die beiden Frauen verbal gewehrt haben, ging es ihnen nachher schlecht. Sie fühlten sich ohnmächtig den Launen der Täter ausgesetzt und von den Umstehenden im Stich gelassen. Ganz nach dem Motto: »Selber schuld, wenn sie so lesbisch aussehen!«
Durch homophobe Gewalt wird die Lebenswelt von Lesben eingeschränkt. Wir können nicht spontan das tun, was uns in den Sinn kommt, wenn wir erst nach rechts und links schauen müssen, ob da nicht jemand steht, der nach einem dummen Spruch

aussieht. Schon von vornherein verhalten wir uns vorsichtig. Um Ärger zu vermeiden, tun wir nicht das, was uns Spaß macht. Wir können wählen, ob wir das Risiko eingehen wollen, belästigt zu werden, oder nur noch im stillen Kämmerchen unsere Gefühle zeigen.

Warum werden Lesben angegriffen?

Die Berliner Lesbenberaterinnen haben folgende These: »Frauen, die sich entschieden haben, lesbisch zu leben, distanzieren sich von der ihnen zugeschriebenen Frauenrolle. Sie verweigern sich als Ehefrauen und Geliebte von Männern und lehnen die traditionelle Hausfrauen- und Mutterrolle ab. Diese offensichtliche Ablehnung heterosexueller Verhaltensmuster stößt bei vielen Männern, aber auch bei Frauen, auf Widerspruch.« Eine Lesbe lebt also umso gefährlicher, je deutlicher sie als Lesbe erkennbar ist. Kurze Haare fallen eher auf als lange, Lederjacke ist provokanter als Blazer. Aber ist das ein Grund sich anzupassen? Für einige Lesben schon.

Lasst mich in Ruhe!

Sarah (28): Kurz nach meinem Coming Out bin ich zum Friseur gegangen und habe mir die Haare sehr kurz schneiden lassen. Ich fand mich richtig gut so, ein bisschen kerlig, ein bisschen cool. Aber wenn ich nicht in der Szene unterwegs war, besonders in der U-Bahn, habe ich mich auch verletzlich gefühlt. Ich war auf den ersten Blick als Lesbe erkennbar, und das hat die Leute provoziert. Einige zu einem Lächeln, andere zu einem Spruch. Heute ist mein Haar wieder länger. Vielleicht ist das feige, aber ich fühle mich wohler, wenn ich selbst entscheiden kann, wieviel jemand von mir weiß.

Wer kennt sie nicht, die Aussage: »Niemand hätte was gegen Lesben, wenn sie nicht immer rumlaufen würden wie halbe Typen.« Aber so einfach wollen wir es den Heteros dann doch nicht machen. Gerade die Möglichkeit mit Geschlechterrollen zu spielen, macht einen Teil der Faszination des Lesbischseins aus. Dadurch, dass die klassischen Mann/Frau Rollenmuster auf uns nicht zutreffen, sind wir gezwungen, uns eigene Ausdrucksformen auszudenken. Wir kleiden und geben uns so, wie wir uns wohl fühlen. Von außen betrachtet mag eine Lesbe vielleicht wie ein Mann aussehen, von innen ist es ein Teil ihrer Identität. Und wer sagt eigentlich, dass Kurzhaarschnitte, Anzüge und dicke Schuhe nur an Männern gut aussehen?
Ein selbstbewusster Umgang mit der eigenen Lebensform ist entscheidend für die eigene Selbstachtung. Nur wenn Lesben sich zeigen, wie sie sind, können sie für Akzeptanz und Gleichstellung in einer homophoben und ausgrenzenden Gesellschaft kämpfen.

Wie kann man sich vor Übergriffen schützen?

Renate (42): Indem wir uns nicht mehr verstecken, sondern offen leben. Man muss sich wehren! Meine Freundin und ich lassen uns keine Pöbeleien mehr gefallen. Wenn wir als Gruppe auch politisch mehr Einfluss haben, sind wir sicherer vor Diskriminierung.

Im Grunde genommen kann sich frau gar nicht vor Gewalt schützen. Die Befragung der Lesbenberatung ergab, dass es nicht *den* gefährlichen Ort gibt, vielmehr kann es überall passieren. Am häufigsten gaben die Lesben an, auf der Straße belästigt worden zu sein. Auch in öffentlichen Verkehrsmitteln, besonders nachts, kommt es immer wieder zu Übergriffen. In fast 40 Prozent der Fälle wurden die Frauen zwischen 22 Uhr und zwei Uhr nachts angegriffen. Eine Lösung wäre es, mit dem Taxi oder dem eigenen Auto zu fahren. Aber nicht jede hat ein

Auto oder kann sich ein Taxi leisten. Auch in der Umgebung von Orten, die als Lesbentreffpunkte bekannt sind, zum Beispiel Cafés, Kneipen, Diskos, Frauenprojekte sollte frau besonders aufmerksam sein. Täter, die sich bewusst vornehmen, lesbische Frauen anzugreifen, orientieren sich an solchen Treffpunkten. Ansonsten empfehlen die Lesbenberaterinnen die üblichen Vorsichtsmaßnahmen: wahrnehmen, wer noch mit im Bus fährt; im ersten U-Bahn-Waggon fahren, um zur Not den Fahrer um Hilfe bitten zu können; mit anderen Fahrgästen Blickkontakt aufnehmen; belebte, gut beleuchtete Straßen wählen und auch mal einen Umweg in Kauf nehmen.
Sicher ist es sinnvoll, Selbstverteidigung zu lernen, um im Notfall handlungsfähig zu sein. Auch Tränengas kann mögliche Täter in die Flucht schlagen, allerdings besteht immer die Gefahr, dass man selbst auch etwas davon in die Augen bekommt. Und das brennt.
Ein Lied von der Ignoranz mancher Zeitgenossen können die Türsteherinnen von Lesbenpartys und Lesbenbars singen. Obwohl deutlich an der Tür steht, dass die Frauen unter sich bleiben möchten, kommt es am Eingang immer wieder zu Wortwechseln und Rangeleien mit Männern, die sich Zutritt verschaffen wollen. Wenn ihr also mitkriegt, dass es Ärger an der Tür gibt, schaut nicht weg.

Vor wem muss man sich in Acht nehmen?

Das Täterprofil blieb bei der Befragung relativ vage, was soviel heißt, dass jeder in Frage kommt. Die meisten Angreifer waren allerdings männlich und deutscher Herkunft. Auffällig ist, dass die überwiegende Zahl der Angreifer Jugendliche unter 25 Jahren waren. In der Hälfte der Fälle traten sie in größeren Gruppen auf, aber auch Übergriffe zu zweit oder von Einzelpersonen kamen vor.

Was tun bei einem Angriff?

Es gibt keine Faustregel, wie frau sich am besten verhält. Sollte sie weglaufen oder sich wehren? Die meisten Interviewpartnerinnen gaben an, von einem Angriff so überrascht worden zu sein, dass ihnen nicht mehr viel Zeit zum Nachdenken blieb. Viele haben spontan versucht, sich zu schützen. In der Situation haben die Betroffenen wenig Angst verspürt. Die intensiven Gefühle kamen erst später. Sie waren geschockt und konnten das Geschehene nicht fassen. Sie waren aufgewühlt, weil sie unvorbereitet aus einer friedlichen Situation herausgerissen wurden. Im Nachhinein fühlten sie: Angst, Wut, Haß auf den Täter, Abscheu, Ekel und Entsetzen.

Die Hälfte der befragten Frauen wandte sich an Selbsthilfeprojekte, um die Situation bewältigen zu können (Notruftelefon). Relativ wenig Lesben haben Anzeige erstattet. Gründe dafür waren Angst vor Diskriminierung durch die Polizeibeamten, mangelndes Vertrauen in die Polizei und die Befürchtung, dass eine Anzeige sowieso nichts bringe.

Die Folgeerscheinungen, mit denen sich Lesben nach einem Angriff auseinander setzen müssen, sind so vielfältig wie die Situation selbst. Körperliche Verletzungen müssen heilen. Auch die psychischen Auswirkungen sind nicht minder schmerzhaft und wirken längerfristig. Keine der Befragten konnte das Erlebnis sofort vergessen. Um eine Gewalterfahrung zu verarbeiten, braucht es viel Zeit. Die Frauen berichteten, dass sie Angst hatten ihre Wohnung zu verlassen, weil sie befürchteten erneut auf die Täter zu treffen. Einige grübelten lange, ob sie sich genug gewehrt hätten und die Situation vermeidbar gewesen wäre. Manche Frauen reagieren auf einen Angriff mit Depressionen.

FIT FÜR DIE SZENE

I can't even think straight
– ich kann noch nicht mal hetero denken!

Die Geheimsprache der Lesben – Von A wie Amazone bis Z wie Zwangsouting

Man könnte auf die Idee kommen, dass Lesben einem verschworenen Geheimzirkel angehören. Warum tragen viele diese bunten Ringe um den Hals, und was ist gemeint, wenn eine heftige Diskussion darüber entbrennt, ob die Barfrau nun eine Butchy Femme oder doch eher eine Femmy Butch ist? Wie jede Subkultur haben auch Lesben mit der Zeit ihre eigene Sprache entwickelt. Damit ihr von Anfang an mitreden könnt, haben wir für euch die wichtigsten Begriffe aufgelistet. Viele Wörter, wie zum Beispiel Dyke, stammen aus dem amerikanischen Sprachraum und sind von der deutschen Szene adaptiert worden. Für einige Begriffe gibt es deutsche Wörter (zum Beispiel Regenbogenringe), aber viele benutzen das englische Wort, weil es einfach besser klingt (Freedom Rings). Damit ihr hier nicht ins Schleudern kommt und auch gleich für Auslandsreisen gewappnet seid, haben wir euch den amerikanischen Terminus in Klammern dazugeschrieben.

Aids-Schleife (Red Ribbon)
Kleine rote Schleife, die an der Jacke oder am Rucksack getragen wird. Diese Schleife symbolisiert Bewusstsein für die Gefahren von Aids und Solidarität mit den Betroffenen der Epidemie.

Alternative Befruchtung (Alternative Insemination, AI)
Jede Art von Befruchtung, die nicht durch Geschlechtsverkehr erfolgt. Lesben sprechen nicht gerne von künstlicher Befruchtung, weil das nahe legt, dass Geschlechtsverkehr zwischen Mann und Frau die einzig »normale« Art der Befruchtung sei.

Amazone
In der griechischen Mythologie sind die Amazonen eine Nation von machtvollen Kämpferinnen. Sie lebten im 12. Jahrhundert v. Chr., ohne Männer, in der Nähe des Schwarzen Meeres in Scythia. In den USA bezeichneten sich feministische Lesben während der 70er Jahre als Amazonen.

Andere Weiblichkeiten
Personen, die sich als weiblich definieren, deren biologisches Geschlecht aber männlich ist, zum Beispiel Transvestiten oder Transen. Zu Frauenpartys sind oft »Frauen, Lesben und andere Weiblichkeiten« geladen.

Androgynität
Wortschöpfung aus den griechischen Wörtern für Mann und Frau. Bezeichnet Menschen, die sowohl männliche als auch weibliche Eigenschaften haben. Frauen mit kurzen Haaren werden oft als androgyn empfunden. Seit Calvin Kleins *One*-Kampagne ist Androgynität auch bei den Heteros in Mode gekommen.

Baby Butch
Eine (junge) Butch, die auf niedlich macht.

Bed Death
Mögliche Phase in langjähriger lesbischer Beziehung, wenn die Liebenden keine Lust mehr auf Sex haben. Die lesbische Sexexpertin Joann Loulan führt den Betttod u.a. darauf zurück, dass manche Lesben sich nach Jahren der Beziehung so nahe gekommen sind, dass sie sich wie verschmolzen fühlen.

Biologisches Geschlecht (Sex)
Wird aufgrund biologischer Geschlechtsmerkmale (Penis, Vulva, Brüste) bestimmt. Vom biologischen Geschlecht werden soziale Geschlechterrollen abgeleitet, zum Beispiel, dass Mädchen weniger aggressiv seien als Jungen.

Blümchen Sex (Vanilla Sex)
Sehr sanfter Sex, keine S/M-Spiele. Es ist ein beliebtes Heterovorurteil, dass Lesben im Bett nur zärtlich zueinander sind.

Bottom
Diejenige, die beim Sex unten liegt bzw. sich eher passiv verhält. Das Gegenteil von Top.

Breeders (dt: Brüter)
Abwertender Begriff für Heteros, die das Kinderkriegen glorifizieren. Lesben in den 80ern trugen häufig den Button mit der Aufschrift »Non-Breeder«.

Busfahrerin (Diesel Dyke)
Toughe Butch, die meistens Karohemden trägt.

Horrorlesbe
Beliebtes Schimpfwort neben Kampflesbe und Lesbensau.

Butch
Lesbe, die sich nicht dem weiblichen Schönheitsideal anpasst. Für manche bedeutet butchy sein ein Kleidungsstil, für andere

ein Rollenspiel und für wieder andere eine Identität. Obwohl es schon immer Butches gab, ist der Begriff wahrscheinlich erst in den 40er Jahren in den USA für Lesben verwandt worden. Butch galt ursprünglich als Kosename für kleine Jungen und als Bezeichnung für einen bestimmten Männerhaarschnitt.

Butch/Femme
Lesbisches Rollenspiel, bei dem sich die Butch eher kerlig und die Femme mehr ladylike verhält. War in den 20ern in Europa und zwischen den 40ern und 60ern in den USA populär. Dann war das Butch/Femme-Spiel verpönt, weil es als Imitation der heterosexuellen Gesellschaft galt. Die Butch/Femme-Kultur lebt allerdings seit einigen Jahren in Deutschland wieder auf.

Christopher Street Day (CSD, Pride March)
Jährliche Demonstration von Lesben und Schwulen mit Partycharakter. Der CSD erinnert an die Ereignisse vom Sommer 1969 in der New Yorker Christopher Street. Besucher des Lokals »Stonewall Inn« wehrten sich erfolgreich gegen die Schikanen der Polizei. Dieser Tag wird als der Beginn der modernen Schwulenbewegung gefeiert.

Coming Out (to come out)
Zu seiner Homosexualität stehen. Sowohl vor sich selbst als auch vor anderen.

Coming-Out-Geschichte (Coming Out Story)
Jede Lesbe kann die Geschichte erzählen, wie sie herausgefunden hat, dass sie lesbisch ist, und wie ihre Umwelt davon erfahren hat. Coming-Out-Geschichten, so tragisch sie manchmal auch in der Situation selbst verlaufen, können sich im Nachhinein einer gewissen Komik oftmals nicht erwehren.

Cross Dressing
Man zieht sich Klamotten an, die eigentlich dem anderen Ge-

schlecht vorbehalten sind, zum Beispiel eine Lesbe, die in Anzug und mit angeklebten Koteletten in die Oper geht. Auch Travestie oder Going Drag genannt.

Cruisen
Sich nach einer Bettgefährtin umsehen. Bei der AIDS-Hilfe und bei Lesbenberatungsstellen gibt es Cruising Packs. Sie enthalten Safer-Sex-Utensilien wie Latexhandschuhe, Kondome, Dental Dams und Gleitcreme, damit du dein Abenteuer safe gestalten kannst.

Cunt (Möse)
Das Wort wurde wie der deutsche Begriff zunächst von Männern als Schimpfwort verwandt. Heute benutzen es Lesben selbst gerne (I wanna lick your cunt, baby).

Dental Dam
Kleines Latex-Läppchen, das zum Safer Sex benötigt wird. Du benutzt es, wenn du die Möse einer anderen Frau leckst, damit keine Körperflüssigkeiten ausgetauscht werden. Der Begriff kommt aus der Zahnarztpraxis. Hier werden Dental Dams benutzt, um den Zahn beim Füllen trocken zu halten.

Die zwei Hände (Vulva Hands)
Eine Geste, die von Lesben in den 80ern benutzt wurde und sich seitdem als Lesbensymbol etabliert hat. Spreize die Hände, presse jeweils Zeigefinger und Daumen aneinander. Mit viel Phantasie erkennst du eine Möse.

Dildo
Längliches Sextoy, das in Vagina, Po und Mund eingeführt werden kann. Ein Dildo kann an einem Harness befestigt werden, damit du ihn umbinden kannst. Der Anal-Dildo (Butt Plug) ist ein kleiner Dildo, den man sich und anderen in den Po stecken kann.

Doppelaxt (Labrys)
Das Lesbensymbol schlechthin. Wird oft als Halskette getragen oder prangt als Aufkleber am Auto. In antiken matriarchalen Kulturen war die Doppelaxt sowohl Waffe als auch landwirtschaftliches Gerät. Die Griechen haben die Amazonen oft mit Doppeläxten dargestellt.

Doppeltes Frauenzeichen (Merged Women's Symbols)
Das weltweite Frauenzeichen wird als Kreis mit einem Kreuz darunter dargestellt. Seit den 70er Jahren gelten zwei ineinander verschlungene Frauenzeichen als Lesbenzeichen.

Drag King
Frau, die sich als Typ aufbrezelt. Sehr beliebt sind Anzug, Krawatte, angeklebte Koteletten und ein mit Reis gefülltes Kondom in der Männerunterhose.

Dyke
Früher ein Schimpfwort, um dessen Entstehung viele Gerüchte ranken, zum Beispiel Kurzform für engl. »Hermaphrodite« oder niederländ. »Wellenbrecher, Deich«. In den 70ern gaben die amerikanischen Lesben dem Wort eine neue Bedeutung, indem sie es positiv besetzten. Heute bezeichnen sich Lesben selbst als Dykes.

Dyke on Bike
Lesbe mit Motorrad. Die Dykes on Bikes fahren beim CSD immer vor der Parade.

Fag Hag
Hete, die am liebsten mit schwulen Männern abhängt.

Femme
Lesbe, die sich gerne feminin kleidet und verhält. Kann ein Rollenspiel, aber auch eine Identität sein. Eine Butchy Femme ist eine Lesbe mit Femme-Identität, sich aber eher butchig kleidet.

Eine Femmy Butch ist eine Butch, die nicht gleich ausflippt, wenn sie mal ein Kleid anziehen muss.

Fisten (Fist Fuck)
Sexpraktik, bei der du eine ganze Faust in die Möse oder den Po deiner Liebsten einführst.

Gay
Synonym für homosexuell. Der englische Begriff hat eine lange Wortgeschichte. Früher bezeichnete gay alle schönen Dinge, zum Beispiel konnte das Wetter gay sein. Ab dem 17. Jahrhundert wandelte sich dann die Bedeutung. Man verstand unter gay unmoralische Vergnügungen. Wenn man im 19. Jahrhundert eine Frau als gay bezeichnete, war sie eine Prostituierte. Seit den 40ern bezeichnen sich Homosexuelle selbst als gay.

Gender Bender
Person, die die Grenzen des sozialen Geschlechts verwischt, zum Beispiel eine Frau, die einen Bart trägt oder sich wie ein Mann anzieht.

Gleichberechtigung (Gay and Lesbian Rights)
Die Forderung nach gleichen Rechten für Heteros und Homos, zum Beispiel Anerkennung schwulesbischer Partnerschaften, Schutz vor Diskriminierung am Arbeitsplatz etc.

Gleitcreme (Lube)
Gleitmittel, das beim Sex für die nötige Feuchtigkeit sorgt.

Golden Shower
Sexpraktik, bei der sich die Partner gegenseitig anpinkeln.

Hamburger Ehe
Vorstoß der Hamburger SPD gleichgeschlechtlichen Partnerschaften mehr Rechte zu gewähren.

Harness
Gürtelähnliche Konstruktion, an der man einen Dildo befestigen kann.

Herstory
Geschichtsschreibung aus feministischer Sicht. In der traditionellen Geschichtsschreibung wird selten über Frauen und Lesben berichtet. In den 70er Jahren wurde der Begriff von lesbischen Feministinnen geprägt. Er setzt sich zusammen aus engl. »her« (ihre) und engl. »history« (Geschichte). Berühmt sind die »Lesbian Herstory Archives«, ein Archiv zur Lesbengeschichte, das 1974 in New York gegründet wurde.

He-She
Altmodischer Begriff für Frauen, die sich nicht dem traditionellen weiblichen Rollenmuster fügen.

Hete/Hetera
Abkürzung für: Heterosexuelle Frau. Orientiert sich eine Hete stark am heterosexuellen Rollenklischee, kann das Wort abfällig werden. Steigerung: Hetentussi, Heschna (Heteroschnalle).

Hetero
Heterosexueller Mann, auch Typ oder Macker genannt.

Heterosexismus
Tendenz, Heterosexualität in den Mittelpunkt zu stellen und Homosexualität auszuschließen. Die meisten Schulbücher sind zum Beispiel heterosexistisch angelegt, weil Schwule und Lesben darin nicht vorkommen.

Homoehe
Rechtlich abgesicherte Lebensgemeinschaft homosexueller Paare, die zum Beispiel im Erb- und Unterhaltsrecht heterosexuellen Ehepaaren gleichgestellt wird.

Homoerotisch
Wenn es zwischen zwei Frauen (Männern) knistert, und sie sich körperlich zueinander hingezogen fühlen.

Homophil
Homosexuell, das eigene Geschlecht liebend.

Homophobie (Homophobia)
Wörtlich: Angst vor Homosexuellen. Gemeint ist ein Verhalten, das von negativen Vorurteilen gegenüber Lesben und Schwulen geprägt ist.

Hony Pot (Honigtopf)
Amerikanischer Slang für die Genitalien einer Frau.

Karohemden
Alle Lesben tragen Karohemden, wenn sie nicht gerade lila Latzhosen tragen (Lesbenklischee).

Kesser Vater (KV)
Altmodischer Begriff für Butch.

Kiki
Begriff aus den 40ern und 50ern für eine Frau, die sich nicht entscheiden konnte, ob sie Butch oder Femme war.

Klit (Clit)
Abkürzung für Klitoris. In New York heißt ein berühmter Lesbenclub Clit-Club.

Kopflesbe
Feministin, die aus ideologischen Gründen mit Frauen zusammen ist, und nicht weil sie Frauen sexy findet. Auch Überzeugungslesbe genannt.

Lambda
Internationales Symbol für Homosexuelle. Lambda ist der elfte Buchstabe des griechischen Alphabets und das physikalische Symbol für kinetische Energie.

Lederlesbe (Leather Dyke)
Lesbe, die sich hauptsächlich in Leder kleidet. Kann bedeuten, dass sie Motorrad fährt oder auf S/M steht oder beides.

Lesbe
Weibliche Homosexuelle. Lesben wurden früher Lesbierinnen genannt, gemeint waren damit Bewohnerinnen der Insel Lesbos. Dort lebte in der Antike die Dichterin Sappho. Berühmt sind ihre Verse, in denen sie die Liebe zwischen Frauen besingt.

Lesbian Avenger
Lesbische Rächerin. Mitglied einer internationalen Aktionsgruppe, die sich für die Sichtbarkeit von Lesben einsetzt.

Lesbian Chic
Seit Anfang der 90er gilt es als schick, lesbisch zu sein. Lesben tauchen mit einem Mal in den Mainstream-Medien auf. Hoffentlich hält der Trend noch lange an.

Lesbische Sichtbarkeit (Lesbian Visibility)
Ausmaß, in dem Lesben in der öffentlichen Diskussion vorkommen. Lesben werden oft nicht wahrgenommen, weil man zum Beispiel zwei Frauen, die Hand in Hand über die Straße gehen, »nur« für Freundinnen hält. Wenn allgemein von Homosexuellen die Rede ist, sind hauptsächlich Schwule gemeint.

Lesbeneinheitsschnitt (LES)
Von Lesben bevorzugt getragener Haarschnitt, das Deckhaar etwas länger, der Nacken ausrasiert.

Lila
Die Farbe der Feministinnen und deshalb auch der Lesben. Beliebtes Lesbenklischee: Alle Lesben tragen lila Latzhosen, wenn sie nicht gerade Karohemden tragen.

Lipstick Lesbe
Femmige Lesbe, die sich gerne mit Make-up, Nagellack, kurzem Rock und Pumps aufstyled. Wurde von den feministischen Lesben der 70er verpönt.

Müsli Lesbe (Granola Dyke)
Lesbe, die auf ihre Ernährung achtet (mindestens Vegetarierin), Birkenstocks trägt und 26 verschiedene Sorten Kräutertee besitzt.

Neunundsechzig (69, sixty-nine)
Beliebte Stellung beim Sex, bei der zwei Frauen sich gleichzeitig lecken können.

Pass/Passing
Als heterosexuell durchgehen, obwohl du lesbisch oder schwul bist. Oder auch als Mann durchgehen, obwohl du eine Frau bist.

Patriarchat
Ein soziales System, in dem die Erbschaft von Vater zu Sohn weitergegeben wird. Im Feminismus des 20. Jahrhunderts wird Patriarchat als Synonym für unser gesamtes Gesellschaftssystem, das als frauendiskriminierend gilt, verwendet.

Politlesbe (Activist)
Lesbe, die sich für die Veränderung der sozialen und politischen Verhältnisse einsetzt.

Pussy
Englischer Ausdruck für weibliches Geschlechtsorgan, gleichbedeutend mit Möse.

Queer (sonderbar)
Seit dem frühen 20. Jahrhundert eine abwertende Bezeichnung für Homosexuelle, im Gegensatz zu straight (geradlinig). Die Bezeichnung queer wurde von radikalen Lesben und Schwulen in den 80er Jahren mit dem Slogan »we are here, we are queer, get used to it« zurückerobert. Der Terminus »queer« ist umfassender als »gay«. Neben Lesben und Schwulen bezeichnen sich auch Transsexuelle, Transvestiten und Gender Bender als queer.

Regenbogenfahne (Rainbow Flag)
1978 in San Francisco von dem Künstler Gilbert Baker als ein Symbol für schwulesbisches Selbstbewusstsein geschaffen. Ursprünglich hatte die Flagge acht Farben: Rosa für Sexualität, Rot für Licht, Orange für Heilen, Gelb für die Sonne, Grün für natürliche Gelassenheit, Türkis für Kunst, Indigo für Harmonie und Violett für Mut. 1979 wurde die Flagge in ihr jetziges sechsfarbiges Format verwandelt. Die einzelnen Farben symbolisieren die Unterschiedlichkeit der Mitglieder der schwulesbischen Szene und ihre gleichzeitige Einheit.

Regenbogenringe (Freedom Rings)
Sechs Aluminiumringe in den Farben der Regenbogenflagge. Sie werden an einem Lederband um den Hals getragen. Die Freedom Rings wurden 1991 von dem New Yorker Designer David Spada entworfen. Lesben tragen sie, weil sie stolz sind, lesbisch zu sein, und ihre Zugehörigkeit zur Gay Community zeigen wollen. Außerdem sind die Freedom Rings ein prima Erkennungszeichen.

Sadomasochismus (S/M)
Das Spiel mit Dominanz und Unterwerfung. S/M kann eine Menge von Aktivitäten umfassen, von Mind Games bis hin zu Praktiken wie Auspeitschen, Schlagen und Schneiden. Wichtig ist, dass alles mit gegenseitigem Einverständnis geschieht und Sicherheitsmaßnahmen eingehalten werden.

Sapphistrie (Sapphistry)
Altmodischer Begriff für lesbische Liebe, abgeleitet von der griechischen Dichterin Sappho. Die Bezeichnung war besonders im frühen 20. Jahrhundert populär, bevor sich homosexuelle Frauen als Lesben bezeichneten.

Sandkastenlesbe
Lesbe, die schon als Mädchen wusste, dass sie auf Frauen steht und nie was mit Männern hatte.

Schrank (Closet)
Von einer Lesbe, die ihre Homosexualität verheimlicht, sagt man, sie sei im Schrank. Daher kommt auch die Bezeichnung Schranklesbe. Wenn sich Lesben outen, kommen sie raus (aus dem Schrank).

Schwanzträger
Von Mary Daily geprägter Begriff für Männer, der sie auf ihr Geschlechtsorgan reduziert.

Schwarzer Winkel (Black Triangle)
Symbol, das aussieht wie ein umgedrehtes schwarzes Dreieck. Lesben tragen es, um an die Frauen zu erinnern, die aufgrund ihrer Homosexualität von den Nazis umgebracht wurden. Lesben wurden von den Nazis nicht explizit verfolgt, oft aber unter dem Label »Asoziale« in die Konzentrationslager verschleppt. Hier mussten sie das schwarze Dreieck an die Kleidung genäht tragen.

Schwulesbisch
Beliebte Schreibweise, wenn explizit Lesben und Schwule gemeint sind.

Separatismus
Freiwilliger Rückzug von Frauen aus der männlich-dominierten Gesellschaft. In den 70ern war Separatismus eine populäre lesbische Philosophie. Durch den Ausschluß von Männern wollten sich die Frauen dem Sexismus entziehen und ihre eigene Weiblichkeit leben und verstehen. Weil es für viele Frauen praktisch schwer zu bewerkstelligen war, sich ganz außerhalb der Gesellschaft zu bewegen, wurden männerfreie Domänen, so genannte Frauenräume, geschaffen, in denen sich Frauen nicht mit Männern umgeben mussten.

Sexualität
Bedeutet einfach gesagt Körperlichkeit oder Geschlechtlichkeit. Sexualität ist nicht nur Geschlechtsverkehr und hat auch nicht nur mit den Geschlechtsteilen zu tun. Das in der Alltagssprache gebrauchte Wort »Sex« und die Sexindustrie führen nur einen kleinen Ausschnitt von Sexualität vor und machen uns glauben, das sei *die* Sexualität.

Sich outen
Andere über die eigene Homosexualität informieren.

Soziales Geschlecht (Gender)
Geschlechterrolle. Für Jungen und Mädchen gibt es bestimmte, von der Gesellschaft vorgeschriebene Verhaltensmuster.

Stone Butch
Eine Butch, die während des Geschlechtsverkehrs nicht angefasst werden will, deren sexuelle Befriedigung aber darin besteht, ihrer Partnerin Vergnügen zu bereiten.

Stonewall (Stonewall Rebellion)
Straßenschlacht, die 1969 im New Yorker Stadtteil Greenwich Village stattfand. Die Besucher der Schwulen- und Transvestitenbar »Stonewall Inn« wehrten sich bei einer Polizeirazzia gegen die Schikanen der Polizei. Stonewall ist ein Symbol für den Beginn der modernen Lesben- und Schwulenbewegung.

Straight
Person, die heterosexuell ist.

Sub Lesbe (Bar Dyke)
Lesbe, die häufig in Bars geht.

Subkultur
Kultur einer gesellschaftlichen Minderheit. Jede Gruppe, außer der weißen, christlich sozialisierten, heterosexuellen Mehrheit.

Szene
Treffpunkt von Lesben, zum Beispiel Cafés, Bars und Clubs.

Tittenklemmen (Nipple Clamps)
Sextoys, das man an die Brustwarzen klemmt, um die sexuelle Lust zu steigern.

Transsexuelle/r (TS)
Person, die im falschen Körper geboren wurde. Einige Transsexuelle lassen sich umoperieren, andere entwickeln eine transsexuelle Identität, leben aber in ihrem ursprünglichen Körper weiter. Transsexuelle können homo-, hetero- oder bisexuell sein. – *F2M (female to male):* Transsexueller, der im Körper einer Frau geboren wurde. – *M2F (male to female)*: Transsexuelle, die im Körper eines Mannes geboren wurde. – *PraeOp/PostOp:* vor und nach der Operation.

Transgender
Oberbegriff für Personen mit einer Identität außerhalb der starren Geschlechterkategorien Mann/Frau. Unter dem Begriff definieren sich Transvestiten, Transsexuelle, Drag Queens, Drag Kings und Cross Dresser.

Transvestit
Person, die Freude daran hat, in der Kleidung des anderen Geschlechtes aufzutreten. Oft überzogen: »Männer sind die besseren Frauen!«

Tribadie (Tribadism)
Rhythmisches Aneinanderreiben der Genitalien.

Verzaubert
Szenebegriff für Schwul- oder Lesbischsein

Vibrator
Elektrisches oder batteriebetriebenes, vibrierendes Sextoys, mit dem man Genitalien und andere erogene Zonen stimulieren kann.

Zwangsheterosexualität (Compulsory Heterosexuality)
Begriff, der von der Aktivistin und Dichterin Adrienne Rich in den 70er Jahren geprägt wurde. Zwangsheterosexualität beschreibt das Phänomen, dass junge Mädchen so sozialisiert werden, dass sie glauben, Heiraten und Mutterschaft seien unausweichliche Konsequenzen für ihr Leben.

Zwangsouting
Jemand wird gegen seinen Willen geoutet.

Wie sieht eine Lesbe aus? Ein Schnellkurs

Sie sieht aus wie eine Lesbe, geht wie eine Lesbe, hat eine Frisur wie eine Lesbe, eine typische Lesbe eben. Wie soll man sich denn nun eine typische Lesbe vorstellen? Diese kleine Einführung für Einsteigerinnen bietet einen knappen Überblick über die beliebtesten und verbreitetsten Lesbentyen. Humor nicht ausgeschlossen.

Die politisch-ökologisch Korrekte

Political Correctness ist das Lebensprogramm dieser Frau. Immer gibt es noch irgendwas, wofür sie sich engagieren kann, Flugis verteilen, Spuckis kleben oder Demos abhalten. Sie ist Lesbe pur, kennt so gut wie keine Männer, nicht mal schwule. Lesbische Mütter dürfen ihre Söhne nur bis zu einem bestimmten Alter in die schwanzfreie Wohnung mitbringen. Demnach hat sie auch eine Hündin oder eine Katze. Zum politischen Randgruppenbewusstsein kommt noch der unnachahmliche Ökocharme hinzu. Sie hinterlässt oft einen chaotischen Eindruck, ausgelöst durch eine sagenhafte Offenheit, was Kritik am Leben anderer betrifft: »Hei, dass du das essen kannst, das ist ja voll ekelig. Und das ganze Blut, bäh!« Ihre ökologische Einstellung bildet die Grundlage für ein erfülltes Leben. Irgendwann wird sie mindestens Vegetarierin, wenn nicht sogar Veganerin (also ganz ohne alles). Oft kann man sich allerdings des Eindrucks nicht erwehren, dass dies nicht aus Gründen des Tierschutzes oder eines gesunden Körperbewusstseins geschieht, sondern zu rein egoistischen Zwecken. Denn sie liebt es, im Mittelpunkt zu stehen, und ihren langen holprigen Weg zu dieser oder jener Erkenntnis zu erörtern. Die bevorzugte Kleidung ist aus Baumwolle und bequem. Andere Kriterien zählen nicht. Wie ihre gesamte Lebensweise, ist auch ihre Sprache dem Lesbisch- bzw. Frausein angepasst. Da trinkt frau eine Bierin, ißt eine Camembertabrötin, nippt an einer Cappuccina. Das »man« wird rigoros durch »frau« ersetzt. Überhaupt könnte man alle Männer durch Frauen ersetzen. Nach Männerbesuch, und sei es nur der Elektriker gewesen, wird die Wohnung ausgeräuchert.

Die gestrenge Brillenschlange

Ihr haben Lesben das kursierende Negativbild zu verdanken. Typisch protestantisch-freudlos verkriecht sie sich abends mit schwieriger Lektüre und Kräutertee in ein Haus aus Theorie. Anstelle mal ein nettes Mädchen zu küssen, träumt sie von einem matriarchalen Lesbenstaat, mindestens postmodern. Ihr Haar trägt sie praktisch, d. h. irgendwie kurz und ohne Pfiff, gerne auch asymmetrisch angeschnitten, vielleicht mal eine gewitzte Strähne hier oder dort. Das Leben ist ja auch nicht ohne Ecken und Kanten. So richtig mutig wird sie allerdings erst bei der Wahl der obligatorischen Brille: zum Beispiel eine verwegene Rahmenlose mit auffälligen polygonen Gläsern, von lustig gestalteten Bügelchen gehalten.
Schön machen kann sie es sich nicht und missgönnt auch allen anderen jeglichen häuslichen Luxus. Überhaupt sieht sie vieles kritisch und entdeckt regelmäßig Bedarf, dieses oder jenes zum 56. Mal zu diskutieren. Ihr Lesbischsein ist das logische Resultat der Überlegung, dass sie mit Männern nicht viel anfangen kann und umgekehrt. Hat sie eine Freundin, dann sieht die ihr zum Verwechseln ähnlich. Die zwei werden zu einer perfekten Symbiose, einem großen WIR, und reden schon vier Tage nach dem ersten Date nur noch im Plural. Die Welt mutiert zu einem »bei uns«. Wenn man das Pech hat, mit der einer Hälfte des Wir befreundet gewesen zu sein, kann man nur auf eine Trennung

hoffen, um mit der Freundin mal wieder alleine ins Kino gehen zu können.

Die Diesel Dyke

Der weltweite Exportschlager der Lesbe schlechthin: irgendeine Kurzhaarfrisur, irgendeine Jeans oder Männerbundfaltenhose, irgendein derbes Hemd, das in der Hose steckt, gerne kariert. Dazu trägt sie Männerschuhe oder Stiefel. Frau erwartet geradezu, dass sie draußen vor der Tür ihren Lastwagen geparkt hat. Daher auch »Diesel«. Ihre Siebensachen verstaut sie in einer Lederweste, bei Partys hat sie immer ein Bier in der Hand. In der Schule hat sie am liebsten Handball gespielt, heute besiegt sie dich beim Billard. Ihr entgeht kein leeres Glas, und selbst als Nichtraucherin hält sie immer ein Feuerzeug für bedürftige Damen bereit. Meist ist sie hilfsbereit, bei Kummer stets erreichbar und ein Kumpel fürs Leben.

Die Classic Butch

Die wesentlichen Fragen im Leben einer Butch drehen sich um die passenden Manschettenknöpfe, die richtige Krawatte und anlehnungsbedürftige Femmes. Denn ohne eine Femme steht auch die tollste Butch irgendwann recht blöd da. Da kann sie noch so gut nach einem klassischen französischen Herrenparfum riechen. Das weiß sie und tut für die Dame ihres Herzens alles. Alle Wünsche werden von den Augen abgelesen: Noch 'nen Drink, Babygirl? Ich zahle. Die Zigarette wird der Liebsten mit einem Zippo (mit eingravierten Initialien) angezündet. Türen werden aufgehalten und reichlich Komplimente verteilt. Gibt ihr die Holde mal einen Abend frei, dann hängt sie mit ihren »Jungs« ab.

Die Tage der Classic können anstrengend sein. Am Zeitungskiosk erkundigt man sich nach den Wünschen des jungen Mannes, Arzthelferinnen duzen sie, bevor das eingelesene Versicherungskärtchen das wahre Alter und Geschlecht verrät. Außerdem schaut sie oft in fragende Gesichter, wenn sie eine

öffentliche Damentoilette betritt. Da spielt es keine Rolle, dass all die anwesenden Damen zusammen weniger Busen haben als unsere Heldin der Nacht. Für Heteras gilt der maßgebende Blick dem Haar, und das ist ratzekurz.
Das Leben der Classic Butch ist eine einzige Inzenierung. Diese – allerdings – stinkt manchmal etwas nach Mottenkugeln.

Die Club Lesbe
Modisch gekleidet ist sie, das Haar in Spalten gegelt, zurechtgespangt oder geschoren. Ganz wie es der letzte Trend diktiert. Bevor sie ausgeht, schaut sie sich ein paar Tanzschritte bei Viva ab. Da würde sie übrigens auch gerne arbeiten. Danach posed sie mit Freundinnen vor dem Spiegel, um das richtige Nachtoutfit zusammenzustellen.
Obligatorisch sind Draw Strings oder Cargo Pants, weit unten auf der Hüfte getragen. Darunter trägt sie Boxershorts, die – ein Jahrzehnt nachdem »Marky« Mark Wahlberg es vorgemacht hat – keck aus dem Hosenbündchen lächeln (huch!). Hier ist, im Gegensatz zur Kleidung, die durchaus von H&M stammen darf, die Marke entscheidend.
Ihre Sprache hat sie aktuellen Lifestyle- und Wellness-Magazinen entlehnt: Statt ein Gespräch zu führen, talked sie, natürlich nicht in der Disko, sondern im Club. Manchmal danced sie, aber nur wenn ihr die Location zusagt und die Doorfrau sie umsonst reingelassen hat. Eigentlich ist sie auch nicht lesbisch, sondern queer, gay oder eine Dyke.
Von der Ferne wirkt sie wie ein junger Bub, wie Michel Lönneberga, süß und unschuldig. Tritt frau näher an sie heran, setzt sie meist ein toughes Gesicht auf und riskiert einen coolen Spruch. Doch keine Angst, da steckt, das weiß jede Hobbypsychologin, nur Unsicherheit dahinter. Gerne würde sie zur Königin der One-Night-Stands gekürt, aber tief in ihrem Innern sehnt sich auch die Club Lesbe nach den starken Armen eines richtigen Weibes. Und wenn dann Liebe in der Luft liegt, ist es schnell vorbei mit dem ganzen Coolnessgedöns und Szeneblabla.

Der Drag King

Sie zeigt uns, dass Elvis noch lebt. Das Haar aufwendig frisiert und bombenfest, die Echt-Eigenhaar-Koteletten perfekt hingeklebt, eventuell mit dünnem Oberlippenbärtchen oder Trendklacks auf dem Kinn, und die Nacht bzw. Mädels können kommen.

Auffällige Kleidung vervollständigt den Auftritt: Glitter- oder Rüschenhemden, manchmal auch nur das altbewährte Feinrippunterhemd, das in einer Anzughose steckt. Die unverzichtbaren Hosenträger sitzen perfekt, da sich unter dem Oberteil erstaunlich wenig wölbt. Wie dies, mag die Uneingeweihte da fragen? Die vorhandenen Brüste sind platt- oder zur Seite gebunden, um Platz zu schaffen für Goldkette, künstliches Brusthaar und das Mädchen, das man sich an Selbiges drückt. Und ein echtes Mädel muss es sein, keine Butch wird je ihr Herz gewinnen. Bei Vollblutweibern oder zarten Dingern wird der King schwach, wenn auch nur für kurze Zeit. Denn der lonesome King (manchmal auch mit Gitarre, um die traurigen Weisen noch besser summen zu können) muss ewig weiterziehen. So wie Lucky Luke immer dem ewigen Sonnenuntergang hinterherreitet, so tragisch ist auch der King immer auf der Suche nach, ja, wonach denn eigentlich?

Die High Femme

Das passende Gegenstück zur Butch. Sie ist die erklärte Frau im Haus, das sie sich natürlich nur mit einer Butch teilen kann. Sie lässt sich gerne die Tür aufhalten und erwartet ein bisschen Tamtam, das um ihre Person veranstaltet werden soll. Am liebsten ist sie der Mittelpunkt aller Aufmerksamkeit. Nicht nur, dass sie ausgesprochen feminin aussieht, sie macht auch noch was draus. Sie schminkt sich, steckt sich das Haar hoch und kann in Schuhen mit Absatz besser laufen als jede Tunte. Sie hinterlässt Eindruck und Spuren, nicht nur an Gläsern oder weißen Hemdkrägen.

Da sie als Lesbe nicht auf hundert Meter zu erkennen ist, pfeifen ihr mehr Männer als Frauen nach, was sie dank feministischer Bildung mit einem coolen Spruch auf den Lippen kontert. Überhaupt darf man sie nicht unterschätzen. Sie jagt gerissen durch die Nacht, und selbst wenn es nicht so scheint, sie erledigt die Butch und nicht andersherum. Denn ohne die schöne Femme auf dem Beifahrersitz, an der Hand oder auf dem Sozius ist nix los im Leben der Butch. Und wie im echten Leben hat die Femme daheim die Hosen an. Da kann ihr Kerl noch so dumm daherreden beim Schafkopfabend mit den Freunden. Irgendwann sagt die Uhr: Jetzt aber hurtig heim, sonst gibt's dicke Luft.

Die Süß Femme

Ihre wilden Zeiten sind vorbei, und selbst damals war sie noch recht zahm. Nun hat sie sich eine passende Begleitung gesucht, mit der sie es sich zu Hause gemütlich macht. Da fühlen sich beide auch am wohlsten, zwischen Ikea-Fichtenholzregalen, die voller Bücher, die sie irgendwann in diesem Leben noch einmal lesen wollen, stehen. In der Küche stehen 26 verschiedene Teesorten herum und Gläser mit selbst eingelegten Zutaten (irgendwie toskanisch). Es duftet immer nach Kräutern, oft nach Knoblauch, dem lesbischsten aller Gerüche. (Ob es wissenschaftliche Untersuchungen zu der Affinität von Lesben und Knoblauch gibt?) Sollte unsere holde Süß-Femme allerdings noch auf des Jägers Pfaden wandeln, so ist ihr Opfer gerne eine Soft-Butch-Variante. Allerdings kann sich auch eine Zukunft mit einer Femme vorstellen, da ist frau heute ja flexibel. Hurra! Unsere Heldin hat viele gute Freundinnen weltweit. Mit denen führt sie unendlich lange Telefongespräche (ach Schatz, jetzt mit diesen tollen 010-irgendwas-Nummern ...) Die interessante Arbeit, der sie nachgeht, fordert distinguiert feminine Kleidung, hier hat sich unsere ehemalige Hausbesetzerszene-Symphatisantin zwangsweise etwas angepasst. Daheim mag sie es aber eher sportlich-gemütlich. Lässt sie es allerdings mal in der Szene krachen, spielt sie mit fast vergessenen Reizen, zieht

enge Trendhöschen an und reckt keck die Brüste raus. Sie ist eher in großen Städten daheim, doch manchmal, beim Sonntagsspaziergang im Regen, träumt sie vom Leben auf dem Lande mit Kind, Hund und einer starken Frau an ihrer Seite.

Die Moped Lesbe

Dykes on bikes reimt sich nicht nur hübsch, tatsächlich fahren viele Damen Motorrad. Welches Moped nun das einzig wahre Lesbenbike sein soll, bleibt umstritten. Die einen schwören auf Geländemaschinen, die aussehen wie Plastik gewordene Stechmücken. Die anderen bevorzugen tief liegende Brummer mit Reifen wie Lastwagen. Bei der Wahl des Typs spielen auch praktische Überlegungen eine Rolle, denn nicht bei jeder Bikerin reichen die Beine bis zum Boden. So unterschiedlich wie die Maschinen sind die Frauen, die darauf hocken.

Für die einen ist es Lebensphilosophie. Die Lederhosen fallen nur, wenn eine erotische Situation es unbedingt verlangt, und der Dildo ist dann meist schon einsatzbereit. In der Szene kennt man sie nur in Kluft. Sie trinkt immer alkfrei (mein echtes Baby steht vor der Tür), und sollte sie sich aus unerfindlichen Gründen mal von ihrem Motorrad trennen, trägt sie weiterhin dicke Boots und Lederhosen, denn einmal Bike Dyke immer Bike Dyke.

Für die andere ist das Motorrad Hobby – Freizeitfortbewegungsmittel –, um mit der Liebsten hintendrauf zum Campen (Elche inklusive) nach Schweden zu donnern. Eine Leidenschaft, die nur durch das Saisonnummernschild 04-10 ein Ende findet.

Ein Moped eignet sich übrigens auch hervorragend als Einstieg in eine Unterhaltung (tja, die Haare liegen etwas platt, kommt vom Helm – ach, ehrlich!) oder als perfekte Anmache (keine Angst, Kleines, ist wie beim Sex, paß dich einfach meinem Körper an). Also: ohne Bike keine Dyke! So long.

Butch und Femme: zwei Welten – ein Gespräch

Was für die eine Identität bedeutet, ist für die andere nur ein nettes Rollenspiel. Manche können gar nichts damit anfangen und belehren mit erhobenem Zeigefinger: Butch/Femme reproduziert heterosexuelles Verhalten. Eine Wissenschaft für sich? Lassen wir sie selbst zu Wort kommen.

Du fandest doch früher auch mal Jungs gut?

Femme: Das war eine Form von Verwechslung. Wenn mir welche gefallen haben, dann waren das immer so genannte Milchbubis, solche die eher wie Mädchen ausgesehen haben und deshalb immer ausgelacht wurden, Softies eben. Und wenn sie dann ohne Klamotten dastanden, dann stimmte irgendwie was nicht, da war immer was an den falschen Stellen.

Im Nachhinein würde ich sagen, dass ich damals schon Butches wollte, aber die gab's leider noch nicht so richtig im Angebot. Dann dachte ich, vielleicht sind es diese Jungs, aber da habe ich mich geirrt.

Was macht eine Butch aus?

Femme: Die erkennt man daran, dass sie rot werden (lacht) und dass das Echolotsystem ausschlägt. Und am Gang, am Blick, an der Körpersprache.

Butch: Ich erkenne Butches daran, dass sie mich nicht anziehen (lacht). Nein, stimmt auch nicht, ich bin flexibel.

Was bist du?

Butch: Ne Soft Butch!

Und warum keine echte?

Butch: Soft Butches sind echte Butches. Aber ich glaube, dass es Butches gibt, da würdest du, wenn du die in ein Kleid stecken und ihnen Stöckelschuhe anziehen würdest, denken, dass da ein Transvestit vor dir stünde. Diese Frauen sind durch und durch Butch, und das ist dann so etwas wie eine Identität. Und dann gibt es welche, da gehöre ich dazu, die haben das als eine Form von Energie, worauf dann eine andere Energie anspringen kann. Für mich ist es auch nicht so, dass Butches ausschließlich auf Femmes stehen müssen, obwohl ich glaube, dass es meistens so ist. Mir haben mal Freundinnen ein T-Shirt geschenkt, da steht drauf: »Butch in the streets, femme in the sheets!« Eine Butch zu sein, bedeutet also auch, nicht immer in dieser Rolle bleiben zu müssen, oder damit feste Eigenschaften zu verbinden.

Für Lesben gibt es ja auch, was das Rollenverhalten betrifft, nicht so viele Vorbilder, außer vielleicht den Butches in den 20er oder 50er Jahren. Da hat Leslie Feinberg ein gutes Buch geschrieben, Stone Butch Blues. *Ich fand das sehr beeindruckend, dass damals die Butches und die Femmes kein anderes Überlebenskonzept hatten, als sich männliche und weibliche Rollen zuzuteilen.*

Femme: Butch oder Femme ist heute ein Können und kein Müssen. Wenn ich mich in einer Rolle befinden muss, dann macht es keinen Spaß mehr, wie bei so vielen Dingen im Leben. Wenn eine Butch mich in die Femme-Rolle drängt, nur damit sie noch besser Butch sein kann, find ich das gar nicht lustig. Ich will nur Femme sein, wenn ich es von mir aus sein und auch jederzeit wieder ablegen kann. In dieser heterosexistischen Gesellschaft geht mir das auch so mit langen Haaren und Röcken. Wenn Männer mich dann als Heterofrau betrachten, muss ich, wenn es nötig ist, einem Typ auch eine aufs Maul hauen können, und mir zu helfen wissen.

Bleibt eine Butch immer eine Butch?

Butch: Meine jetzige Freundin nimmt mich stark als Butch

wahr, in meiner vorherigen Beziehung war das aber ganz anders. Ich würde deshalb sagen, es ist immer stark personenabhängig, wie man sich fühlt, aber auch wie man sich dadurch verhält.

Femme: Ich hatte auch schon öfter mal was mit Femmes. Obwohl ich selbst eine bin, heißt das ja nicht, dass ich nicht auch mal auf so eine andere Prinzessin fliegen kann. Für mich bedeutet das nichts Einschränkendes. Viele übrigens, die ich kenne und die das Butch-Femme-Konzept doof finden, denken, es sei eine Beschränkung. Es tut mir auch nicht gut, immer nur mit Butches zusammen zu sein. Denn es gibt eine Seite in mir, die gerade mit anderen Femmes aufblüht.

Außerdem kann ich auch selbst in die Butch-Rolle gehen, but deep in my heart, I am a princess.

Butch: Es macht aber sehr viel Spaß, die Gegenrolle mindestens einen Abend lang durchzuhalten und die Femme so richtig zu verwöhnen.

Femme: Da habe ich aber einen anderen Begriff von Femme. Ich sehe mich als die Aktive, teilweise auch Dominierende. Allerdings habe ich nichts gegen einen schnellen Wechsel im Bett. Da finde ich es ganz öde, wenn man feste Rollen hat, das wird mir schnell langweilig. Da schätze ich es sehr, wenn die andere auch flexibel ist.

Wer ist privilegierter – Butches oder Femmes?

Butch: Eigentlich haben es Femmes besser. Charmant und reizend wie sie sind, werden sie wie Prinzessinnen von ihren Untertanen, ihren Butches, auf Händen getragen. Sehr ungerecht, gäbe es da nicht den Baby-Butch-Blick. Da schauen die toughen Butches wie junge Hunde, denen frau einfach alles verzeihen muss, auch wenn sie tolpatschig sind und das Essen anbrennen lassen.

Femme: Ich finde diese Baby Butches auch immer sehr süß, aber die Erfahrung hat gezeigt, dass so ein Mutter-Tochter-Liebhaberinnen-Gemisch nichts bringt und dass die Rolle der älteren und erfahrenen Femme auf Dauer ziemlich unspannend ist. Als Femme musst du letztendlich sehr viel Verantwortung tragen. Eine gleichberechtigte Liebhaberin ist am Ende viel interessanter.

Woran erkennt man dich als Femme?

Femme: Ich erkenne mich, wenn ich vor dem Spiegel stehe, all die hübschen Prinzessinnenkleider anziehe und meine langen Haare hochstecke. Wenn ich weiß, dass ich eine Reinkarnation von Sissi bin, die ja eine lesbische Anarchistin war und immer mit ihren Hofdamen zu Gange.

Woran erkennst du dich als Butch?

Butch: An meinem Dildo (lacht). Ansonsten sind es nicht so sehr äußere Merkmale. Ich habe im Moment auch lange Haa-

re und binde sie zu einem Pferdeschwanz, und trage Ringe. Das macht mich vielleicht ein bisschen femmig, aber noch lange nicht zur Femme.

Feinberg, Leslie: *Träume in den erwachenden Morgen.* Krug und Schadenberg, Berlin
Butch/Femme Reader, Queer Verlag, Berlin

AUF DIE PLÄTZE, FERTIG – LESBISCH

Lieber Wein, Weib, Gesang
als Bier, Mann und Gebrüll!

Erste Schritte in der Szene

Aller Anfang ist bekanntlich schwer. Im wahren Leben eine Lesbe kennen zu lernen scheint oft ein sinnloses Unterfangen. Nicht jede Frau mit kurzen Haaren ist eine potentielle Beute. Selbst Lesben mit einem selbstattestierten Blick dafür können sich manchmal peinlich täuschen. Wohl selten wird deine Traumfrau an der Kühltruhe nach derselben Pizzaschachtel greifen wie du, und – schwubbdiwubb – blickt ihr euch tief in die Augen und geht dann gemeinsam nach Hause. Was in Filmen funktioniert, lässt im Leben oft lange auf sich warten. Es ist also Eigeninitiative gefragt.

Da die Lesben einem nicht das Haus einrennen, muss frau zu ihnen gehen. Zunächst solltest du dich schlau machen, ob es in deiner Stadt Einrichtungen wie eine Lesbenberatung oder ein Lesbentelefon gibt. Zur Not ist auch ein Frauenzentrum hilfreich, denn naturgemäß arbeiten dort oft auch Lesben. Diese Beratungsstellen werden von der Stadt finanziert und sind u. a. dazu da, um dir bei den Themen Lesbischsein, Coming Out etc. weiterzuhelfen.

Nun, die Mutigen rennen da unerschrocken hin oder rufen an, um sich die nötigen Informationen zu besorgen. Die Zögerlichen legen den Zettel mit der Telefonnummer der Lesbenberatung lieber in eine ihrer Schreibtischschubladen. Besagter Zettel wird dort lange liegen. Genauso wird die Zögerliche vor dem Gebäude mit einer irgendwie gearteten Lesbeneinrichtung, sei es nun ein Café, ein Zentrum oder irgendwas, auf und ab schleichen und bei jedem vorbeihuschenden Passanten ein möglichst teilnahmsloses Gesicht machen. Der könnte ja was ahnen. Ganz im Gegensatz zur Realität hat man in solchen Situationen das

Gefühl, alle, die auf den Straßen sind, beobachten einen, erkennen, was man vorhat, wissen, was sich in dem Gebäude verbirgt – ein Sündenbabel. Überhaupt könnte man sich auch mit einem großen Plakat hinstellen, das verkündet: Ich bin vielleicht homosexuell und suche einschlägige Kontakte. Nun, seid gewiß, Schwestern im Leid, kein Mensch interessiert sich dafür. Keinem ist je aufgefallen, dass im soundsovielten Stockwerk eine Lesbenberatung oder Was-weiss-denn-ich befindet. Selbst wenn, wär's ihnen auch egal. Mach dich also nicht lächerlich, wage den ersten Schritt in die Höhle der Löwin, schlimmer kann es nicht kommen.

Der Einstieg

Sabine (27): Ich habe jahrelang in Mainz gelebt und studiert, ohne jemals Kontakt zu Lesben gehabt zu haben. Ich hatte zwar zu der Zeit eine Freundin, wir lebten aber recht zurückgezogen, waren auch nicht geoutet und kannten keine anderen Lesben.
An der Mainzer Uni gab es im Bibliotheksgebäude eine kleine Frauenbibliothek, und ich hatte da manchmal interessante Frauen raus- und reinrennen sehen. Ich habe mich da ewig nicht hingetraut, es war auch von den Räumlichkeiten ziemlich blöd organisiert. Diese Frauenbibliothek befand sich im Keller, und wenn man da hinwollte, musste man oben durch eine Tür, auf der ganz groß ein rotes Schild verkündete »Frauenbibliothek«. Diese Tür war direkt neben dem Haupteingang, da war also immer mächtig was los. Ich fühlte mich, als ob ich in einen Sexshop gehen würde. Das kann man vielleicht nicht so nachvollziehen, aber die Frauen, die da immer hingingen, sahen auch recht lesbisch aus, mit Kurzhaarfrisur und so. Ich hatte damals noch richtig langes Haar und fand solche Frauen eigentlich eher furchtbar. Ich dachte mir jedenfalls, wenn ich da jetzt runtergehe, dann wissen alle, dass ich eine Lesbe bin.
Irgendwann hab ich mich dann getraut. Es hat niemand etwas hinter mir hergeschrien und die Welt stürzte nicht ein. Als ich

dann mehr zu meinem Lesbischsein stand und auch andere Frauen dort kannte, war es für mich die normalste Sache der Welt, durch diese Tür zu gehen.

Sehr hilfreich, um erste Kontakte herzustellen, sind Coming-Out- oder Lesbengruppen, die bei den Lesbenberatungsstellen angeboten werden. Das Gute an diesen Gruppen ist, dass alle anderen aus demselben Grund dabei sind wie du. Die meisten wollen mehr über Coming Out lernen oder Erfahrungen austauschen und auf alle Fälle auch andere Frauen kennen lernen. Erwarte keine erste Liebe, sei entspannt, und schon hast du einige Bekannte, mit denen du mal einen trinken gehen kannst.
Regional unterschiedlich benannt sind auch regelmäßig stattfindende Kneipenabende, die entweder von den Beratungsstellen oder von einzelnen Frauen organisiert werden. Die heißen im Süden des Landes eher »Lesbenstammtisch Stadtmitte«, im Norden schlicht »Lesbentreff«. Auch hier bieten sich oft ungeahnte Möglichkeiten, entweder einfach einen netten Abend gehabt zu haben oder auch neue Bekanntschaften zu schließen. Wo, wann, wer, was trinkt, erfährst du aus einschlägigen Informationsblättern, aus schwulesbischen Stadtzeitungen wie der Berliner *Siegessäule* oder dem *Our Munich*, die kostenlos in Szenekneipen und Buchläden erhältlich sind.

Frauenpartys sind bessere Partys

Anne (23): Ich gehe relativ wenig auf Heteropartys, eigentlich nur wenn Heterofreunde wollen, dass ich mitkomme oder wenn ich Heterobesuch bekomme. Ansonsten bewege ich mich seit den letzten zwei Jahren eher in der Lesbenszene. Warum? Um die Tresenfrau zu beobachten. Ich habe ein Faible für Tresenfrauen. Nein, Spaß beiseite. Ich gehe in Frauenräume, weil ich mich da wohler fühle. Du kriegst keine bösen, keine fragenden Blicke, stattdessen hast du so ein Gemeinschaftsgefühl. Ich

muss dann allerdings auch immer mal wieder ausbrechen und gar nicht mehr in die Szene gehen, weil es sonst zu eng wird. Hinz und Kunz kennt sich, es gibt Intrigen und Lästereien. Die schönen Seiten sind auf jeden Fall, dass du, wenn du nicht gerade deine Ex triffst, so offen sein kannst, wie du willst. Ich habe jetzt zum Beispiel bestimmt ein halbes Jahr lang mein Chill-Out- Bier in der Begine getrunken. Ich hab mir keine großen Gedanken drüber gemacht, warum ich das tue, aber es hat bestimmt auch was damit zu tun, dass es schön ist, von 24 Stunden am Tag eine in einem Frauenraum zu verbringen.

Sehr empfehlenswert ist auch immer ein Besuch im Frauenbuchladen. Die Frauen, die dort arbeiten, können dir oft gute Tipps zu diversen Lebens- und Lesbenlagen geben, denn höchstwahrscheinlich hat die eine oder andere vor 20 Jahren mitgeholfen, die Frauenszene in der Stadt aufzubauen.

Unverbindlich verbindlich: der Frauenbuchladen

Cornelia (26): Mit 17 bin ich in München zum ersten Mal in den Frauenbuchladen Lilemors gegangen. Erstmal stand ich davor herum, hab in den Kisten mit den Sonderangeboten gewühlt, wartete, bis kein Passant zu sehen war, und – husch – war ich drinnen. Diese ganze Vielfalt von Literatur von, für und über Frauen fand ich sehr spannend. Zuerst habe ich mich in die Ecke mit der Lesbenliteratur nicht getraut, weil da noch 'ne andere Frau rumstand. Natürlich habe ich mich auch die ganze Zeit gefragt, ob jetzt alle, die in dem Laden arbeiten, und alle, die was kaufen, Lesben sind. Ich fand die Vorstellung, so unter Lesben zu sein, unheimlich aufregend. Was ich ganz schön in dem Laden fand, war die Sitzecke im hinteren Zimmer. Da kann man sich zum Lesen hinsetzen, auf dem Tisch stand eine Thermoskanne mit Kaffee und eine alte Kaffeedose, in die man dann eine Mark oder was auch immer der Kaffee kostete, werfen konnte. Da saß dann auch eine Frau, mit der ich dann ins Gespräch kam. Die war nun leider Hetero und wohnte irgendwie gegenüber. Aber immerhin, dachte ich mir, es war doch sehr nett gewesen.
Vorn im Laden war auch eine große Pinnwand, wo man für alles Mögliche Anzeigen aufhängen konnte. Ich hab da mal einen Zettel angepinnt, als ich ein Zimmer suchte. Da riefen dann ganz viele an, das wird schon beachtet. Alles in allem fand ich das recht gut, so fürs erste Mal.

Oft hat man die Möglichkeit, eine Kleinanzeige an einem Schwarzen Brett aufzuhängen. Vielleicht sucht ja der örtliche Frauenfußballclub noch Verstärkung. Nichts wie hin, diese Sportvereine sind auch eine große Kontaktwiese. Unter so vielversprechenden Namen wie Regenbogenforellen, Amazonen,

Seitenwechsel oder Schokosport wird hier Spiel und Spaß mit anderen Frauen angeboten.

Mach dich auf die Suche

Sollte es in deiner Stadt keinen Frauenbuchladen geben, so versuche es mit dem Schwulenbuchladen. Oft sind diese recht gut mit Lesbenliteratur bestückt, haben viel einschlägiges Informationsmaterial und geben auch gerne Auskunft, wohin du abends gehen könntest. Immer wieder bewährt sich der Satz: Wo die Schwulen sind, da sind die Lesben nicht weit. Das mag jetzt zwar bei einer Hardcore-Lederbar nicht auf Anhieb stimmen, aber oft tut man sich schwer, die Lesbenszene zu entdecken. In solchen Fällen kann ein schwules Lokal der erste hilfreiche Kontakt sein. Für die Reiselustige empfiehlt sich hier die Anschaffung eines *Spartacus Gay Guides*. Wie der Name sagt, enthält dieser Guide Adressen von schwulen Clubs, Cafés, Bars und Gruppen (übrigens weltweit), doch in ein als GLM (gay-lesbian-mixed) klassifiziertes Lokal kann man ja mal einen Blick werfen. Außerdem sind Adressen von Gruppen, Beratungszentren, Buchläden, Redaktionen schwulesbischer Stadtzeitungen und diverse andere Organisationen aufgeführt.
Wie alle anderen Leute, die weggehen möchten, kann sich die Interessierte auch ganz banal an die örtlichen Stadtzeitungen halten. Ob *Prinz*, *Münchner*, *Plärrer* oder *Zitty*, hier steht fast alles zum Thema Frauen, Partys, Diskos etc. drin. Wirf auch einen Blick auf die Sie-sucht-Sie-Anzeigen, oft geben Frauen, die nicht das große Glück für immer und ewig, sondern nur jemanden zum Ausgehen suchen, Kontaktanzeigen auf.

Chancen im Netz

Und dann ist da ja noch das Internet. Bei den verschiedenen Providern (Anbietern von Online-Service, zum Beispiel AOL, Compuserve etc.) gibt es Chaträume, in denen man sich live unterhalten kann. Die Räume nennen sich dann zum Beispiel »Sie sucht Sie« oder »f sucht nette f« »nette Lesben«, ganz egal. Die vom Jagdfieber gepackte Teilnehmerin kann sich selbst ein schickes Profil (schlank-hübsch-anschmiegsam-sexyhexy) verpassen, das eine andere interessierte Suferin dann abfragen kann. Aber bedenke: Es ist nicht alles Gold, was glänzt. Denn das Internet ist auch die große Spielwiese der Einsamen, Verrückten und Perversen. Du kannst nie wissen, welcher kranke Geist sich hinter einem harmlosen Screenname verbirgt. Die einen schicken dir pornographische Aufnahmen (das bin ich), die anderen wollen gar nicht groß reden, sondern gleich zur Sache kommen (na, auch so feucht?). Die Screennames zeugen auch nicht unbedingt von weiblichem Geist. Welche echte Lesbe, die auf der Suche nach einem Netzschwatz ist, würde sich allen Ernstes »ImmerGeil27«, »IngeFeucht« oder ähnlich nennen? Nein, hier ist eher Vorsicht geboten.

Bist du aber so mutig und gibst der vermeintlichen Chatpartnerin deine Telefonnummer, dann toi, toi, toi, dass kein Mann anruft.

Eine lästige Nebenerscheinung der Chatraumbesuche ist auch die plötzliche Flut an Müll-Mails (Spam), die deinen E-mail-Postkasten verstopfen. Hier bekommst du immer die neuesten Tipps zu schnellem Reichtum ($1000 per day – easy and safe) und Mädchen (check it out – hot chicks). Und als letzten Tipp für die unter euch, die zum Chatten den vernetzten Computer in der Arbeit benutzen: Dein Netzwerkbetreuer kann alle deine Schandtaten nachvollziehen. Also, Vorsicht!

Jessica (30): Ich war gerade dabei, mich von meinem Freund zu trennen. Wir waren ein Jahr lang zusammen gewesen, aber dann war da echt die Luft raus. In dieser Zeit, eigentlich auch schon vorher, war ich oft online bei AOL, in Chaträumen für Frauen. Ja, da hab ich dann meine erste Freundin kennen gelernt.
Frauen hatten schon immer einen besonderen Stellenwert in meinem Leben, schon als kleines Kind war ich ständig in Frauen verliebt. Aber so richtig klargeworden ist mir das erst viel später. Ich hab hin und wieder in solche Chaträume reingeschaut, das Profil der Frauen mal angeklickt. Ich fand das ganz spannend. Irgendwann hab ich dann mit dieser wunderbaren Frau gechattet, dann haben wir etwa zwei Wochen lang jeden Tag bis in die Puppen telefoniert. Kurz darauf kam sie mich für einen Nachmittag besuchen, sie wohnte etwa 300 Kilometer weiter weg. Ich hab sie am Bahnhof abgeholt. Da stand sie nun vor mir, mit kurzen Haaren, eigentlich ganz anders, als ich sie mir vorgestellt hatte. Ich hätte mir eine femininere Frau gewünscht. Aber als ich Beate dann vor mir sah, war mir das alles egal. Nach diesem Nachmittag war klar, dass wir uns wiedersehen wollen. Sie kam kurz darauf wieder zu Besuch und blieb vier Tage lang. Und dann waren wir ein Paar.
Für mich war das der erste Kontakt mit Lesben überhaupt. Ihr fiel auf, wie verkrampft ich damit in der Öffentlichkeit umging. Ich wollte es auch meinen Eltern nicht so schnell erzählen, irgendwie ergab sich auch nie ein guter Zeitpunkt. Dazu kommt, dass ich Einzelkind bin und meine Eltern natürlich auch Enkelkinder haben wollen. Und die ganze vertratschte Nachbarschaft. Ich wohne bei meinen Eltern gleich um die Ecke, da hätten doch alle gesehen, wenn schon wieder das Auto meiner Freundin vor der Tür gestanden wäre. Ich war einfach noch nicht bereit, darüber zu reden. Das hat Beate mächtig geärgert, die hat richtig Druck gemacht: »Mensch, die wissen das doch

eh«, sagte sie immer, »die haben das doch längst geschnallt.« Aber ich wollte davon nichts hören. Im Nachhinein werfe ich mir oft vor, dass ich nicht den Mut hatte, das meinen Eltern zu erzählen. Ich denke, sie hat sich auch eine Freundin gewünscht, die zu ihr und zu ihrem Lesbischsein steht. Ich hab immer zu ihr gesagt, dass ich möchte, dass sie dabei ist, wenn ich es sage. Da sagte sie, sie wolle eine starke Frau. Am Ende habe ich es dann ja auch alleine erzählen müssen, denn Beate gab es nicht mehr.

Wie meine Eltern reagieren würden, konnte ich überhaupt nicht einschätzen. Ich habe wahrscheinlich einen Weltuntergang erwartet. Kurz zuvor hatte Beate mich verlassen, nach etwas mehr als einem Jahr, wegen einer anderen. Für mich ist da echt eine Welt zusammengebrochen. Und da ich auch niemanden hatte, mit dem ich darüber reden konnte, hab ich einen kurzen Brief geschrieben und bin damit zu meinen Eltern gegangen. Es war nur meine Mutter zu Hause. Der hab ich den Brief gegeben und mich dann bei ihr ausgeheult. Sie hat ganz toll reagiert, fand das jetzt nicht weiter tragisch. Irgendwie hätte sie es eh geahnt. Mir ist da ein Stein vom Herzen gefallen. Am nächsten Tag sah es dann leider schon wieder ganz anders aus. Da saßen sie dann beide mit dicken, verheulten Augen in der Küche und meinten, wie es denn jetzt so mit Enkelkindern wäre, und ob es denn beziehungsmäßig überhaupt mit zwei Frauen funktionieren würde. Seitdem haben wir das Thema eigentlich vermieden, richtig ausgeblendet. Wenn ich meine Eltern sehe, dann reden wir über Belanglosigkeiten. Vielleicht wär Beate noch bei mir, wenn ich es meinen Eltern früher gebeichtet hätte. Wer weiß?! Zurückgebracht hat es sie jedenfalls nicht.

Der lesbische Jahresplaner

Höhepunkt des schwulesbischen Jahres ist ohne Frage der Christopher Street Day (CSD). Von vielen wird er auch als schwulesbisches Weihnachten bezeichnet, denn einmal im Jahr kommt die Familie zusammen und feiert ein fröhliches Fest.
Doch auch andere Events finden mit schöner Regelmäßigkeit statt. Hier eine Auflistung zum Vormerken und darauf freuen.

Frühling

Teddy: Lesbisch-schwuler Filmpreis
Mitte Februar werden in Berlin die roten Teppiche ausgerollt. Filmstars und Regisseure aus aller Welt kommen anläßlich der Berlinale an die Spree. Im Rahmen des Festivals wird auch dem schwulesbischen Film besondere Aufmerksamkeit gewidmet. Neben den begehrten Bären in Gold, Silber und Bronze wird seit einigen Jahren ein Preis für schwulesbisches Filmschaffen vergeben: der Teddy. Die Berlinale ist das weltweit einzige der großen Festivals, das einen offiziellen Preis für schwulesbische Filme vorzuweisen hat. Dies ist hauptsächlich den MacherInnen des Panorama-Programmes zu verdanken, die schon früh Filme mit ungewöhnlichen, subversiven und queeren Inhalten gefördert haben. Gekürt werden der beste Dokumentar-, Kurz- und Spielfilm. Die Sieger erhalten die knuddelige, von Ralf König entworfene Teddy-Statue und Geldpreise.
Neben zahlreichen Premieren und ungewöhnlichen Kinoerlebnissen erwartet die interessierte Lesbe während der Festspiel-

wochen ein vielseitiges schwulesbisches Rahmenprogramm. Im Sonderheft des Stadtmagazins *Siegessäule* findest du nicht nur Filmrezensionen, sondern auch Informationen darüber, was, wann und wo abgeht. Der absolute Höhepunkt ist die Teddy-Gala. Nach der festlichen Preisverleihung, die traditionell von Szenegrößen wie Hella von Sinnen und Georg Uecker moderiert wird, steigt eine rauschende Party mit Filmemachern und Fans aus aller Welt.

Lesbenfrühlingstreffen

Im Mai 1999 kamen ca. 5 000 Frauen zum Lesbenfrühlingstreffen (LFT) nach Köln und bevölkerten drei Tage lang die Straßen der Domstadt. Wo man hinsah: Lesben. Toll! Die jährlichen Treffen haben eine lange Tradition. Schon in den 20er Jahren war es unter Berliner Lesben Usus, einen gemeinsamen Pfingstspaziergang zu unternehmen. Diesem Ereignis wurde durch die Machtübernahme der Nationalsozialisten leider ein Ende gesetzt. Erst 1972 beim Pfingsttreffen der Homosexuellen-Aktion-Westberlin (HAW) kam auch wieder eine kleine Gruppe von etwa 20 Lesben zusammen. 1974 fand dann das erste offizielle Lesbenpfingsttreffen statt, 200 Interessierte kamen nach Berlin. Bis 1978 blieb Berlin Veranstaltungsort für den Frühlingstreff, danach begann die Wanderschaft durch die Bundesrepublik. Denn die Berliner Lesben wollten nicht immer alleine für die Organisation zuständig sein. 1982 und 1984 mussten die Treffen dann leider ausfallen, weil sich keine Organisatorinnen finden ließen. Die Umbenennung des Lesbenpfingsttreffen in Lesbenfrühling erfolgte 1992 in Bremen. Eine der damaligen Organisatorinnen erklärte dazu folgendes: »Mit der Bezeichnung Pfingsttreffen würden wir alle ausgrenzen, die einer anderen Religion angehören. Außerdem steht lesbisches Leben nicht gerade in christlicher Tradition.«
Zum Lesbenfrühling fährt frau, um sich zu informieren, Spaß zu haben und andere Lesben kennen zu lernen. Die Zahl der Veranstaltungen und Teilnehmerinnen stieg mit den Jahren ste-

tig. In Köln fanden alleine 170 Workshops zu den Themen Politik, Spiritualität, Kultur, Psyche und Gesundheit statt. Das Angebot ist im Allgemeinen vielfältig und erstreckte sich zum Beispiel in Köln von meditativem Singen über einen Flirtworkshop bis hin zur alljährlich beliebten Diskussion über S/M-Sex. Abends gibt's dann traditionell Disko, Showprogramm und Konzerte. Übernachtet wird in Turnhallen, auf Campingplätzen oder bei Freundinnen. Souvenirs für die Liebste daheim und allerlei Lesben-Devotionalien für den Eigenbedarf kann frau auf dem Marktplatz erstehen. Hier kommen jährlich Händlerinnen aus der ganzen Republik zusammen. Der Eintritt zum LFT ist nach Einkommen gestaffelt und lag 1999 zwischen 100 bis 200 Mark. Wer zum Frühlingstreffen fährt, sollte nicht vergessen, dass das LFT keine Konsumveranstaltung ist, sondern von einer kleinen Gruppe ehrenamtlich organisiert wird. Damit alles gut klappt, sollte jede Teilnehmerin bereit sein, zwei Stunden unentgeltlich mitzuarbeiten. Das nächste LFT findet an Pfingsten 2000 in Bochum statt.

Sommer

Gay Games und Euro Games

Die Gay Games wurden 1982 von Dr. Tom Waddell ins Leben gerufen, um auch im Sport schwulesbisches Selbstbewusstsein zu demonstrieren. Sie finden alle vier Jahre statt. Bei den Spielen kommen Top-AtlethInnen genauso auf ihre Kosten wie BreitensportlerInnen. Im Vordergrund steht die Idee, gemeinsam aktiv zu sein, Spaß zu haben und in der von heterosexuellen Normen dominierten Welt des Sports Präsenz zu zeigen. Teilnehmen kann jeder, der sich rechtzeitig anmeldet. Es finden Wettkämpfe in klassischen Disziplinen wie Schwimmen und Leichtathletik statt. Aber auch Standardtanz (natürlich mit gleichgeschlechtlichen Paaren), Billard und Softball stehen auf dem Programm. 1994 kamen 15 000 Lesben und Schwule nach

New York, um an den größten Gay Games der Geschichte teilzunehmen. Auch die Spiele 1998 in Amsterdam waren ein großer Erfolg. Das Besondere an den Gay Games ist, dass niemand ausgeschlossen wird: Dabeisein ist alles! Dies macht sich im Vergleich zur Olympiade an der Stimmung bemerkbar. So äußerte sich die ehemals professionelle Basketballspielerin Mariah Burton Nelson: »Es war eine Ahnung von dem, was mal sein könnte. Ein Zusammentreffen, bei dem jeder, unabhängig von seinen Talenten, Höchstleistungen vollbringen konnte. Konkurrenten ermunterten sich gegenseitig, Athleten nahmen aufeinander Rücksicht und zeigten offen ihre Gefühle.« Die nächsten Gay Games werden im australischen Sommer, d.h. im November 2002 in Sydney ausgetragen. Als ideales Warm-up gilt die Teilnahme bei der kleinen Schwester der Gay Games, den Euro Games (www.eurogames.ch oder www.gaysport.org). Sie finden im Juni 2000 in Zürich statt.

CSD und Straßenfeste

Die Geschichte ist ja mittlerweile bekannt. Vor dreißig Jahren wehrten sich Lesben und Schwule in der Kneipe Stonewall Inn in der New Yorker Christophor Street zum ersten Mal gegen die homofeindlichen Razzien der Polizei. Die angestaute Wut über die Unterdrückung führte zu einer mehrtägigen Straßenschlacht. Ein neues Selbstbewusstsein der Szene erwachte, die moderne Schwulen- und Lesbenbewegung kam in Gang. Mittlerweile ist der CSD zu dem schwulesbischen Großereignis schlechthin geworden. Von Juni bis August gibt es kaum ein Wochenende, an dem nicht Tausende von Lesben und Schwulen irgendwo auf der Welt auf die Straßen gehen und ihre Forderung nach gesellschaftlicher Akzeptanz mit einer riesigen, farbenfrohen Party verbinden. Man könnte sich also glatt drei Monate freinehmen, um von Berlin über L.A. nach Santiago de Chile zu jetten, und auf dem Rückweg noch Madrid, Stockholm und Warschau mitnehmen. Netterweise finden auch die deutschen Paraden an verschiedenen Wochenenden statt, ein guter

Anlass, um mal die Szene in Frankfurt mit der in Hamburg zu vergleichen. Jeder CSD hat seine Eigenheiten: Der Münchner ist relativ familiär mit vielen Reden und anschließendem Fest auf dem Marienplatz. In Berlin braucht frau bequeme Schuhe und

Kondition, um den Marsch vom Savigny-Platz zum Brandenburger Tor durchzuhalten. Dafür sorgen wattstarke Diskowagen für Partyfeeling. In Köln macht sich die Karnevalstradition bemerkbar. Hier steht frau am Straßenrand und jubelt, während kunstvoll geschmückte Wagen vorbeirollen. Mittlerweile ist es Usus, dass in den meisten Städten bereits in der Woche vor dem CSD gehäuft schwulesbische Veranstaltungen und Feste stattfinden. Die Stadtzeitungen informieren mit Sonderheften über das umfangreiche Programm.

Ebenfalls ein großes Sommervergnügen sind die schwullesbischen Straßen- und Stadtteilfeste. Legendär ist das Motzstraßenfest in Berlin und das Hans-Sachs-Straßenfest in München.

Lesben-Sommer-Camps

Es muss ja nicht immer Fuerteventura sein. Die günstigere Alternative sind die jährlich stattfindenden Lesben-Sommer-Camps. Man trommle ein paar Frauen zusammen, miete irgendwo in der Pampa eine Wiese und lasse die Seele baumeln. Beim gemeinsamen Einkaufen und Kochen lernst du die anderen schnell kennen, und abends am Lagerfeuer wird's romantisch. Talentierte Teilnehmerinnen bieten Workshops an, bei denen frau nach Lust und Laune mitmachen kann. Einige Camps haben einen explizit politischen Anspruch. Hier finden regelmäßig Plenen statt, wo nicht nur Organisatorisches besprochen, sondern auch Politisches diskutiert wird. Die Teilnehmerinnen eines Camps im Wendland planten zum Beispiel gemeinsam Aktionen, um den Castor-Transport zu verhindern. Frauen und Lesben mit Kindern treffen sich nun schon seit sieben Jahren beim Ost-Frauen-Lesben-Sommer-Camp. Das Wichtigste hier: einfach gemeinsam Urlaub machen. Damit auch die Mütter auf ihre Kosten kommen, ist für Kinderbetreuung gesorgt. Wann, wo, welches Camp stattfindet, ist Aushängen in Cafés und Lesbenzentren zu entnehmen. Infos zum Ost-Camp gibt's auf E-mail-Anfrage unter: camp@jennyoepke.de.

Lesbengaudi auf dem Oktoberfest

Nicht nur Australier, Italiener und bavariophile Nordlichter zieht es jedes Jahr Ende September zum Oktoberfest. Auch Lesben und Schwule aus München und Umgebung lassen es krachen. Vor Jahren verabredeten sich ein paar Lederkerle am ersten Wies'n-Sonntag auf dem Balkon des Bräurosl-Zeltes. Mittlerweile hat sich der Treffpunkt rumgesprochen und ab zwölf Uhr mittags füllt sich die Bräurosl mit Schwulen in Dirndln und Lesben in Lederhosen. Zu Schlagern und Volksmusik wird auf den Bänken getanzt, so manche Maß gestemmt und kein Mund bleibt lange ungeküsst. Eine gute Woche später, am zweiten Wies'n-Montag, trifft sich die Crowd in der Fischervroni. Und weil's so schön ist noch einmal am letzten Sonntag im Schottenhamel.

Lesbentreff an der Uni

Wenn das Semester im Oktober wieder losgeht, laden an vielen Universitäten die Frauen- und Lesbenreferate zu einem Kennenlerntreffen ein. Innerhalb des AStAs, der studentischen Interessenvertretung an der Uni, gibt es diverse Referate, die zu unterschiedlichen Themenschwerpunkten arbeiten, so zum Beispiel das Ausländerreferat oder das Umweltreferat. Mit der zweiten Frauenbewegung wurden an vielen deutschen Unis Frauenreferate durchgesetzt, die sich explizit um die Belange der Studentinnen kümmern sollten. Da sich viele Lesben von diesen Referaten nicht ausreichend repräsentiert fühlten, gründeten sie eigene Lesbenreferate bzw. wurden die Frauenreferate in Frauen/Lesbenreferate umbenannt. Diese verstehen sich als Anlaufstelle für Lesben an der Uni. Wer möchte, kann hier mitarbeiten und Ideen einbringen. Das Engagement vieler Referate geht über den begrenzten Unikontext hinaus. Vielerorts wird lebhaft über gesamtgesellschaftliche Fragestellungen diskutiert und beratschlagt, wie sich die entwickelten Positionen in die

Praxis umsetzen lassen. Auch Kulturelles kommt nicht zu kurz. Den Lesben steht ein begrenztes Budget zur Verfügung, um Lesungen, Kulturveranstaltungen und Feste zu organisieren. Nähere Infos zum Lesbenreferat an deiner Uni erhältst du unter: Frauen/Lesbenreferat c/o AStA, Adresse deiner Uni oder über die Universitäts-Webseite.

Winter

Schwulesbisches Filmfestival – Verzaubert

Das Filmfestival Verzaubert findet seit 1991 in den Wintermonaten jeweils in Berlin, Köln, Frankfurt, Stuttgart und München statt. Es ist zum europaweit größten Genre-Filmfest für schwulesbische Produktionen geworden. 1998 gingen insgesamt mehr als 36 000 Schwule und Lesben ins Kino und ließen sich von den vielseitigen Darbietungen bezaubern. Auf dem Programm stehen zahlreiche internationale Produktionen mit schwulesbischem Inhalt, darunter auch einige Premieren. Es werden Spiel- und Dokumentarfilme gezeigt. Lesbischen und schwulen Kurzfilmen wird jeweils eine lange Filmnacht gewidmet.

Obwohl Verzaubert keinerlei finanzielle Förderung bekommt, hält es seinen Benefiz-Charakter aufrecht und unterstützt HIV-Projekte. 1998 wurden nach Angaben der Veranstalter mehr als 10 000 Mark an lokale Organisationen gespendet.

Lesbensport und Turniere

Dunkle Winterabende verleiten dazu, sich mit einem Lesbenkrimi in die Badewanne zu legen. Du kannst dich aber auch aufraffen und zum Sport gehen. Wer jetzt mit dem Training beginnt, schafft es bis zu den Gay Games in Sydney im November 2002 noch ordentlich Kondition und Muskeln aufzubauen. In vielen Städten gibt es Lesben- oder Frauen/Lesben-Sportvereine. Dort kannst du im Kreise frauenliebender Schwestern deinen Körper stählen. Statt 1. FC und SV tragen sie Namen wie Seitenwechsel und Vorspiel in Berlin, Warminia Bielefeld oder Weiberkram in Düsseldorf. Amazonen gibt's gleich mehrmals u.a. in München und Köln. Die Vorzüge liegen auf der Hand. Du bist unter Lesben und aufgeschlossenen Heteras, lernst andere Mädels kennen und erfährst beim anschließenden Drink in der Kneipe den neuesten Tratsch. Darüber hinaus gibt es einige europa- und deutschlandweite Turniere, die von Lesben für Lesben organisiert werden. Informationen über das Angebot des Lesbensportvereins in deiner Nähe erhältst du über das Lesbentelefon (s. Adressteil) oder schwulesbische Stadtmagazine.

Erhebet eure Stimmen – Lesbenchöre

Wenn es wieder Zeit ist, unter dem Tannenbaum beherzt Weihnachts- bzw. Wintersonnenwendfeierlieder zu trällern, wird dir klar, wie schade du es findest, dass man nur einmal im Jahr so richtig loslegen kann. Bist du nicht auch schon früh im Familienkreise durch dein helles klares Stimmchen aufgefallen? Dann solltest du schleunigst einem Lesbenchor beitreten. Denn Lesben singen gerne und viel. In fast jeder Stadt gibt es jubilierende Frauenkombos, zum Beispiel die Lesbenchörin Andersrum und Immerschief in Oldenburg, Sapphonia in Münster, Heartchor in Berlin und Melodiva in München. Die Aufnahmekriterien sind mehr oder minder hart, aber auf einen Versuch solltest du es ankommen lassen. Dich erwarten jede Menge Spaß, freche, selbstgeschriebene Lesbenlieder, feierliche Konzertabende, und einmal im Jahr findet bundesweit ein Lesbenchortreffen statt. Und wieder gilt: Kontakte, Kontakte, Kontakte.

ICH BIN SO WILD NACH DEINEM ERDBEERMUND

Lieber einmal mit Schneewittchen,
als siebenmal mit den Zwergen!

Im siebten Lesbenhimmel – der Liebestest

Du weißt nicht, ob du verliebt bist oder nicht? Hier ein kleiner Test: Denke für einen kurzen Moment an die Frau deines Herzens (wenn du es nicht eh schon den ganzen Tag tust). Dann lese die folgenden Aussagen durch. Für jedes Mal Nicken erhältst du einen Hoffnungslos-Punkt.

- Obwohl du schon Angst vor dem Fahrradfahren hast, beschließt du, noch diesen Sommer den Motorradführerschein zu machen, um mit ihr zwei Monate zum Campen nach Schweden zu düsen.
- Sie sieht ein bisschen aus wie Ellen DeGeneres. Mit dieser Beschreibung bringst du alle deine Freundinnen allmählich zur Raserei, da sich die deiner Meinung nach frappierende Ähnlichkeit gerade mal auf die Haarfarbe beschränkt.
- Seitdem du sie kennst, interessierst du dich brennend für südamerikanische Tanzrhythmen.
- Du bewahrst alles auf, was auch nur im weitesten Sinne mit ihr zu tun hat: Fahrkarten, die Serviette aus der Bar, auf der ihr Glas gestanden hatte. Einen Kassenbon vom Kaufhof, da du zu eurem ersten Date eine Stunde zu früh kamst und zur Ablenkung schnell was Unnützes gekauft hast. Und da du sowieso nicht so gut schlafen kannst, klebst du auch noch alles fein säuberlich in ein Fotoalbum und schreibst Kommentare drunter wie: im Kino mit IHR!
- Du findest ihren Namen wunderschön? Du sprichst ihn manchmal ehrfürchtig aus, und der Klang macht dich schau-

dern? Außerdem findest du, dass dein und ihr Vorname besonders gut zusammenpassen, vor allem in deiner Handschrift und mit einem Herzchen drum herum.

- Du rufst etwa 15-mal am Vormittag bei ihr an, obwohl du weißt, das sie in der Arbeit ist. Aber es gibt nichts Schöneres, als ihre Stimme auf dem Anrufbeantworter zu hören. Du lädst deine beste Freundin zum Lauschen ein, damit ihr eine genaue Charakterstudie anhand des Spruchs auf dem Anrufbeantworter erstellen könnt.
- Du siehst bis zu 38-mal pro Tag nach, ob sie schon auf deine letzte E-mail geantwortet hat. Selbst wenn nur ein »bis später« kommt, druckst du sie aus und liest sie nachts des öfteren.
- Ihre Heimatstadt ist für dich der Nabel der Welt. Verträumt wird dein Blick, wenn der Wettermann im Fernsehen mit seiner Hand über die Gegend streicht, aus der sie kommt.
- Ein Tag ohne Nachricht auf der Mailbox ist ein verlorener Tag.
- Du kommst ohne Essen aus, verpasst die *Golden Girls*. Alles ist egal, bis auf die kostbaren, goldenen Minuten, die du mit ihr verbringen kannst? Schnapp sie dir! DU bist reif.

Was Lesben im Bett so alles treiben

Das Gleiche wie Heteros: sie schlafen, unterhalten sich, sehen fern oder haben Sex. Dass letzteres auch ohne Schwanz ziemlich geil ist, können viele (Stammtisch-Heteros) nicht verstehen. Selbst einer der mächtigsten Männer der Welt, Bill Clinton, versteht unter Sex ausschließlich Geschlechtsverkehr. Reine Penetrationssache also. Nun, ob es tatsächlich kein Sex ist, sich einen blasen zu lassen, mag dahingestellt sein. Tatsache ist, dass wir gelernt haben, bei Sex automatisch an Penetration zu denken.

Frauen kommen in diesen eher männlichen Überlegungen als selbständiger, sexuell aktiver Faktor nicht vor. Das ist wohl einer der Gründe, warum lesbischer Sex die Grenzen der männlichen Phantasie sprengt. Was sollen denn zwei Frauen schon Großartiges miteinander anstellen können, so ohne Mann und Schwanz? Eine ganze Menge! Das ist wohl auch die heimliche Befürchtung derjenigen Heteromachos, die auf Lesben aggressiv reagieren. Denn sie sind als allzeit bereite, omnipotente Lustspender nicht mehr gefragt.

Wenn wir unter Sex viel mehr als »Schwanz in Möse« verstehen wollen, was ist dann Sex? Ist Küssen schon Sex? Hat man Sex, wenn man nur das T-Shirt auszieht? Hat man immer nur dann Sex gehabt, wenn man auch gekommen ist? Wie man sieht, ist es nicht so einfach, Sex klar zu definieren. Auch gibt es gerade bei Sex keine Anleitungen mit Erfolgsgarantie, sondern nur praktische Hinweise. Denn egal, wie toll dich jemand leckt, dich vögelt oder irgendwas mit genau dem richtigen Druck macht, nicht nur diese Berührungen alleine machen Spaß oder bringen dich zum Orgasmus. Sehr viel läuft über den

Kopf. Phantasie ist das ultimative Equipment für erfolgreichen, sinnlichen Sex.

Ein paar Worte zur Anatomie

Diese unsere Gesellschaft ermuntert Frauen nicht unbedingt, sich eingehender mit ihren Geschlechtsorganen zu beschäftigen oder stolz darauf zu sein. Männer haben ihre Schwänze, die sie auspacken, anfassen, steif werden lassen können. Da hat Mann was in der Hand. Bei Frauen ist sexuelle Erregung nicht weithin sichtbar. Mädchen veranstalten in der Regel keine Wettbewerbe, wer am weitesten pinkeln kann oder die größte Klitoris hat. Über die Anatomie der Mädchen wird viel weniger gesprochen. Es fehlt an Begrifflichkeiten. Viele denken, sie haben einfach ein Loch zwischen den Beinen. Wir sprechen von Scheide, aber das klingt altmodisch. Vulva ist medizinisch, Vagina akzeptabel, aber trotzdem ein Fremdwort. Bei Muschi fällt einem der 80er-Jahre-Porno ein, bei Fotze derbe Sprüche, und Möse ist lautmalerisch nicht gerade ein Genuß. Was tun? Einige Lesben sind dazu übergegangen sich eigene Namen auszudenken. Lass deiner Phantasie freien Lauf.

Die einfachste Art, die eigene Sexualität zu erforschen, ist Selbstbefriedigung. Du könntest hierzu mal ein warmes, ruhiges Plätzchen aufsuchen, dir einen Spiegel, viel Zeit und Muße nehmen, und dich ganz deinen Genitalien widmen. Jetzt, da die Zeiten passé sind, in denen gepredigt wurde, dass einer die Finger abfaulen, wenn sie sich selbst anfasst, kannst du guten Gewissens auf Entdeckungsreise gehen. Entspann dich, streichle dich, nimm bei Bedarf ein bisschen Gleitcreme zu Hilfe. Schau in den Spiegel, um zu sehen, wie dein Körper auf die Erregung reagiert, sich verändert. Du lernst deine eigenen Bedürfnisse besser kennen, und es fällt dir später leichter, dich auf eine Partnerin einzustellen.

Dass lesbischer Sex weitaus mehr ist, als ein bisschen lieb herumzustreicheln, zuckersüße Küsse auszutauschen und mit Gänseblümchen im Haar händchenhaltend über Bergwiesen zu tollen, veranschaulicht der folgende Kurzüberblick über die gängigsten Sexpraktiken.

Fummeln

Kurz und respektlos unter Fummeln zusammengefasst ist so ziemlich alles, was in der *Bravo* als Petting verkauft wird. Hierbei küssen sich zwei wild und leidenschaftlich und fassen sich gegenseitig an den Brüsten oder der Möse (oder wo auch immer) an. Hierfür gibt es keine Regeln oder Reihenfolgen, die sie befolgen sollten, außer: Lasst euch mit allem Zeit. Na gut, eine kleine Reihenfolge gäbe es schon, zumindest wenn man sich noch nicht so gut kennt: Legt nicht gleich in den ersten zehn Sekunden die Hand in den Schritt der potentiellen Gespielin. Das ist ausgesprochen unerotisch und auch nicht sehr originell. Widme deine Aufmerksamkeit lieber anderen Körperstellen wie dem Hals, dem Ohr, dem Nacken, dem Rücken, den Kniekehlen. Erforsche den Körper der Geliebten mit Küssen, deinen Lippen oder deinen Händen.
Wenn du die Auserkorene noch nicht so gut kennst, deshalb vielleicht etwas gehemmt bist (will die mich überhaupt; wer macht den ersten Schritt; wie kann ich es verhindern, dass wir, von lodernder Leidenschaft entbrannt, nur plump aneinander rumpeln?), ist eine Massage immer eine blendende Idee. Sie wird dir helfen, die erste Scheu zu überwinden, die Berührungen sind langsam und sinnlich, die Liebste liegt vor dir und schnurrt. Wunderbar. Bist du diejenige mit den verspannten Schultern, wirst du schon merken, wann der Moment gekommen ist, ihre Hände zu packen und sie über deinen Kopf zu ziehen. Schon liegt sie auf deinem Rücken. Willst du gleich von Anfang an etwas origineller wirken, dann biete ihr an, ihre Füße zu massieren. Hierfür ist ein charmant riechendes, pflanz-

liches Öl empfehlenswert, zum Beispiel Mandelöl. Kaum etwas ist so entspannend und zugleich so anregend wie eine gute Fußmassage.
Wenn ihr dann etwas fortgeschrittener seid, und die Klamotten bereits auf dem Boden verteilt liegen, kannst du dich ja mal erkundigen, was deine Partnerin besonders schätzt. Reden ist allerdings hier nicht die Hauptsache, Sinnlichkeit und Erotik sind angesagt. Setzt euch nicht mit angezogenen Beinen aufs Bett und stellt Fragen wie: Na, und worauf stehst du so? Probiert einfach aus, was gefällt. Manche Frauen werden rotglühend, wenn ihnen das Ohr geleckt wird. Oder der Nacken. Saug und leck vorsichtig an ihren Brüsten. Teste langsam aus, ob sie es sanfter oder härter haben will. Spielt und lacht, denn das macht alles unglaublich viel Spaß.

Entdeckungsreise

Maja (28): Ich bin dafür, immer erst in Ruhe zu gucken, ob man mit einer was anfangen will. Also nicht ganz so schnell reinzuspringen. Ich merke mittlerweile, dass so eine Beliebigkeit eher verletzend für alle Beteiligten ist. Wenn man erstmal um den heißen Brei herumschleicht und herausfindet, ob man es jetzt wirklich will, baut das eine Spannung auf, die ich sehr toll finde. Das macht viel tolleren Sex. Es ist ziemlich selten, dass es im Bett von Anfang an stimmig ist. Ich will nicht ausschließen, dass das möglich ist, aber eigentlich ist es doch viel spannender zu erforschen, wer die andere Frau ist. Es geht mir nicht um irgendeinen Körper, der irgendwie geil ist, sondern um ein Gegenüber.

Lecken

Was eigentlich recht global klingt, soll hier auf eine bestimmte Körperpartie beschränkt bleiben, nämlich die Möse. Wohl eine der beliebtesten Praktiken überhaupt, sehr intensiv, sehr intim und ausgesprochen sexy.

Am Anfang empfiehlt es sich, wenn du zuerst deine Partnerin verwöhnst und danach andersherum. Später könnt ihr dann auch mal die beliebte Neunundsechzig-Stellung ausprobieren, den sichersten Weg zum gemeinsamen Orgasmus.

Auch das Lecken kann man geschickt einleiten. Gleite wie eine Natter an ihr herab, küsse sie ausgiebig, lasse deine Brüste über ihre Haut und ihren Schamhügel streichen. Drücke zärtlich ihre Beine auseinander und küsse die Innenseiten ihrer Oberschenkel. Für diese Verzögerungstaktik wird sie dich hassen – und es später mit dir genauso machen. Aber sie ist klug und weiß, was noch kommen wird. Nähere dich nun langsam deinem Ziel. Küsse die äußeren Schamlippen, versuche, mit der Zunge die Klitoris zu finden, leck dich durch die Möse. Die sichtbare Spitze der Klitoris ist bekanntlich der zart-harte Knubbel am oberen Ende der inneren Schamlippen. Nun, kaum hast du sie entdeckt, spielst du mit ihr, unterschiedlich intensiv, in wechselndem Rhythmus, mit der Zunge, mit der Zungenspitze, mit den Lippen, die du feucht und warm über sie drüberstülpst. Da dir das auch gut gefällt und dich erregt, versuchst du nun, dich ganz auf ihren Rhythmus einzustellen. Die Hände müssen hierbei nicht untätig sein, du kannst sie streicheln, mit ihren Brustwarzen spielen, was auch immer dir Hübsches einfällt. Wenn die sich Hingebende nicht das Schamhaar rasiert, kannst du mit beiden Händen die Schamlippen etwas auseinander ziehen und hast so direkteren Zugang. Manche Frauen mögen es auch gerne, wenn du einen oder mehrere Finger in ihrer Möse hast, während du sie leckst. So wird das Ganze zu einem intensiven, sehr erfüllenden Erlebnis.

Entspann dich und mach dich frei von Sorgen und Gedanken

wie: Huch, hoffentlich will sie das auch. Oder: Hoffentlich mag sie meinen Geruch/Geschmack. Wenn du diese Erfahrung noch nicht gemachst hast, egal ob aktiv oder passiv, rede vorher mit deiner Partnerin darüber, das gibt euch Sicherheit. Außerdem solltet ihr euch über Safer Sex unterhalten (s. S. 164).

Ein großer Teil der Klitoris ist im Körper selbst und um diesen zu stimulieren, bedarf es etwas Übung. Aber der kleine, sichtbare Teil, der bei Bedarf steinhart wird, verdient nun unsere genauere Betrachtung.

Frauen, die zum Höhepunkt kommen, haben meist klitorale Orgasmen. Die Klitoris wird hierbei mit genau dem richtigen Druck, der genau richtigen Bewegung so lange gereizt, bis frau kommt. Wenn wir masturbieren, machen wir meist genau das. Deshalb wissen wir auch, wie sich für uns »genau richtig« anfühlt. Die neue Liebhaberin kann das nur ahnen. Erfahrenere – oder sagen wir mal einfühlsamere – Partnerinnen können erkennen, was gerade gewünscht wird. Wenn das allerdings bei dir mal nicht so ablaufen sollte, dann nimm einfach ihre Hand und zeig ihr, wie du es haben willst. Oder sprich mit ihr und sag, ob mehr oder weniger Druck und an welcher Stelle. Mit manchen kracht es von Anfang an richtig laut in der Kiste, mit anderen muss frau sich erst noch einspielen. Und nicht vergessen, alles ist auch eine Frage der mentalen Einstellung. Wenn du dich nicht entspannen kannst, weil du nächste Woche mündliche Abiturprüfung in Englisch oder einen wichtigen Geschäftstermin hast, dann ist das kein Beinbruch.

Fisten

Eines der letzten großen, ungeklärten Geheimnisse des lesbischen Sex stellt das Fisten dar: Wie um alles in der Welt soll meine Faust in die Vagina einer Frau passen?

An manchen Tagen ist deine Möse gieriger als gewöhnlich, und die Finger reichen nicht mehr aus. Manch gut ausgerüstete

Liebhaberin würde jetzt den besonders imposanten Dildo aus dem Schatzkästchen zaubern, aber der Nachteil in diesem Fall ist, dass frau keinen direkten Körperkontakt hat, wenn ein Dildo benutzt wird. Die Intimität beim Fisten ist schwer zu überbieten, deine Geliebte ist förmlich um deine Hand geschlungen. Du fühlst jedes Zittern in ihrem Unterleib, und sie spürt auch die kleinste Bewegung deiner Hand. Wie du merkst, ist Fisten keine bizarre Angelegenheit, die in düsteren Foltergemächern praktiziert wird.

Um fit fürs Fisten zu sein, muss erstmal über zwei grundlegende Missverständnisse Tacheles geredet werden. Viele kneifen bei dem Gedanken, eine ganze Faust müsse da rein, schnell die Pobacken zusammen und sagen: Das geht nicht, das zerreißt mich ja, dabei verletze ich mich bestimmt, meine Möse ist nicht groß genug dafür. Die Vagina an sich ist hart im Nehmen. Und es geht nicht um verschiedene Größen, sondern um das Lockerlassen. Durch jede Vagina kann ein Kind auf die Welt gebracht werden. Also, zurücklehnen und entspannen. Wenn du die Aktive sein solltest, ist es wichtig, dass deine Hände sauber, die Fingernägel kurz geschnitten und gepflegt sind. Wenn du dich vor Infektionen fürchtest, benutze einen Latexhandschuh, dann seid ihr beide ausreichend geschützt. Die zweite Mär über das Fisten behauptet, dass es eine S/M-Praktik sein soll. Also ehrlich. Natürlich kann jede sexuelle Handlung durch S/M-Phantasien erotisiert werden, aber mit Schmerzerfahrung hat Fisten nichts zu tun. Wenn es weh tut, hört auf, dann macht ihr etwas falsch.

Wenn du deine Liebste fisten möchtest, muss sie sehr erregt und gierig danach sein. Sorge dafür, dass genug Gleitmittel zur Stelle ist. Führe die Finger einzeln ein, bis alle fünf bis zu den Knöcheln drin sind. Während du das tust, solltest du sie weiter stimulieren, reibe ihre Klitoris, ihre Nippel, wo auch immer sie es mag. Nun fehlt nur noch der entscheidende Schubs, und du siehst deine ganze Hand in sie hineingleiten. Einmal drinnen, rollt sich die Hand fast von alleine zur Faust zusammen.

Das klingt ja alles recht einfach, aber frau muss in der Lage sein, sich bzw. ihre Vaginalmuskeln total zu entspannen, um eine Faust aufnehmen zu können.
Den Fistneulingen sei auch gleich versichert: Sie kommt wieder raus. Durch die innere Spannung und die Muskelkontraktion vor und während des Orgasmus wird es schon eng, aber die Spannung lässt schnell wieder nach und du kannst deine Hand LANGSAM und VORSICHTIG herausziehen.

Gefangen von dir

Martina (23): Als ich zum ersten Mal eine Frau fisten durfte, war ich sehr aufgeregt. Es war unheimlich intensiv, die ganze Hand in ihr zu haben, alles zu spüren, jede Bewegung. Sie reagierte sehr heftig auf die leichten Stöße. Als sie kam, dachte ich, sie schreit mir das ganze Haus zusammen. So einen Orgasmus habe ich noch nie miterlebt. Unvorstellbar. Dann ist was ganz Groteskes passiert. Kurz bevor wir Sex hatten, hatte sie uns Pizzen bestellt. Und als wir da so ganz entspannt auf meinem Bett lagen, ich meine Hand in ihrer Möse, sie völlig ausgepumpt und sprachlos, klingelte es plötzlich an der Tür, und der Pizza service war da. Ich hatte echt keine Idee, wie ich in drei Sekunden meine Hand da rausbekommen sollte. Irgendwie ging's dann aber, und ich rannte im Bademantel zur Tür und nahm die Pizza entgegen. Hinterher haben wir natürlich herzlich drüber gelacht, aber so mitten drin war das im wahrsten Sinne des Wortes eine unmögliche Situation.

Anal

Wenn die Sprache auf Analsex kommt, sehen die meisten betreten zum Boden oder kneifen ihre Pobacken zusammen. Es ist wahrlich kein einfaches Thema, weil die meisten damit nicht Spaß assoziieren, sondern: Arsch, riecht nicht gut, könnte Flecken an den Fingern geben, tut weh. Deshalb begeben wir uns mit dieser Zone oft auf verbotenes Terrain. Frau wendet sich auch eher ungern an gute Freunde, um sich Informationen über Analsex zu holen. Brachland sozusagen.
Schon allein vom Anatomischen unterscheidet sich der Anus von der Vagina dahingehend, dass er ein Ringmuskel ist. Er kann nicht einfach wie eine Vagina penetriert werden, sondern muss erstmal davon überzeugt werden, dass er sich jetzt entspannen soll. Das Vorspiel bei dieser Sex-Variante konzentriert sich mehr auf den Schlitz und den sehr empfindlichen Bereich rund um das Loch. Auch hier bitte wieder großzügig in den Gleitgeltopf fassen. Nun kann man damit beginnen, die Spitze des Zeigefingers ein kleines Stück weit einzuführen. Dort verharrt sie eine oder mehrere Minuten. Vergeßt dabei nicht, dass dies kein Doktorspiel ist, sondern Sex. Tut also irgendwas! Reibe deiner Partnerin an der Klitoris, küsse ihre Ohren, lecke ihre Brustwarzen, sonst wird das Ganze zu statisch. Wenn's denn genehm ist, kann man die Finger weiter einführen, stoßen, bewegen. Vielleicht wäre sogar mehr als nur die Fingerspitze toll, zum Beispiel, kurz bevor sie kommt. Ihr seht, ums Reden kommt man nicht herum. Es ist nicht so, dass ein Blick in die Augen verrät, wie frau in den Po gepoppt werde möchte. Das einzigartige, merkwürdige Gefühl, das anale Penetration bewirkt, ist die eher ungewohnte Mischung zwischen sich voll fühlen und dem Druck auf den Teil der Klitoris, der in der Vagina liegt.

G-Spotting

Um den so genannten G-Punkt oder auch Grafenberg-Punkt – nach dem Entdecker benannt (Glückwunsch!) – ranken sich die wildesten Spekulationen. Super-Orgasmen werden versprochen, die totale Ekstase. Nur, wo dieser tolle Punkt steckt, ist nicht so einfach rauszufinden. Zunächst einmal handelt es sich nicht nur um eine bestimmte Stelle. Man könnte fast vom Grafenberg-Komplex sprechen, denn gemeint ist ein ganzer Bereich im Inneren der Vagina. Hier befindet sich ein gut durchblutetes, schwammartiges Gewebe aus vielen Blutgefäßen. Es umschließt die Harnröhre und ist das weibliche Pendant zur männlichen Prostata. Dieses Gewebe kann, wenn es geschickt stimuliert wird, ein Sekret produzieren, das man eigentlich auch eher bei Männern vermuten würde: Ejakulat. Die Stimulation des G-Punktes endet nicht zwangsläufig damit, dass frau ejakuliert, aber es ist ein zusätzliches, sehr intensives Gefühl. Willst du dich also auf die Suche nach diesem sagenumwobenen G-Punkt machen, so führe ein, besser zwei Finger in die Möse der zu spottenden Liebhaberin ein. Sie sollte ergeben vor dir liegen, auf dem Rücken. Nun machst du mit den Fingern das, was wie die Komm-zu-mir-Bewegung aussieht. Du drückst somit an den oberen, inneren Rand des Uterus. Natürlich machst du dies vorsichtig und zunächst auch langsam, denn du musst dir die richtige Stelle ertasten. Diese Stelle, an die du jetzt drückst, fühlt sich ein bisschen faltig und uneben an? Du bist goldrichtig. Das Schwammgewebe im Inneren schwillt durch die Stimulation nun ein wenig an. Das fühlt sich für die andere fast so an, als ob sie ein bisschen Druck auf die Blase bekommen würde. Entspannungskünstlerinnen können sich nun so gehen lassen, dass die Flüssigkeit, das Ejakulat, das in diesem Schwämmchen nun freudig produziert wird, irgendwann durch die Harnröhre herauskommt. Im ersten Moment mag man sich erschrocken ansehen und denken: Ups, sollte ich vor lauter Glück und Ekstase ins Bett gepinkelt haben? Aber es handelt sich bei der milchig-trüben Flüssigkeit nicht um Urin. Kommt es bei euch nicht, so zählt ihr zur Mehrheit der Frauen und braucht nicht in Panik auszubrechen. Alleine die Stimulation des G-Punktes ist für viele schon großartig genug. Also, viel Glück beim Suchen!

Rollenspiele

Der größte Vorteil einer gleichgeschlechtlichen Partnerschaft ist, dass es nicht die klassischen Rollenverteilungen gibt, wie zum Beispiel Mann eher dominant-aktiv, Frau eher devot-passiv. Zwei Lesben müssen ihre Rollen selbst definieren. Das macht vielleicht am Anfang etwas unsicher (soll ich sie nun küssen oder warte ich, bis sie die Initiative ergreift?), aber es hat den großen Vorteil, dass du dich in unterschiedlichen Rollen erleben kannst. Der Reiz mancher Beziehungen besteht aus einer selbstgewählten Rollenaufteilung nach Butch/Femme-Muster, andere lieben die Flexibilität und verzichten auf starre Rollenverteilungen.
Wenn man seine Beziehung nach dem Butch/Femme-Schema ausrichtet, dann heißt das in erster Linie, dass die eine in der Öffentlichkeit mehr den männlichen Part übernimmt, die andere mehr den weiblichen. Ob diese Rollenvergabe dann auch im Bett eine maßgebliche Rolle spielt, ist Geschmackssache. Wenn ja, übernimmt die eine das Ruder, ist also eher aktiv und oft auch mit Dildo bestückt. Die andere lässt sich vögeln und genießt es, verführt zu werden. So kann man sein Sexleben mit reizenden Rollenspielen aufpeppen. Die eine zieht ein Kleid an und sitzt in der Küche, dann kommt die Butch mit ihrem Dildo in der Hose und verkündet, sie sei der Klempner. Und ehe frau sich's versieht, landen beide auf dem Küchentisch.

Darkroom

Miss Peel (36): Auf manchen Festen gibt es schon Darkrooms für Lesben, aber leider nicht so viele wie für Schwule. Außerdem werden die total selten genutzt. Es entspricht einfach nicht der lesbischen Sexideologie, dass Darkrooms was Geiles haben. Immer wenn es auf einem Frauenfest einen Darkroom gibt, dann gehe ich da rein und schaue, was da los ist. Diesbezüglich bin ich da ganz mutig. Erstmal ist es ein Mythos, dass es im Darkroom dunkel ist, man kann nämlich immer noch was sehen. Meistens ist da nicht viel los. Vielleicht ein Pärchen, das miteinander rumknutscht, und wirklich ganz, ganz selten mal zwei, die miteinander vögeln. Dass sich zwei Fremde da begegnen und was miteinander anfangen, kommt fast nicht vor.
Ich habe mal mit einer Freundin Darkroom gespielt, so als erotische Phantasie. Wir haben das erstmal mit Klamotten inszeniert, sehr viel Leder angezogen und uns ausgehfein gemacht. Dann haben wir das Zimmer abgedunkelt und das Spiel Wir-begegnen-uns-auf-der-Piste-und-kennen-uns-nicht gespielt. Wir haben ausprobiert, wie das wohl sein könnte, und es war sehr geil.

S/M

Bei S/M (Sadomasochismus) denken Uneingeweihte oft an Gewalt. S/M spielt mit Rollen und Klischees und bringt die Akteurinnen an ihre Grenzen, egal auf welche Weise. Was bizarr und brutal anmuten mag, sind abgesprochene Handlungen. Beide Partnerinnen wollen, was sie tun, und wenn es einer zu viel wird, lässt sich das Spiel sofort mittels eines vorher vereinbarten Codes unterbrechen. Da S/M oft mit Partnertausch, aber auch mit risikoreichen Praktiken zu tun hat, wird hier Safer Sex ganz selbstverständlich praktiziert. Alle, die sich besonders für S/M und damit einhergehende Praktiken interessieren, seien auf die existierende

Literatur verwiesen. Starautorin Pat Califia hat einige wegweisende Bücher zum Thema Lesben und S/M veröffentlicht.

Playpartys

Sabine (34): Playpartys oder S/M-Partys werden in unregelmäßigen Abständen organisiert. Ich gehe da nach Lust und Laune hin. Oft ist es nur mit vorheriger Anmeldung möglich, um zu wissen, wie viele kommen. Eine Gruppe von Frauen trifft sich vorher, um die Räume zu gestalten. Das ist ganz nett, da lernt man die ersten schon mal kennen. Dekoriert wird mit Vorhängen und Matratzen, mit allem, wozu die Frauen Lust haben. Auch mal mit einem Holzkreuz zum Festbinden, oder mit Säulen, an denen Ketten befestigt sind, auch mit einen Prügelbock, wo eine mal drübergelegt werden kann. Alle möglichen Fesselmöglichheiten eben, damit die Frauen auch ihre Phantasien entwickeln können. Der Aufbau geschieht meist am Tag vorher. Am entsprechenden Abend gibt es dann als Auftakt ein Buffet, und dann geht's los. Man schaut sich um und fragt, wer zu welchem Spiel Lust hat. Es finden sich Pärchen und Grüppchen, die dann zusammen ihren Spaß haben. Vorher wird die Szene abgeklärt, d. h. wer welche Rolle übernimmt. Wenn zum Beispiel jemand eine Verhör-Szene spielen will, braucht sie eine, die die große Kommissarin mimt. Die Frauen sagen schon, worauf sie stehen. In diesem Zusammenhang werden auch die Safety Codes besprochen. Es gibt auch Partys, da hängen farbige Zettel rum, die allgemein gültige Bedeutung haben. Gelb steht dann zum Beispiel für: Moment mal, bitte etwas sanfter. Oder Rot für: Stop, ich muss erstmal was abklären. Bei Rot wird die Szene unterbrochen und entschieden, ob es weitergeht oder nicht. S/M hat viel mit Reden zu tun. Das ist nicht Hach-da-gehen-zwei-hin-und-verprügeln-sich, das ist schon feinfühliger. Das Gute dabei ist, dass frau auf diese Partys auch alleine gehen kann, auch in einer fremden Stadt.

IS DIR NICHT KALT?
NÖ.
IST DAS NICHT UNBEQUEM?
NÖ.
FÜHLST DU DICH WOHL?
JA. ALSO, DU KÖNNTEST MIR JETZT Z.B. NUTELLA DRAUFSCHMIEREN & ABLECKEN. ODER SO.
ICH HAB DOCH 'NE HASELNUSS-ALLERGIE.
HOT SEX
GOLDENE REGEL #1054: VERGISS DIE BÜCHER. ÜBUNG MACHT DIE MEISTERIN.

Tribadie

Wenn du dich am Körper deiner Liebhaberin reibst, und zwar so, dass deine Klitoris und deine Schamlippen ihren Körper berühren (aber nicht Mund, Zunge oder Finger), nennt man dies Tribadie. Dieses Wort ist allerdings etwas altmodisch, aber man stößt hin und wieder vor allem bei amerikanischer Lesbenliteratur auf diesen Begriff. Früher wurden Lesben auch Tribadinnen genannt, in Anspielung auf diese sexuelle Praktik.

Sich aneinander zu reiben ist eine reizende Art, das sexuelle Spiel zu beginnen, besonders für Frauen, die nicht gerne etwas in ihrer Vagina spüren.

Deine Partnerin und du müßt dazu die Beine spreizen und in diesem engen, warmen Gerangel versuchen, eure Klit und eure Schamlippen an irgendeinen erreichbaren Körperteil zu pressen, ob nun Oberschenkel, Hüfte oder Kniescheibe. Um dieses Reiben so angenehm wie möglich zu gestalten, solltest du für etwas Gleitmittel sorgen (Gleitgel, Pflanzen- oder Massageöl, Scheidenflüssigkeit) und es auf der entsprechenden Hautpartie verteilen. So gleitest du sanft dahin und reibst dich nicht wund. Greif dir zwischen die Beine, wenn der Kontakt nicht optimal ist. Ziehe deine Schamlippen ein bisschen auseinander, drücke dein (eventuell ungetrimmtes) Schamhaar beiseite, schon ist es intensiver. Wenn ihr euch geschickt aneinander drückt, kann deine Partnerin ihre Möse auch an deiner reiben, und die Erregung wächst bei euch beiden. Wie immer solltet ihr dies nicht schweigend tun, denn manchmal verändert man nur leicht die Position und der ganze tolle Druck ist weg. Oder frau reibt sich an der knochigen Hüfte, was bei einer falschen Bewegung ein schmerzhafter Spaß sein kann. Frag sie einfach, ob es gut ist oder ob du irgendwas anderes tun sollst. Der Phantasie sind wie immer keine Grenzen gesetzt.

Sex hat viel mit Nähe zu tun. Du lässt jemanden ganz nah an dich heran. Um dich fallen lassen zu können, musst du vertrauen. Einige Frauen sind in ihrer Kindheit sexuell missbraucht worden. Sie mussten erfahren, dass sie nicht selbst die Grenzen setzen konnten bzw. diese Grenzen brutal überschritten wurden. Es fällt ihnen oft schwer, mit Nähe umzugehen.

Nach vorsichtigen Schätzungen wird eines von drei Mädchen Opfer sexualisierter Gewalt. Früher sprach man von sexuellem Missbrauch, aber diese Wortwahl ist ungeschickt, weil sie impliziert, dass Erwachsene ein Recht haben Kinder zu ge-brauchen, solange sie sie nicht miss-brauchen. Übergriffe von erwachsenen Tätern sind für Kinder eine Gewalterfahrung und kein sexuelles Erlebnis. In Selbsthilfegruppen wurde der Begriff »Überlebende« statt »Opfer« geprägt. Die Betroffene wird so aus der passiven Opferrolle erlöst. Sie hat Gewalt erfahren, hat es überstanden, nun geht es darum, weiterzuleben.

Es gibt einerseits keine Anhaltspunkte dafür, dass Frauen, die Gewalt erlebt haben, eher lesbisch leben. Solche Theorien werden von Menschen aufgestellt, die für Homosexualität negative Ursachen suchen. Andererseits ist aber die Wahrscheinlichkeit, dass eine oder sogar beide Partnerinnen Überlebende sexualisierter Gewalt sind, höher, weil eben zwei Frauen aufeinander treffen.

Es lässt sich nicht pauschal sagen, welche Folgen sexualisierte Gewalt für das weitere Leben hat. Jedes Mädchen reagiert und verarbeitet individuell. Manche Frauen können sich noch gut an das Geschehene erinnern, andere haben lediglich eine Ahnung.

Einigen Frauen fällt es aufgrund einer solchen Erfahrung schwer, nein zu sagen, wenn ihnen etwas missfällt. Andere können sich nicht einlassen und hingeben. Regel Nummer eins ist deshalb: Tue nichts, was sich nicht gut anfühlt. Zweitens ist

es wichtig, mit deiner Partnerin zu reden. Sie kann nicht ahnen, was in deinem Kopf vorgeht. Du alleine bist verantwortlich dafür, dass es dir gut geht. Es erfordert eine Menge Mut, den Mund aufzumachen und für deine Bedürfnisse einzustehen. Versuche deiner Partnerin zu vertrauen. Wenn du dich unsicher fühlst, kannst du dir auch bei einer Beratungsstelle Hilfe holen und das Erlebte aufarbeiten.
Die Folgen sexualisierter Gewalt sind heilbar. Vielleicht dauert es etwas länger, aber jedes Mal, wenn du für deine Bedürfnisse einstehst, deine eigenen Grenzen akzeptierst und dich jemandem anvertraust, gehst du einen Schritt in die richtige Richtung.

Anonyma (24): Lange Zeit dachte ich, ich würde niemals Spaß am Sex haben. Das hat mich total fertig gemacht. Wenn ich mich in eine Frau verliebte, hatte ich von Anfang an Angst vor dem Tag, an dem wir im Bett landen würden. Ich müßte ihr erklären, dass es bei mir nicht normal läuft. Irgendetwas stimmte nicht, aber ich konnte nicht sagen, was. Besonders schlimm fand ich, dass andere mit tollen One-Night-Stands prahlten. Ist es denn bei allen anderen so einfach? Ich küsse gerne, aber irgendwann komme ich an den Punkt, wo es mir zu intensiv wird. Dann fühle ich plötzlich nichts mehr. Entweder ich sage dann stopp! und muss mich erklären, oder ich mache weiter und fühle mich nachher total scheiße.
Schließlich habe ich mich mit dem Thema sexueller Missbrauch beschäftigt und eine Beratungsreihe bei einer Lesbenberatungsstelle gemacht. Schrittchenweise habe ich gelernt, Verantwortung für meine Sexualität zu übernehmen, statt Dinge mit mir machen zu lassen. Es war ein langer Weg, aber ich hab's geschafft. Manchmal schleichen sich die schrecklichen Gedanken wieder in mein Gedächtnis und machen sich breit. Dann übernehme ich für eine Zeit lang die Kontrolle und kann sie auf diese Weise vertreiben.
Ich bin sehr glücklich darüber, dass ich mir meine Sexualität

zurückerobert habe, vor allem weil ich nicht daran geglaubt habe, dass das möglich ist.

Zum guten Schluss

Deiner Phantasie sind keine Grenzen gesetzt, wenn es darum geht, etwas Farbe in deinen Sex-Alltag zu bringen. Deshalb hier ein paar Anregungen: Nehmt eine Avokado mit ins Bett und reibt euch mit dem weichen, samtigen Fruchtfleisch ein. Oder legt eine sehr reife Mango zwischen eure Bäuche. Verwöhnt euch mit einem Bad bei Kerzenschein. Lasst Kerzenwachs auf die Haut tropfen, vorsichtig natürlich. Durch die plötzliche Hitze wird die Haut schnell sehr gut durchblutet und somit empfindlich. Dann holt Eiswürfel und erfrischt euch gegenseitig, schlürft Champagner aus euren Bauchnabeln. Macht, was ihr wollt! Macht es safe und habt Spaß dabei.

Spielzeug für alle Liebeslagen

Wie die amerikanische Sexexpertin Susie Sexpert (alias Susie Bright) es einmal treffend formulierte: »Natürlich müsst ihr keinen Dildo haben. Aber ihr müsst auch keinen Spaß im Leben haben.« Damit ist die Diskussion über das leidige Thema Dildo auch schon erledigt. Wer mag, darf, wer nicht, braucht nicht. So verhält es sich im übrigen mit fast allem im Leben, auf alle Fälle, wenn es um Sex geht. Nirgends steht, dass Lesben eine große Kiste mit Spielsachen unter dem Bett stehen haben. Genauso wenig wie Lesben immer einen Dildo benutzen müssen, weil sie ja nicht über den – angeblich – für erfolgreichen Sex so unersetzlichen Schwanz verfügen.

Dildos und Vibratoren

Ein paar Worte über die Natur des Dildos (gilt genauso für Vibratoren) vorweg: Ein Dildo ist ein Sexspielzeug, das man benutzen und wieder weglegen kann. Ein Schwanz ist ein Teil des männlichen Körpers und bleibt – meist – ein Leben lang an dem dran. Die einzige Gemeinsamkeit zwischen Dildo und Schwanz ist, dass beide irgendwo eingeführt werden. Und der Dildo bleibt da, so lange du willst. Dildo oder Vibrator sind keineswegs Erfindungen unserer Tage. Schon im alten Ägypten ließ sich Königin Kleopatra aus Papyrus kleine Schachteln basteln, in die dann Insekten gepackt wurden. Das brummende Stück wurde an die Klitoris gehalten und garantierte Spaß, ein Leben lang, zumindest ein Insektenleben lang. Dies und viele andere lustige Details zur Geschichte der Sextoys verrät uns Laura Méritt, liebenswerte Fuckerware-Vertreterin in Berlin (s. Adressteil).

Wer mal in Zeitungen aus der Jahrhundertwende blättert, wird dort Anzeigen für so genannte Massagegeräte finden, unter denen man sich nichts anderes als einen Vibrator vorzustellen hat. Der Arzt auf Hausbesuch schleppte besagte Zauberstäbe, damals noch dampfbetrieben, bei seinen Terminen mit ins Wohnzimmer. Die Dame, die an hysterischen Anfällen litt, raffte die Röcke und ihr wurde fachmännisch der Vibrator an die genehme Stelle gehalten. Wohl mit schamhaft abgewandtem Kopf, aber immerhin. Ihre Leiden verschwanden meistens, daheim herrschte wieder Ruhe. Noch heute werben Versandhauskataloge für ihre Massagestäbe, die für Gesundheit, Entspannung und Wohlgefühl sorgen.
Bei der Anschaffung eines Vibrators gilt es eine grundlegende Entscheidung zu treffen: batteriebetrieben oder mit Strom aus der Steckdose? Die batteriebetriebenen haben den Vorteil, dass sie kein lästiges und vielleicht blöd anmutendes Kabel, das zwischen den Beinen herumschlängelt, haben. Der klare Nachteil liegt auf der Hand: Batteriebetriebene Vibratoren haben einfach nicht so viel Power. Sie neigen dazu, im entscheidenden Moment ihren Geist aufzugeben, im Gegensatz zu den Kabelschwestern, die machen alles, so lange frau es will. Davon mal ganz abgesehen, sind die batteriebetriebenen Modelle selten hochwertige Produkte und somit keine Freundin fürs Leben. Die stufenlose Steuerung des Brummgrades ist meist in den Sockel integriert, was eventuell zu einem nervigen Geschraube und Gefummle zwischen den Beinen führen kann. Es gibt allerdings auch Modelle mit externer Steuerung, die locker in der Hand liegt, und der ganze Spaß ist somit wahrlich ein Kinderspiel. Diese Modelle verfügen über einen abgeflachten Sockel und können deshalb auch am Ledergürtel (Harness) getragen werden, zum beiderseitigen Vergnügen.

Der Dildo in Aktion

Ein beliebtes Vorurteil besagt, dass eine Frau, die sich einen Ledergürtel, an dem vorne ein Dildo befestigt werden kann, umschnallt, um damit ihre Gespielin zu vögeln, einen Mann nachahmt. Auch dazu konnte Susie Sexpert nur sagen: »Penetration ist genauso heterosexuell wie Küssen.« Will sagen, Heteros haben die Penetration nicht erfunden und kein Monopol darauf.

Heutzutage werden sehr oft Sextoys von Frauen für Frauen, die Spaß und Freude haben wollen, hergestellt. Und Frauen, die beschließen, mit Sexspielzeugen rumzumachen, sind keine perversen Ausnahmeerscheinungen. Allerdings verschränken einige Lesben beim Thema Dildo energisch die Arme und verkünden, bevor sie sich von einer Frau mit einem Dildo bespringen ließen, würden sie lieber mit einem richtigen Mann ins Bett gehen. Da kann man nur die Schultern zucken und antworten: selber schuld. Denn das eine hat mit dem anderen doch rein gar nichts zu tun. Es hat nichts mit politisch unkorrektem Sex zu tun, sondern mit Spaß zwischen zwei Frauen.

Manche haben vielleicht schon unbewusst Sextoys benutzt: Spiele mit dem tollen, starken Hightec-Duschkopf, dem netten Zittern der elektrischen Zahnbürste, dem angenehmen Rütteln der alten Waschmaschine im Intervallschleudergang. Einmal durch die Wohnung gefetzt, und schnell ist das Basissortiment zusammengestellt: ein köstlich duftendes Körperöl, eine Feder. Auch andere Haushaltsutensilien bieten sich an: etwa längliche Gemüsesorten, Kerzen, irgendwas, was frau problemlos einführen (und auch wieder rausziehen!) kann. Und, nun mal Hand aufs Herz: Wer hat noch nicht gierig das Tiefkühlfach durchwühlt, um die klassische Eiswürfelszene aus *9 ½ Wochen* nachzustellen?

So. In diese Kategorie Spielzeug fällt nun auch der Dildo. Er hat gegenüber den oben erwähnten Haushaltsgegenständen gleich mehrere unschlagbare Vorteile. Zum einen sind die modernen Dildos aus pflegeleichtem und hautverträglichem Silikon, das so gut wie nie kaputt geht. Bei Bedarf können sie auch mal in

die Geschirrspülmaschine gelegt werden, sind also lange haltbar. Es lohnt sich hier oftmals die teurere Anschaffung ab 80 Mark. Zum anderen haben die meisten Dildos den schon eingangs erwähnten flachen, runden Sockel, der den Dildo davor bewahrt, im Eifer des Gefechts auf (fast) Nimmerwiedersehen zu verschwinden. Man kann ja regelmäßig in irgendwelchen Zeitschriften nachlesen, was in den Krankenhäusern aus den verschiedensten Körperöffnungen denn so herausgezaubert wird. Wer also keine Lust hat, eines Nachts mit rotem Kopf in einer neonbeleuchteten Notaufnahme zu sitzen und sich irgendeine blöde Geschichte auszudenken, wie die Banane in Darm oder Möse hineingeraten ist (also, ich stand nackt auf einer Leiter, unter mir die Obstschüssel, ich verlor den Halt, und ob Sie's glauben oder nicht, schwubs, war die Banane in meinem Po ...), wird dies zu schätzen wissen. Höre ich da ein Aber-ich-mag-keine-Penetration-also-will-ich-auch-keinen-Dildo. Wie gesagt: Keine muss, jede kann.
Manch eine mag vielleicht mit alten, eventuell unangenehmen Erinnerungen vorbelastet sein, und deswegen die klitorale Stimulation der vaginalen Penetration vorziehen. Das muss natürlich jede für sich selbst entscheiden. Auf alle Fälle solltest du mit deiner Partnerin darüber reden, ob Toys für euch in Frage kommen oder warum du es lieber nicht möchtest. Empfehlenswert ist auch ein Besuch in einem Sexshop für Frauen oder die Teilnahme an einem Fuckerware-Abend (s. Adressteil). Oft können die Frauen dort eure Berührungsängste mit ein paar Worten aus der Welt schaffen.

Besuch im Sexshop

Wer schon mal in einen gewöhnlichen Heterosexshop gegangen ist, konnte sich dort ein kleines Sortiment von Gummi-Dildos ansehen (schwarz oder fleischfarben, riechen für immer und ewig ein bisschen nach Autoreifen) oder hat einige Hartplastik-Vibratoren (gold- oder elfenbeinfarben) entdeckt. Eventuell gab es auch einen Harness aus Lackleder, an dem ein glän-

zender schwarzer oder roter Plastikpimmel befestigt war. Das ist nix für uns!
Alleine die schaurige Atmosphäre lädt frau nicht gerade zum Kauf ein, von den angebotenen Produkten mal ganz abgesehen. Mittlerweile haben sich nicht nur in Amerika ein paar Firmen auf die Herstellung hochwertiger Silikonprodukte spezialisiert. Auch in Deutschland gibt es in einigen Städten schon Sexshops exklusiv für Frauen. Man kann nicht nur aus einem Angebot in Hülle und Fülle aus den Regalen und dem Katalog wählen, sondern auch eigene Kreationen individuell anfertigen lassen. Es gibt Dildos, die aussehen wie Penise, Delphine, Bananen, auch Phantasiegebilde mit Noppen, Beulen, Kugeln – einfach alles, was das Herz bzw. die Möse begehrt.
Bei manchen Modellen steht am Schaft noch ein kleines Ärmchen heraus, das, je nach Wunsch, der Stimulation von Klitoris oder Anus dient. Einige sind kerzengerade, andere deutlich gebogen, das ermöglicht eine Stimulation des G-Punktes.
An alles ist gedacht. Auch die Farbauswahl lässt selten Wünsche offen: Frau kann zwischen Goldglitter, einfarbig, mehrfarbig, marmoriert bis hin zu verquirlten Desertfarben (Himbeerkäsekuchen oder Pflaumenparfait) wählen. Vorbei sind die Tage, an denen man sein gutes Stück schamhaft, ganz weit unter dem Bett, versteckt hat. Die Künstlerinnen, die diese Zauberstäbe entwerfen, leisten klasse Arbeit. Da wünscht frau sich doch geradezu eine ausgiebige Gepäckkontrolle am Zoll, um der verblüfften Beamtin auf die irritierte Frage, was das denn sei (hierbei hält sie dein kostbares Stück mit spitzen Fingern hoch), antworten zu können: Das ist was zum Vögeln!

Mein erster Dildo

Dagmar (28): Meinen ersten Dildo kaufte ich mir vor ungefähr einem Jahr. Ich wollte unbedingt einen haben. Meine Freundin hatte zwar einen, den durfte ich auch manchmal benutzen, aber eines Tages beschloss ich, dass ich jetzt erwachsen werden und meinen eigenen Dildo besitzen müsse. Als ich dann vor der Tür des Sexshops stand, war ich mir zuerst gar nicht so sicher, ob das nun das richtige Geschäft ist. Da waren riesige Fenster mit dünnen Vorhängen, da konnte jeder reinschauen. Drinnen war es echt nett: keine doofe Musik, kein Eso-Schnickschnack, keine peinliche Schmuddelecke hinter einem Vorhang, sondern ein schönes Zimmer. In der Mitte war ein Tisch mit Vibratoren, darüber hing ein Plakat, auf dem stand: Mai ist Masturbationsmonat. Das fand ich gut. Überall im Laden standen bunte Dildos rum, in allen Formen, ich wusste gar nicht, wo ich hinschauen sollte. Was für ein Gesicht machen, damit die Verkäuferinnen nicht gleich ahnen, dass ich Anfängerin bin?

Ich ging dann erstmal zu dem Regal mit den Dildos. Ich hatte ein bestimmtes Modell im Kopf, aber so einen konnte ich nicht finden. Als ob ich mein Leben nie was anderes getan hätte, nahm ich verschiedene Dildos in die Hand, drückte an ihnen herum, um zu sehen, wie weich sie waren. Irgendwann gefiel mir einer ganz gut, und schon stand die Verkäuferin neben mir und fragte mich munter, ob sie mir helfen könne. Das war so eine, die auch in einer Galerie Poster verkaufen könnte, mit keckem Haarschnitt, ganz süß. Von der hab ich mir dann das halbe Sortiment mit all seinen wichtigen Unterschieden erklären lassen. Das Modell, das ich haben wollte, war aus goldfarbenem Silikon mit Goldglitter drin. Eigentlich fand ich ihn zu sehr 70er-Jahre-mäßig, aber die Form gefiel mir. Glücklicherweise gab es ihn noch in anderen Farben, ich habe mich dann für schwarzweiß-gequirlt entschieden. Zum Dildo auch ein Harness gefällig? »Dieser hier«, sagte meine Verkäuferin und nahm ein Modell vom Haken, »ist mein Favorit, den habe ich selbst und bin sehr zufrieden damit.« Ich dachte zuerst, ich hätte mich verhört. Wie, dachte ich mir, die benutzt selber welche? Na ja, hätte ich bei einer Frau, die in einem Sex-Toy-Laden arbeitet, auch erwarten können. Dann führte sie mir noch die verschiedenen Gleitmittel vor. Von jedem Produkt gab es eine offe-

ne Flasche, ich konnte also alle Sorten mal zwischen den Fingern verreiben oder den Geschmack probieren.
An der Kasse wurde mir alles in rotes Seidenpapier eingeschlagen, und sie versicherte mir noch mal, dass ich eine hervorragende Wahl getroffen hätte.
Das war das erste Mal. Und ich freue mich schon auf den nächsten Einkauf.

Frau kann verschiedene Techniken anwenden, um diese Spielzeuge lust- und sinnvoll einzusetzen. Am besten nimmst du ihn einfach in die Hand und spielst ein wenig damit herum. Silikon ist weich, bieg- und anschmiegsam und passt sich sehr schnell der Körpertemperatur an. Also leg ihn kurz zwischen deine Beine oder klemm ihn unter den Arm, sonst ist das Geschrei oft groß (huch, kalt). Auch hier ist eine kleine Absprache mit deiner Partnerin sinnvoll, nicht immer kann man sofort wissen, was sie sich gerade wünscht. Zieh ein Kondom drüber, das macht das Wechseln des Toys zwischen den Partnerinnen problemlos möglich, und denk an reichlich Gleitgel. Beim Gleitgel sollte man nicht schwäbisch sein, lieber zuviel als zuwenig. Auch wenn ihr euch nicht über mangelndes Feuchtsein beschweren könnt, greift beherzt zu, so vermeidet ihr kleine Verletzungen. Nun tut, was euch auch sonst gefällt. Reibe ihre Klitoris, lecke ihre Brustwarzen, mach sie heiß und feucht. Und dann führe den Dildo ein, ganz wie es ihr beliebt. Mit vorsichtigen Bewegungen, Stück für Stück, mit einem Schwubs.

Harness
Der schon zuvor erwähnte Harness ist ein Gürtel, der meist aus weichem Leder angefertigt ist oder aus Nylon besteht. Es gibt einige verschiedene Grundmodelle, zwischen denen frau wählen kann. Den G-String zum Beispiel kann man sich wie die berühmte Unterhose vorstellen: ein Lederriemen um den Bauch, und ein anderer geht durch die Beine durch. Bei den anderen Modellen gehen oft zwei Riemchen, die man sich um die Beine

wickelt, vom Gürtel weg. Allen gemeinsam ist eine runde Öffnung, durch die man einen Dildo mit Sockel durchstecken kann. Um die Öffnung herum ist ein Gummiring, der für perfekten Halt sorgt. Bei etwas teureren Modellen (ab 100 Mark) kann man diesen Ring abknöpfen und durch einen größeren ersetzen. So hat ein neu angeschaffter, dickerer Dildo wieder problemlos Platz. Besonders sinnlich sind die Modelle, bei denen der Sockel des Dildos bei dir direkt auf der Haut aufliegt. Mit etwas Geschick kannst du ihn so umschnallen, dass du dir den Sockel direkt auf deine Klitoris setzen kannst. Somit ist der Spaß auch ganz auf deiner Seite.

Auch hier kommt es wieder auf Einfühlungsvermögen an. Wenn du zum ersten Mal einen Harness, an dem ein Dildo dranhängt, umhast, ist dies sicher ein sehr ungewohntes Gefühl. Aber die Frau, die vor dir liegt und dich ansieht, findet, dass du wunderbar, sexy und sehr begehrenswert bist. Du marschierst also entweder, aus dem Bad kommend, geradewegs aufs Bett zu oder liegst schon auf demselbigen. Für die ganz Mutige bietet sich auch ein netter Strip an, das lockert die Stimmung und steigert die Vorfreude (denk einfach, du bist der Milchmann). Fasst ihn an. Spielt damit. Macht ihn warm. Wenn du ihn trägst, drück ihn mal an deinen Bauch oder an die Klit, um ein besseres Gefühl dafür zu bekommen. Damit könnt ihr Hemmungen abbauen. Wenn du nun versuchst, ihn einzuführen, kommst du dir vielleicht ähnlich unbeholfen und bescheuert vor wie diese Jungs in *Eis am Stiel* oder die, über die man in der *Bravo* immer lesen konnte. Aber egal, bitte deine Partnerin, dir zu helfen, der richtige Winkel ist nicht so leicht zu finden. Ja, und dann, dann denke auch nicht wieder an Filme oder irgendwelche Phantasien, sondern versuche rauszufinden, was deiner Freundin gefällt, ob sie die Bewegung mag, ob du irgendwas ändern sollst. Und schon kommt die nächste *Eis-am-Stiel*-Erkenntnis: Jemanden zu vögeln ist nicht nur erregend, sondern auch sehr anstrengend. Viel Glück!

Wenn du die Sache mit den Dildos lieber von der anderen Seite

angehen willst, gilt für dich fast das gleiche: entspannen, lachen, spielen. Versuche, dich gehen zu lassen, aber fixiere dich nicht auf einen Orgasmus. Wenn es nicht geht, oder die Reibung an der Klitoris nicht ausreicht, dann sag, was du willst. Wünsche kann man selten an den Augen ablesen. Ansonsten leg deine Partnerin auf den Rücken und setz dich auf euer neues bestes Stück. Hier hast du nicht nur den Rhythmus unter Kontrolle, du kannst sie auch dazu bringen, mit ihren Händen an deinen Nippeln oder an deiner Klit zu spielen.
Für die Geübteren unter euch gibt es auch so genannte Doppel-Dildos. Ganz nach Modell ist das entweder ein sehr langer Dildo mit zwei Köpfen oder ein geknickter Dildo, dessen zwei Enden unterschiedlich lang sind. Das kann man sich etwa wie einen Bumerang vorstellen. Die ungeknickten Doppel-Dildos haben, insofern sie nicht über ein verstellbares »Rückgrat« verfügen, dem Bumerangmodell gegenüber den Nachteil, dass man schon recht artistisch herumturnen muss, um zu dem gewünschten Ergebnis zu gelangen. Der Bumerang hat zwei verschieden lange Enden. So kann man sich problemlos das kürzere Ende selber einführen (oder auch gut: einführen lassen) und mit dem anderen, deutlich längeren Ende die willige Gespielin verwöhnen. Es ist ratsam, dieses Modell nicht gemeinsam zu bezahlen, denn bei eventuellen Trennungsszenen ist rasch und unverhofft eine Säge zur Hand.

Mein erstes Mal mit einem Dildo

Antje (23): Ich lag mit meiner Freundin im Bett, wir waren gerade so am rummachen, dann sagte sie plötzlich: »Los, schnall den Dildo um!« Mehr so aus Spaß. Diesen Dildo hatte sie von einer Freundin zum Geburtstag bekommen, der lag da schon ewig rum. Ich stehe also auf, gehe wortlos aus dem Zimmer, komme wieder zurück und hatte diesen Dildo umgeschnallt. Ich kam mir schon komisch vor, ein bisschen lächerlich, wenn da so ein Ding rumhängt. Ja, und dann haben wir uns nebeneinander hingelegt. Der ist ja auch immer ein wenig kalt am An-

fang. Passt sich aber sehr gut der Körpertemperatur an. Wir haben uns dann gegenseitig gestreichelt, ja – und irgendwann ist er dann zum Einsatz gekommen. Am Anfang hatte ich ganz viele Gedanken im Kopf: Von wegen das ist jetzt wie mit 'nem Typ, oder das ist doof, das ist schrecklich. Dann hab ich gemerkt, dass es ihr Spaß macht, und konnte mich deshalb mehr fallen lassen. Dann hat es mir auch Spaß gemacht.

Kugeln

Wer schon mal in einem Asia-Laden einkaufen war, hat sie schon gesehen, die berühmt-berüchtigten Ben-Wa-Kugeln. Sie sind rund (war ja klar), glatt und überraschend schwer. Sie machen schingeling, wenn man sie schüttelt und werden stets im Zweierpack verkauft. Diese lustigen Kugeln kann man sich nun als Geschicklichkeitsübung durch die Finger kreisen lassen oder aber in die Möse einführen. Die geneigte Frau kann sich mit diesen Kugeln, die es in unterschiedlichen Materialien und Gewicht gibt, ihre Muskeln trainieren. Gut trainierte Kontraktionsmuskeln der Vagina steigern nämlich die sexuelle Empfindungsfähigkeit. Empfehlenswert sind leichte Kugeln aus Plastik, die mit einer zarten Silikonschicht überzogen sind. So kann man sich an den Schweiß- oder Klebrändern nicht verletzen und ist auch noch sicher, dass die Scheidenflüssigkeit die Legierung nicht angreift. Diese Kugeln, meist sind es mehr als zwei, sind mit einer, ebenso mit Silikon überzogenen, Schnur versehen, die das Muskelkontrollspiel erleichtert. Aufpassen sollte die ungeübte Interessentin beim Einführen von schwereren Metallkugeln: Fuß weg!

Alles für den Arsch

All diese lustigen Utensilien kann man sich natürlich auch in den Allerwertesten schieben. Sie müssen allerdings glatt und ohne Ecken, Spitzen oder Kanten sein. Es geht nicht darum, wie groß der Gegenstand ist, es geht nur darum, ob man sich daran leicht verletzen kann. Ein leichter, kleiner Kratzer im Inneren des Rectum kann sich entzünden und zu einer richtig garstigen Angelegenheit werden. Auch hier ist wieder besonders wichtig: Wenn ihr einen Dildo verwendet, dann mit flachem Sockel, sonst findet ihr euch schnell im besagten, neonbeleuchteten Wartezimmer wieder (ein Dildo, in meinem Darm, Herr Doktor? Ehrlich?!?).

Die größten Sorgen beim Analsex kreisen wohl um das Thema Sauberkeit. Einige schwören auf Einläufe, andere auf eine ausgiebige Intimdusche. Aber das empfiehlt sich erst ab Spielarten, bei denen mehr als drei Finger und zehn Zentimenter Platz benötigt werden. Wenn ihr darauf keine Lust habt, dann benutzt Latexhandschuhe oder Fingerlinge, ausgiebig Gleitmittel, und schon könnt ihr eure Sorgen vergessen.

Gleitmittel

Hier kann man schon von vornherein sagen: Es ist nicht alles gut, was flutscht! Wer jetzt beim Thema Gleitmittel gleich weiterblättern will (was interessiert mich das, bin immer feucht, wenn's drauf ankommt), wird hier noch was lernen.

Meine Lieben, was das Thema Gleitmittel betrifft, saßen wir seit Generationen auf dem Trockenen. Nun, mit dem Einzug von Sextoys und dem dazugehörigen Selbstbewusstsein, die uns eigene Sexualität spielerisch auszuleben, kamen auch Wörter wie Gleitgel, Lube, Flutsche und ähnliches in unsere Köpfe.

Das nun mal erste körperliche Zeichen für sexuelle Erregung bei einer Frau: Sie wird feucht. Manchmal jedoch meint man, erregt zu sein, ist aber leider staubtrocken zwischen den Beinen. Beherzt greift die Liebste an diese Quelle der Freude – peinlich … Übrigens auch schlimm für die passionierte Liebhaberin, die natürlich sofort den Eindruck gewinnen muss, sie hätte was falsch gemacht. Diese Situation ist vielleicht der einen oder anderen bekannt. Für dieses Phänomen gibt es einige Erklärungen: Manche Medikamente trocknen die Schleimhäute merklich aus, ebenso sorgen die beliebtesten Entspannungshilfen, Alkohol und Mariuhana, nicht gerade für tropisches Klima in der Vagina. Das mag jetzt vielleicht besonders jene enttäuschen oder überraschen, die der Überzeugung sind, genau diese machen sie heißer und geiler auf Sex. Aber auch eine Diät, eine Unterleibsoperation, die Wechseljahre oder die Entschuldigung für alles, Stress, können einem das Feuchtwerden schwermachen. Nun macht Sex, egal ob das nun Penetration oder klitorale Stimulierung bedeutet, ohne den berühmten Gleitfilm einfach keine Freude.

Besagte Gleitmittel können fast alles sein: zum Beispiel alle Pflanzenöle, die in eurer Küche herumstehen. Manche Öle, wie Kokusnußöl, bereiten besonders viel Spaß, da sie in kompakter, halbfester Konsistenz verkauft werden und dann lustig vor sich hin schmelzen. Abzuraten ist von tierischen Fetten wie Butter, Mineralölprodukten wie Körperlotion oder Babyöl. Man stirbt nicht daran, aber sie sind nicht gut für die Schleimhäute. Verboten sind Produkte, die Petrolium enthalten. Zu unser aller Überraschung muss hier die gute alte Mehrzweckcreme Vaseline genannt werden. Obwohl gerade die in Schmuddelpornos oder blöden Stammtischwitzen immer irgendwo draufgeschmiert wird.

Da das Zeug nicht wasserlöslich ist, kann es nicht aufgelöst und weggewaschen werden, bleibt also ewig in der Vagina oder im Rektum. Alle modernen Gleitmittel wiederum sind komplett wasserlöslich (außer es steht etwas anderes auf der Packung). Die meisten oben erwähnten Öle sind es mehr oder weniger auch.

Die Gleitmittel haben meist eine ähnliche Konsistenz wie die Scheidenflüssigkeit, schleimig und samtig, und werden auf Wasserbasis aus Polymeren hergestellt. Das sind Stoffe, die für Kosmetik und auch für Softeis verwendet werden. Sie sind normalerweise sehr gut verträglich, weitestgehend geschmacksneutral und bleiben sehr lange Zeit glitschig. Selbst Frauen, die eine empfindliche Schleimhaut haben und allergisch auf alles sind, haben eine gute Chance, ihre Lieblingsmarke zu finden. In manchen Sextoy-Läden kann man das Gleitgel auch kosten, es

stehen Test-Flaschen herum. So könnt ihr zumindest ausprobieren, welche Konsistenz euch zusagt, und ob das Gel wirklich so geschmacksneutral ist, wie es das Etikett verspricht. Da diese kleinen Fläschchen nicht unbedingt billig sind und meist auch recht lange halten, ist hier beherztes Zugreifen am Tester geradezu Bedingung. Die Damen in den Läden sind nicht nur da, um zu kassieren, sondern beraten euch gerne. Also: fragen!
Beim Kauf von Gleitmitteln solltet ihr darauf achten, dass sie kondom- und gegebenenfalls silikonkompatibel sind. Fette und Öle greifen Kondome und Toys an und machen sie brüchig. Und da wir ja Sextoys nur mit Kondom benutzen, nehmen wir diese Produkte nicht. Einige der Produkte, die bevorzugt in schwulen Sexshops zu haben sind (meist gute Auswahl, selten doofe Typen), zum Beispiel Elbow Grease oder das amerikanische Backfett Crisco sind nicht für Kondome und Sextoys geeignet. Elbow Grease ist in zwei Varianten zu haben, normal und hot. In der hotten Variante ist eine Spur Minze, die ein nicht unangenehmes Kribbeln oder leichtes Brennen verursacht. Mal was anderes. Um vor unangenehmen Überraschungen (fühl mal, Schatz, was ich da Nettes für dich habe) sicher zu sein, sollte man zumindest testen, ob die Partnerin diesen Hot-Effekt auch hot oder vielleicht eher scheußlich findet.
In diesem Sinne: Frohes Schaffen.

Bei allen Fragen wendet frau sich an die Sexpertin schlechthin: Laura Méritt bietet neben dem offenen Damensalon (Freitag: 12 bis 20 Uhr) auch Hausbesuche als Krankenschwester, Suzie Wong oder Försterin (Termine nach Vereinbarung) an. Auf ihren beliebten Fuckerware Partys werden die neuesten Spielsachen vorgeführt, Fragestunde inklusive. Auf Wunsch können auch Spielzeuge ausprobiert oder Techniken erlernt werden. Den Katalog *Sexclusivitäten* mit Spielkram und weiteren Dienstleistungen bekommt man gegen Einsendung von 8 Mark (plus 1,50 Porto). Dieser Betrag wird bei Bestellung verrechnet (s. Adressteil).

Sexclusivitäten

Aber sicher! Safer Sex

Meine Lieben, das einzige, was man sich beim gleichgeschlechtlichen Sex nicht holen kann, ist ein Kind. Deshalb ist Aids für Lesben genauso ein Thema wie für Schwule oder Heterosexuelle. Oder sein sollte.

In diversen Informationsbroschüren zum Thema Aids tauchte die Übertragungsvariante »von Frau zu Frau« lange Zeit nicht auf. Das Risiko, sich bei lesbischem Sex mit dem HI-Virus zu infizieren, wurde als vernachlässigbar eingestuft. Es kursierte lange die Vorstellung lesbischer Sex sei etwas ausgedehntes Petting, bei dem sich die Beteiligten mal ein bisschen die Möse streicheln und ansonsten nur kuscheln. Auch die Aids-Forschung ist nicht frei von diesen gesellschaftlichen Tabus bzw. Vorurteilen. Die Wissenschaftler, in den meisten Fällen Männer, haben keine Vorstellung von lesbischem Sex. Fazit ist, dass es wenige brauchbare Studien zum Thema Lesben und Aids gibt. Jede muss das Risiko, das sie eingehen will, selbst abschätzen.

Das Bewusstsein für die HIV-Ansteckungsgefahr ist unter den Lesben hierzulande immer noch wenig ausgeprägt. Mit wenigen Ausnahmen praktiziert wohl kaum eine in Deutschland ganz selbstverständlich Safer Sex. Dabei ist man außer bei Selbstbefriedigung bei keiner sexuellen Praktik vor einer HIV-Infizierung wirklich sicher.

Die Wahrscheinlichkeit, den HI-Virus von einer zur anderen zu übertragen, bewerten die Frauen sehr unterschiedlich. Die einen verbannen das Thema weitestgehend aus ihrem Leben, wollen auf gewohnte Praktiken und Hautkontakt nicht verzichten und denken bei Latexhandschuhen, Kondomen und Dental

Dams automatisch an S/M. Auf der anderen Seite reagieren manche hysterisch und vermeiden jede Art von sexuellem Kontakt.

Die Übertragbarkeit von Aids

Tatsache ist nun mal, dass das HI-Virus kein Virus ist, mit dem sich nur bestimmte Risikogruppen infizieren können. Nicht alle Frauen, die sich als Lesbe fühlen, leben ausschließlich in einer monogamen Beziehung, hatten noch nie Sex mit Männern, nehmen keine Drogen oder waren noch nie sonstigen, risikoreichen Situationen ausgesetzt. Und lesbischer Sex ist eben nicht nur harmonisches Gekuschel.
Das HI-Virus ist bei einer infizierten Person in allen Körperflüssigkeiten vorhanden, allerdings in unterschiedlich hoher Konzentration. Es ist ein empfindliches Virus, das an der Luft nicht existieren kann. Daher besteht keine Ansteckungsgefahr bei

- Händeschütteln, Anfassen, Umarmen, Streicheln, Küssen;
- der gemeinsamen Benutzung von Haushaltsgegenständen;
- gemeinsamem Kochen, gemeinsamer Benutzung von Bad und Toilette.

Im Vergleich zu Erkältungen und anderen Virusinfektionen ist es also, medizinisch gesehen, nicht gerade einfach, sich mit dem HI-Virus anzustecken. Es muss in größerem Ausmaß zu einem Austausch von infizierter Körperflüssigkeit kommen. Das Ansteckungsrisiko ist auch vom Krankheitsstadium der infizierten Person abhängig. Die Viruskonzentration ist in den ersten Wochen nach der Ansteckung am höchsten, also in dem Zeitraum, in dem die Infizierten meist nichts davon wissen, und im Aids-Stadium selbst, also der voll ausgeprägten Immunschwächekrankheit. Das zusätzliche Vorhandensein einer sexuell übertragbaren Geschlechtskrankheit erhöht das Ansteckungsrisiko beträchtlich. Eine Virusträgerin, die zusätzlich mit einer Infektion geplagt ist, hat eine höhere Viruskonzentration, da ihr Immunsystem, in dem sich ja das HI-Virus eingenistet hat, auf Hochtouren arbeitet. Eine Frau mit einer Geschlechtskrankheit hat ein angeschlagenes Immunsystem und eventuell Wunden oder Geschwüre, die eine Ansteckung sehr leicht machen. Hier ist für beide höchste Vorsicht geboten.

Welche Körperflüssigkeit ist ansteckend?

Menstruationsblut
Enthält mehr HI-Viren als Scheidenflüssigkeit. Die Ansteckungsgefahr während der Menstruation ist besonders hoch.

Vaginalflüssigkeit
Besteht aus Vaginal- und Zervixsekret. Zervixsekret wird von Drüsen produziert, die im Gebärmutterhals (uteri cervix oder Zervixkanal) liegen. Bei Sexpraktiken, bei denen es zu einem besonders intensiven Kontakt mit Zervixsekreten kommt, scheint das Ansteckungsrisiko größer zu sein. Somit wird zum Beispiel das gemeinsame Benutzen von Sextoys als risikoreich eingestuft. Eine Virusträgerin, die zusätzlich auch noch eine Scheideninfektion hat, weist häufig eine höhere Viruskonzentration in ihrer Scheidenflüssigkeit auf.

Samenflüssigkeit
Sperma besteht aus Sekret und Samenzellen. Das Sekret der Spermaflüssigkeit infizierter Männer enthält genug HI-Viren, um sich anzustecken. Besonders risikoreich ist demnach ungeschützter Vaginal- oder Analverkehr sowie Oralverkehr, bei dem es zum Samenerguß in den Mund kommt. (Weitere Informationen zur Aids-Gefahr bei Heterosex enthalten die Broschü-

ren der Aids-Hilfe *Safer Sex* und *Safer Sex Schutz vor Aids. Tipps für Männer und Frauen, die Drogen gebrauchen*)

Sonstige Sekrete

Speichel, Urin, sogar Tränenflüssigkeit enthält HI-Viren, sie sind tatsächlich überall, in allen Körperflüssigkeiten. Allerdings haben Untersuchungen ergeben, dass die Konzentration für eine Ansteckung nicht ausreicht.

Wie und wo kommt es zur Ansteckung?

Haut

Das HI-Virus kann nicht durch gesunde, unversehrte Haut in den Körper eindringen. Eine Infektion an kleinen, frischen (Schnitt-)Wunden ist schwer möglich, da dort Blut aus dem Körper herausfließt und infektiöse Flüssigkeiten so nicht eindringen können. Anders ist es, wenn die Haut großflächig verletzt ist, durch eine Hautkrankheit etwa. Kommt es dort zu Kontakt mit stark infizierter Körperflüssigkeit, ist das Ansteckungsrisiko hoch.

Mund

Die intakte Mundschleimhaut ist recht robust und bietet einen guten Schutz vor einer Ansteckung mit dem HI-Virus. Auch wollen Forscher herausgefunden haben, dass im Speichel ein Protein enthalten ist, dass das HI-Virus blockiert. Selbst kleinere Verletzungen im Mund, etwa kurzes Zahnfleischbluten nach dem Zähneputzen, sind kein Grund zur Panik. Außerdem regeneriert sich die Mundschleimhaut ständig und bildet somit neue Schutzschichten. Im Mund ist das Eindringen für das Virus also schwer möglich. Hat man allerdings Geschwüre, spürbare Entzündungen oder andere Wunden im Mund- und Rachenraum oder an den Lippen, ist das Infektionsrisiko erhöht.

Scheide/Gebärmutterhals
Einige Forscher vertreten die Meinung, dass das Virus selbst durch eine unverletzte Scheidenwand in den Körper eindringen kann. Andere gehen davon aus, dass eine unverletzte Scheidenwand und ein unverletzter Gebärmutterhals einen gewissen Schutz vor den Viren bieten. Da die Scheidenwand ja eigentlich ein Geburtskanal sein soll, ist sie recht robust. Allerdings sind die Schleimhäute des Muttermunds, der sich am Gebärmutterhals befindet, sehr empfindlich und leicht zu verletzen. Durch rohe Praktiken, heftigen Sex mit vielen Fingern oder Sextoys, mangelnder Feuchtigkeit und Gewaltanwendung kann es leicht zu einer (nicht immer spürbaren) Verletzung kommen.

Anus
Die Darmschleimhaut ist sehr empfindlich und leicht verletzbar. Hämorrhoiden, Warzen, Herpes oder auch Risse können die Verletzungsgefahr erhöhen.

Was machen Lesben beim Safer Sex?

Zuerst die Arbeit, dann das Vergnügen – Thema Schutzutensilien: Nachdem sich heute alle unter Kondom etwas vorstellen können, müssen die ja nicht noch extra beschrieben werden. Wer nun fragt, wozu zwei Frauen ein Kondom benutzen sollen, werfe einen kurzen Blick in das Kapitel Sextoys, Stichwort Dildo.
Neu sind vielleicht für einige die Dental Dams. Das sind kleine Latextücher, die beim Oralsex über den Schambereich gelegt werden. Wichtig ist auch, für ordentlich Gleitmittel darunter zu sorgen, damit der Spaß mit dem dünnen Dental Dam gefühlsechter wird. Dental Dams kann man in so genannten Cruising Packs (gibt's bei der Lesbenberatung) oder in Kondom-Shops kaufen. Solltet ihr keines haben, kann man es auch gut aus ei-

nem aufgeschnittenen Kondom oder Latexhandschuh selber basteln. Latexhandschuhe bieten ebenso reichlich Schutz. Denk dir einfach ein schönes Doktorspielchen aus, so kann Safer Sex zu einer spannenden, erotischen und selbstverständlichen Angelegenheit werden.

Küssen

Küssen ist gut für die Seele und was das Aids-Risiko betrifft solange total erlaubt, wie du beim Küssen nicht acht bis zwölf Liter Speichel austauschst. Auch ein bisschen Zahnfleischbluten ist nicht gefährlich. Allerdings sollte man bei Herpes vorsichtig sein, aber das versteht sich ja von selbst.

Lecken

Oralsex ist glücklicherweise auch in Zeiten von Aids erlaubt und die erleichtert jubelnden Damen sollten nur ein paar Dinge beachten. Die Geleckte kann sich wieder divanös auf die Kissen zurückfallen lassen und entspannen, denn für sie besteht keine Ansteckungsgefahr, da der Speichel viel zu wenig HIV-Viren enthält. Man sollte nur bei einem Herpes vorsichtig sein, da der nicht nur auf Lippen, sondern auch wunderbar auf Genitalien übertragbar ist.

Die Leckende allerdings sollte auf eventuell vorhandene Geschlechtskrankheiten wie zum Beispiel Herpes und Pilze achten. Für sie ist das Risiko, sich mit HI-Virus anzustecken, größer, besonders wenn ihre Partnerin ihre Tage hat. Hier schützen die bereits erwähnten Latexmaterialien.

Wer noch gerne an anderen Körperöffnungen herumleckt, sollte sich nicht nur wegen Aids, sondern auch wegen Hepatitis und ähnlichem Gedanken machen. Auch hier bringen Dental Dams und Kondome Abhilfe.

Finger

Kommen beim Sex einer oder mehrere Finger zum genüßlichen Einsatz, ist dies im Normalfall nicht nur ein großer Spaß, sondern auch recht safe. Wenn man sich vor lauter Ungestüm am umgeworfenen Glas geschnitten, vor lauter Nervosität alle Fingernägel abgebissen hat oder an sonstigen kleineren Wunden verschiedenster Herkunft laboriert, ist Vorsicht geboten. In dem feucht-warmen Klima einer Vagina können die kleinen Wunden wunderbar aufweichen und das Virus durchlassen. Die Fingernägel sollten eher kurz und gepflegt sein, so schützt man die Partnerin vor Verletzungen oder Infektionen. Für Frauen ohne Lust auf Risiko oder während der Menstruation empfehlen sich in diesem Fall Fingerlinge oder Latexhandschuhe (kompatibles Gleitgel nicht vergessen).

Faust

Das A und O dabei sind sehr kurz gefeilte Fingernägel ohne Ecken oder scharfen Kanten, da es sonst schnell zu Verletzungen kommen kann. Am besten benutzt man dabei einen Latexhandschuh und sehr viel Gleitgel. So ist es nicht nur rutschiger, sondern auch sicherer, da die Faust ja auch ein bisschen in der Möse verweilt, Wunden wiederum aufweichen, und schon ist eine Infektion ein bisschen wahrscheinlicher.

Solltest du mit mehr als einer Partnerin Spaß und Sex haben, ist es besonders wichtig, nach intensivem Kontakt mit Genitalflüssigkeit, erstmal die Hände zu waschen und auf alle Fälle das Kondom bzw. den Latexhandschuh zu wechseln, bevor du eine andere oder dich selbst anfasst.

Sextoys

Das Gleiche gilt umso mehr für Dildos und Vibratoren. Egal worin sie steckten, nach dem Gebrauch kommt ein neues Kondom drüber. Grundsätzlich. So verringerst du das Risiko, dich mit HIV und diversen übertragbaren Geschlechtskrankheiten anzustecken. Liebhaberinnen von Sextoys sollten also immer genügend Kondome und Gleitgel im Schatzkästchen liegen haben. Hin und wieder kann man ein Silikonspielzeug auch mal in die Geschirrspülmaschiene legen, das überlebt es tadellos.

Sonstige Spielarten
Egal, was ihr sonst noch macht, sobald es zu Wunden oder intensivem Kontakt mit eventuell infizierter Körperflüssigkeit kommt, sollten Latexhandschuhe benutzt und Spielzeuge oder weitere Hilfsmittel nicht untereinander getauscht werden.

Im Falle eines Falles ...

Wenn ihr euch testen lassen wollt, solltet ihr euch vorher beraten lassen. Das geht anonym und kostenlos bei den örtlichen Gesundheitsämtern und den örtlichen Aids-Hilfen.
Das Testergebnis, egal ob positiv oder negativ, darf nur im persönlichen Gespräch, nicht brieflich oder telefonisch, mitgeteilt werden. Diese Mitteilung muss außerdem in einem ausführlichen Beratungsgespräch stattfinden.
Wo ihr einen Test machen oder euch beraten lassen könnt, erfahrt ihr bei der Aids-Hilfe (s. Telefonbuch).

LESBEN GESCHICHTE(N)

»Wenn Sappho ihre Oden schrieb,
kein Lesbenauge trocken blieb ...«

Vom alten Griechenland zur Girlpower

Wer ein Geschichtsbuch aufschlägt, findet normalerweise äußerst wenig über die Lebensumstände von Frauen. Man erfährt jede Menge über reiche, weiße, heterosexuelle Männer, die Kriege führten, Kontinente entdeckten oder sonstige Heldentaten zum Segen der Menschheit vollbrachten. Die seltene Ausnahme bilden Monarchinnen, die für ihr Land »ihren Mann« stehen mussten. Frauen wurden von den männlichen Geschichtsschreibern nicht wahrgenommen, da sie angeblich keine weltbewegende Rolle spielten.

Dies hat sich in den letzten 30 Jahren grundlegend geändert. Der Frauenbewegung in den 60er und 70er Jahren ist es letztendlich zu verdanken, dass heute nicht nur männliche Geschichte erforscht, sondern bewusst auch nach der Rolle der Frau in der Geschichte gesucht wird. Doch wo sind die Lesben? Als in doppeltem Sinne Diskriminierte, d. h. nicht nur als Frauen, sondern auch als Homosexuelle, kommen sie in der Mainstream-Forschung fast überhaupt nicht vor. Ein beliebtes Argument hierfür ist, dass die sexuelle Orientierung wohl eher die Privatangelegenheit historischer bzw. öffentlicher Personen sei. Es greift allerdings nicht, wenn alle Welt davon ausgeht, dass diese Persönlichkeiten heterosexuell sind, es sei denn, es würde explizit erwähnt. Es war eine der Auswirkungen von Stonewall, dass Schwule und Lesben mit neu errungenem Selbstbewusstsein ihre eigene Geschichte erforschten. Es ist doch ein ganz anderes Gefühl zu wissen, dass es schon immer Schwule und Lesben gab und dass wir Vorbilder und Geschichte haben. So kam es in den 70er Jahren zunächst in den USA, dann auch in Deutschland, zur Gründung von Lesbenarchiven

und schwulesbischen Geschichtsprojekten. Aber niemand würde die Historie der Lesben und Schwulen erforschen, wenn sie sich nicht selbst darum kümmerten. Noch heute muss zum Beispiel das Spinnbodenarchiv in Berlin ständig um öffentliche Fördermittel kämpfen und um seine Existenz bangen.
Lesbische und schwule Geschichtsforschung ist mit Schwierigkeiten verbunden, da Homosexualität früher verboten und gesellschaftlich geächtet war. Schrieben sich in grauer Vorzeit zwei Lesben einen Liebesbrief, wurden falsche Namen benutzt, oftmals kam die Sprache gar nicht auf einschlägige Themen wie Gefühle oder Liebe. Und wenn doch, zogen es die Frauen vor, die Korrespondenz sofort zu verbrennen.
Trotzdem sind einige Geschichten von starken, selbständigen und teilweise auch offen lesbischen Frauen, die wir im folgenden Kapitel vorstellen wollen, überliefert.

Lesbos – Mutter aller Lesben

Warum heißen Lesben eigentlich Lesben? Bei dem Versuch, dieser Form der Liebe einen Namen zu geben, dachte man an die griechische Dichterin Sappho (612–557 v. Chr.), die auf der ägäischen Insel Lesbos zu Hause war.
Sie lebte ein für ihre Zeit sehr unabhängiges, selbständiges Leben. Da sie sich in ihren Versen deutlich zur gleichgeschlechtlichen Liebe bekannte (zur heterosexuellen übrigens ebenso), wurde Sappho und mit ihr ihre Heimatinsel Lesbos zum Kultobjekt für homosexuelle Frauen. Irgendwann wurden Frauen, die sich auf diese Dichterin aus Lesbos bezogen, als Lesbierinnen bezeichnet, im Laufe der Zeit ist daraus Lesben geworden.
Sappho war schon zu Lebzeiten eine angesehene Dichterin, und dies zu einer Zeit, in der es nicht selbstverständlich war, dass eine Frau lesen und schreiben konnte. Töchter wurden von ihren Familien zu ihr geschickt, um ihnen eine gute Erziehung in Musik, Poesie und Tanz zukommen zu lassen. Die

Mädchen lebten bei Sappho, genauer gesagt in deren Akademie, die man sich wie ein Internat vorstellen kann. Es war zu dieser Zeit üblich, dass junge Frauen von einer erfahrenen Lehrerin auf ihre bevorstehenden Lebensaufgaben vorbereitet wurden. Sie führte sie in die Welt der Kunst und Kultur, aber auch der körperlichen Liebe ein.
Aus ihren teilweise erhaltenen Gedichten erfährt die interessierte Leserin, dass sich Sappho hin und wieder in eine ihrer Schülerinnen verliebte. Eine erotische und intime Beziehung zwischen Lehrerin und Schülerin galt nicht als verwerflich, sondern als schön und ideal. Daraus konnte sich viel Inspiration für beide Seiten entwickeln. Ihr berühmtestes Gedicht, *Ode an Atthis*, widmete Sappho einer ihrer Lieblingsschülerinnen, der sie hemmungslos verfallen war:

Einer alleine scheint mir den Göttern vergleichbar
jener Sterbliche ists. der dir nahe sein darf.
selig sitzt er vor dir und lauscht deiner süßen
klangvollen Stimme.

Mir steht das Herz still. hör ich dein perlendes
Lachen
wende ich kurz meinen Blick. betroffen zu dir hin.
schnürts die Kehle mir zu. und keinen Laut mehr
bring ich heraus.

Trocken und stumm bleibt mein Mund.
gelähmt ist die Zunge.
Feuer erhitzt mich glühend. durchpulst meine
Adern.
rauscht in den Ohren. und verschleiert von Tränen
sind meine Augen.

Heiss und kalt überfallen mich fiebrige Schauer.
ohnmächtig sinke ich hin. gewiss werd ich bald

bleich und verdorrt wie von der Sonne versengtes Gras
sterben vor dir.
Doch lässt sich alles ertragen …

Bleibt noch zu bemerken, dass Sappho verheiratet war und eine Tochter hatte. Trotzdem wurde sie im Nachhinein zur bekanntesten Frauenliebhaberin und der Lesbe schlechthin. Synonyme für lesbische Liebe sind sapphische Liebe und Sapphistrie.

Priesterinnen und Amazonen

In früheren Kulturen wurde dem Weiblichen oft göttliche Macht zugeschrieben. So gab es neben den männlichen Hauptgöttern auch starke und selbständige weibliche Göttinnen. Den Tempeldienst verrichteten oft Jungfrauen, denen eine besondere spirituelle Gabe zugesprochen wurde. Unter den männlichen Schürzenjägern der Antike war es nun das Allergrößte, eine Tempelpriesterin flach zu legen. Das passierte zwar selten, kam aber schon mal vor. Die entsprechende Gottesdienerin wurde sofort aus dem Tempel entlassen, da sie nur als Jungfrau tauglich war. Einmal zur Tempelpriesterin ernannt, verbrachten die Frauen einen Großteil ihres Lebens tatsächlich nur im Dunstkreis des Gotteshauses, gingen also nicht einmal zum Einkaufen oder ins Theater. Durch ihre Macht als Gottesbeauftragte waren sie jedoch nicht an die Einschränkungen und Regeln gebunden, denen sich die Frauen in der Antike sonst unterordnen mussten. Spaß hatten sie, wenn überhaupt, nur miteinander.
Eine bekannte Priesterin war Pythia, die »Stimme« des Gottes Apollo im Orakel von Delphi. Kaum eine griechische Sage, in der nicht irgendein König das Orakel zu diversen Themen befragte. Pythia kam auf diese Weise wahrlich zu Weltruhm, da aufgrund ihrer Orakelsprüche oft über Wohl und Wehe von ganzen Völkern entschieden wurde.

Neben diesen Göttinnen und Priesterinnen gab es in den früheren Kulturen auch Kriegerinnen. Ob und wie diese sagenhaften Heldinnen tatsächlich existiert hatten, ist ungewiss. Aber es finden sich zahlreiche Abbildungen des weiblichen Kriegsvolkes der Amazonen auf Vasen oder anderen kulturgeschichtlichen Relikten. Man nimmt an, die Amazonen seien ursprünglich im asiatischen Raum angesiedelt gewesen. Grabfunde aus dieser Gegend belegen, dass Frauen dort nicht nur mit Schmuck, sondern auch mit Waffen beerdigt wurden.
Dies ist allerdings noch kein Beweis für die Amazonengesellschaft, wie sie in den griechischen Sagen beschrieben wird. Angeblich lebte diese »männerfrei« in größeren Gruppen zusammen. Der Name Amazonen bedeutet u. a. »brustlos«, die Kriegerinnen nahmen ihren Töchtern nämlich die rechte Brust ab, damit diese hoch zu Pferde besser mit Pfeil und Bogen hantieren konnten. Der Sage nach waren sie Nachkommen des Kriegsgottes Ares und der Jagdgöttin Artemis. Für Nachwuchs sorgten die Amazonen, indem sie gelegentliche Kontakte mit männlichen Nachbarstämmen hatten. Die männlichen Babys wurden allerdings getötet oder versklavt. Die Vorstellung, dass ein Stamm komplett ohne Männer auskommt, hat immer wieder die Phantasie von Frauen, ob radikalfeministisch oder nicht, beflügelt. Beispielsweise bezeichneten sich die amerikanischen Lesben in den 70er Jahren als Amazonen.

Kleopatra

Kleopatra, die letzte Königin des unabhängigen Ägypten, uns allen bekannt aus Asterix und dem gigantischen Film-Epos mit Liz Taylor, war eine der herausragenden Herrscherfiguren der ausklingenden Antike. Nun, wahrscheinlich war sie genauso wenig lesbisch wie Liz Taylor, aber dafür gerissen, machtbewusst, und sie benutzte Männer für ihre Zwecke. Als sie durch ihren Bruder vom Thron und aus der Stadt gejagt wurde, rächte sie sich bitterböse, indem sie mit dem mächtigsten Feldherrn der Römer, Julius Cäsar, anbandelte. Sie ging mit ihm ins Bett,

er brachte sie zurück an die Macht. Als Cäsar 44 v. Chr. ermordet wurde, ging sie zurück in die Heimat und schnappte sich bei nächster Gelegenheit Marc Anton (im besagten Film dargestellt von Taylor-Gatte Richard Burton), einen weiteren mächtigen Römer. Er war nicht nur ein sehr erfolgreicher Heerführer, sondern auch einer der einflussreichsten Politiker des östlichen Mittelmeeres. Sie wurden ein Paar, heirateten und bekamen Zwillinge. Zusammen an der Macht kämpften sie gegen Cäsars politischen Erben, Kaiser Augustus (zu dieser Zeit noch Octavian genannt), unterlagen diesem allerdings 31 v. Chr. und begingen daraufhin beide Selbstmord.
Kleopatra, die gerissene Schönheit, die Alexis Carrington-Colby-Dexter des alten Ägypten, gilt bis in unsere Tage als Inbegriff der machtbewussten, eigenständigen Frau.

Beginen

Wir machen nun einen großen Sprung nach Westeuropa und befinden uns im Hoch- bzw. Spätmittelalter. Aus dieser Zeit ist so gut wie nichts über Lesben zu erfahren. Die Gesellschaft war ganz anders organisiert als heute. Ein Großteil der Bevölkerung lebte in ärmsten Verhältnissen auf dem Land und hatte dort andere Sorgen, als über die lesbische Liebe nachzudenken.
Zu intensiverem sozialen Kontakt mit anderen Frauen kam es gerade mal in den Klöstern oder vielleicht noch in den Städten.
Irgendwann im 13. Jahrhundert gab es hier in unseren Breitengraden eine Art religiöse Bewegung unter Frauen. Sie wollten auf ihre eigene Art eine Beziehung zu Gott aufbauen. Nur die wenigsten verfügten über das nötige Kleingeld für einen Klosterbeitritt. So packten sie kurz entschlossen ihre Siebensachen, nannten sich Beginen, und schlossen sich auf Höfen (Beginenhöfen) oder in Häusern zusammen (ein Beginenhof ist heute noch in Amsterdam in Betrieb). Sie hatten sich vorgenommen, eine alternative Lebensform zu praktizieren, in Keuschheit, Armut und Arbeit. Auf diese Weise kam es zu den

ersten Gründungen von Beginenorden. Die Herkunft des Namens Beginen ist nicht hinreichend geklärt. Vielleicht kommt er von den grauen Kleidern, die sie trugen (bigio, beige).
Unter Papst Honorius III. (1216–1227) wurden diese Laienorden 1216 mündlich als Gemeinschaft anerkannt.
Sie widmeten sich u. a. der Mädchenerziehung und Krankenpflege. Mädchenerziehung mag vielleicht etwas banal klingen, war aber durchaus bemerkenswert, da Frauen zu dieser Zeit normalerweise weder lesen noch schreiben konnten, außer sie waren fürs Kloster bestimmt.
Im Laufe der Zeit glaubten die Kirchenoberhäupter, bei den Beginen ketzerische Elemente zu entdecken, und Papst Johannes XXII. (1316–1334) verbot dann im Jahre 1317 die Bewegung. Später kam es zu systematischen Verfolgungen, der alternativen Frauenbewegung wurde ein Ende gesetzt.
Ob die Beginen lesbische Verhältnisse pflegten, ist leider wieder mal nicht erwiesen. Es wäre wohl genauso falsch, bei Männerklöstern von schwulen Gemeinschaften zu sprechen, obwohl es dort bekanntermaßen zu homosexuellen Handlungen kommt. Die Gegner der Beginen warfen ihnen allerdings genau jene »Unzucht«, nämlich lesbische Beziehungen zu unterhalten, vor, außerdem noch Hexerei oder Prostitution.
Jedenfalls haben sie es geschafft, sich in einer männerdominierten Gesellschaft einen Freiraum zu schaffen. Für zeitgenössische und folgende Generationen von Frauen wurden sie zum Vorbild. Sie organisierten sich eine eigene Lebensform fernab des Alltäglichen. Das gelang ihnen gut und das machte den Männern Angst.
Ansonsten ist das Mittelalter, was Schwule und Lesben betrifft, tatsächlich so schwarz, wie oft behauptet wird.

Hexen

Offene lesbische Liebe war im Mittelalter undenkbar. Hatten sich damals zwei Damen gefunden, musste sich eine von beiden als Mann verkleiden, damit die Beziehung nicht aufflog.

Wurden sie entdeckt, war tatsächlich Schluß mit lustig. Die Frauen wurden der kirchlichen Rechtsprechung unterzogen und wegen Sodomie angeklagt. Die Strafe dafür war der Tod durch Feuer.

Im ausgehenden Mittelalter und zu Beginn der Neuzeit (um 1500) wurden Frauen, die man der Hexerei bezichtigt hatte, ebenfalls mit dem Feuertod bestraft. Bereits in der Antike, bei den Germanen und anderen alteuropäischen Völkern, gab es die Vorstellung von weiblichen Unholden, die durch Zauberei das Böse verbreiteten.

Die Hexenverfolgungen sind das furchtbare Zeugnis männlicher Ängste vor unabhängigen, selbstbewussten Frauen, die nicht dem standesgemäßen, unterwürfigen Rollenverhalten entsprachen.

In der Zeit der Glaubenskriege, als der neue protestantische Glaube die Alleinherrschaft der katholischen Kirche in Frage stellte und so manches Weltbild ins Wanken geriet, waren die Menschen besonders empfänglich für Aberglauben, mystischen Schnickschnack und Spiritualität. Und Frauen wurde seit jeher ein besseres Verhältnis zu den finsteren Mächten angedichtet. Man glaubte, dass die bösen Frauen nicht nur zaubern konnten, sondern nachts Tiergestalt annahmen. Außerdem wurde ihnen ein sexuelles Verhältnis mit dem Leibhaftigen nachgesagt. Ausformuliert wurde diese Lehre in dem Werk *Der Hexenhammer*, erstmals 1486 erschienen.

Das Resultat, ein kollektiver Hexenwahn, ergriff ganz Europa und erreichte seine Blütezeit zwischen dem 15. und 17. Jahrhundert.

Es genügte oft schon, die verhasste Nachbarin der Hexerei zu beschuldigen, der Rest erledigte sich eigentlich von selbst. Einmal in die Mühlen eines Hexenprozesses geraten, gab es selten ein Entkommen. Es wurden zwar strikte Verfahrensregeln eingehalten, aber die rechtlichen Möglichkeiten der Angeklagten waren äußerst gering. Zur Beweisaufnahme wurden sie ausgezogen, kahl rasiert und auf Teufelsmale (Stellen, an denen er sie beim Sex berührt haben soll) untersucht. Besonders ausgiebig wurden die Frauen zu ihrem angeblichen Geschlechtsverkehr mit dem Teufel befragt, und anschließend wurden sie gefoltert. Auf diese Weise kamen die absurdesten »Geständnisse« zustande: von Brunnenvergiftung, Töten von Säuglingen, wilden Ritten auf Besenstielen, Abhalten von schwarzen Messen bis hin zu wildem Sex mit dem behörnten und behuften Teufel.

Gerade die Fragen nach dem angeblich vollzogenen Beischlaf mit dem Leibhaftigen zeugen von der krankhaften, perversen Denkweise der (männlichen) Ankläger, die damit ihre verkorksten Phantasien auslebten. Hier schien der Verstand gerade mal in der Schwanzspitze zu stecken. Waren sie nach der schwachsinnigen Fragerei von den ketzerischen Handlungen der Angeklagten überzeugt, wurden diese zum Tode verurteilt und dann ertränkt, erhängt oder verbrannt.

Erst zu Zeit der Aufklärung wurden die Hexenprozesse eingeschränkt. Die letzte Hexe wurde 1782 in Glarus in der Schweiz hingerichtet.

Im Laufe der folgenden Jahrhunderte wurde das christlich zentrierte Weltbild von rationalen und wissenschaftlichen Erklärungsmustern abgelöst. Magie und Zauberei verloren ihren Einfluss. Nur noch auf dem Land bestanden bis in unsere Zeit diverse Riten, Kulte und Ängste (vor dem bösen Blick, schwarzen Katzen etc.) fort.

Neuzeit – Entstehung des Feminismus

Wieder machen wir einen zeitlichen (diesmal auch thematischen) Sprung in die Neuzeit. Bisher haben wir uns ja eher mit Frauen in Außenseiterrollen, über deren Lesbischsein keinerlei Zeugnis existiert, beschäftigt. Spätestens zu Beginn des 20. Jahrhunderts treten Lesben zum ersten Mal als Teil der Gesellschaft in Erscheinung.

Aus den Erkenntnissen der Neuzeit wie Humanismus, Bildung, Individualität und bürgerliche Tugenden bezogen zunächst wieder einmal nur die Männer ihre Vorteile. Die Frauen blieben in ihren traditionellen Rollen stecken, die Kluft zwischen den Geschlechtern vergrößerte sich. Aber nicht alle Frauen gaben sich damit zufrieden, zu Hause an Spitzendeckchen zu klöppeln, während ihre männliche Verwandtschaft forschte und studierte.

Schon bald formulierten frühe Feministinnen ihre Forderung: Schulbildung und bessere Arbeitsbedingungen. Zusehends bildete sich auch ein politisches Bewusstsein. Frauen fingen an, ihr Wahlrecht zu propagieren. Dieses wurde erst 1919 in der Weimarer Republik eingeführt. Frauen waren unter bestimmten Umständen ab dem 30., Männer schon ab dem 21. Lebensjahr wahlberechtigt.

Mit den politischen kam es auch zu zahlreichen gesellschaftlichen Veränderungen. Der Erste Weltkrieg war vorbei. Frauen standen nicht mehr nur daheim am Herd, sondern übten Berufe aus. Teils um Geld zu verdienen, teils um im Krieg gefallene männliche Arbeiter zu ersetzen. Der Kleidungsstil wandelte sich, denn auch äußerlich gönnten sich die Frauen nun mehr Freiheit. Sigmund Freud begründete die Psychoanalyse und begann, die Untiefen der menschlichen Seele zu erforschen. Mit einem Mal wurden Tabuthemen wie Masturbation, Homosexualität, Sadismus, Masochismus und ähnliches öffentlich diskutiert. Junge Frauen, die noch an den Storch geglaubt hatten, wurden von ihrer Unwissenheit befreit, und es galt plötzlich als schick, sexuell erfahren zu sein.

Sexualforscher wie Magnus Hirschfeld untersuchten zunächst nur die männliche Homosexualität und übertrugen die Ergebnisse dann auf lesbische Frauen. Er ging beispielsweise davon aus, dass in einer Lesbe im Grunde ein Mann stecke und nannte das »inversiv«. Lesbischsein galt natürlich als krankhaft und wurde als Irrtum von Mutter Natur dargestellt. Die Beziehungen zwischen Frauen wurden von nun an streng beargwöhnt. Man warnte vor sexuellen Übergriffen durch Internatslehrerinnen (Filmtipp: *Mädchen in Uniform*, 1931, und 1958 Neuverfilmung mit Romy Schneider) oder männlich gekleidete Frauen.

Paris und Berlin zu Beginn des 20. Jahrhunderts

Im ersten Viertel des 20. Jahrhunderts zogen die Weltmetropolen Paris und Berlin auch sehr viele lesbische Frauen an.

Paris

Gerade das Paris der 20er Jahre, berühmt für seine Ausgelassenheit und Freizügigkeit, war Ziel vieler Künstlerinnen und Literatinnen, die sich hier entfalten konnten. Zum Teil kamen sie von weit angereist, aus Amerika und allen Teilen Europas. Persönlichkeiten wie Djuna Barnes, Natalie Clifford Barney, Sylvia Beach und Adrienne Monnier zogen an die Seine und schlugen ihre Zelte bevorzugt am linken Flußufer auf. Daher nannte man sie auch die Frauen der Left Bank.
In Paris begegneten sich zum Beispiel 1907 Gertrude Stein und Alice B. Toklas. Nach kurzer Zeit zogen sie zusammen und blieben ein Paar, bis Gertrude 1946 starb. Immer samstags verwandelte sich ihre Wohnung in der Rue de Fleurs in einen Salon, wo sich die Crème de la Crème der Kulturszene die Klinke in die Hand gab. Hier saßen Picasso, Hemingway und andere Berühmtheiten der Literatur-, Musik- und Kunstszene bei Tee und Gebäck und diskutierten mit Gertrude, auf deren Urteil sie großen Wert legten, ihre Werke. Gertrude und Alice waren ein kongeniales Paar, was Gertrudes Arbeit betraf. Alice war ihre Muse, ihre erste Kritikerin und später ihre Verlegerin. Sie redigierte Gertrudes chaotische Notizen, und nach ihrem Tod machte es sich Alice zu ihrer Lebensaufgabe, ihren literarischen Nachlass zu verwalten und bisher Unveröffentlichtes herauszugeben. Gertrude hatte Alice eine großartige Bildersammlung der bedeutendsten Künstler dieses Jahrhunderts hinterlassen. Gertrudes Verwandte erhoben jedoch Anspruch darauf, und die Bilder, darunter viele Kunstwerke ihres gemeinsamen Freundes Picasso, wurden ihnen zugesprochen.

Wenn man sich die blühende kulturelle Szene der 20er Jahre, die sich die Frauen der Left Bank geschaffen hatten, betrachtet, dann hielt mit der Nazizeit wieder das barbarische, finstere Mittelalter Einzug in Europa. Durch das Naziregime wurde die Left-Bank-Kultur zerstört. Da sich unter den Künstlerinnen viele Jüdinnen befanden, mussten einige um ihr Leben bangen und traten schweren Herzens die Flucht an. Gertrude und Alice versteckten sich jahrelang auf dem Land.
Diese Frauen bewiesen, dass sie Literatinnen, Künstlerinnen, Geschäftsfrauen sein konnten, und zwar selbständig. Während sich die männlichen Künstlerkollegen dem Suff und Sex hingaben, nutzten diese Frauen die neuen Freiheiten, um für sich eine kulturelle Nische und Bildungsmöglichkeiten zu schaffen.

Berlin
Ein weiteres Eldorado für Lesben und Schwule war das Berlin der 20er Jahre. In keiner europäischen Stadt gab es eine vergleichbare lesbische Subkultur. In diversen Clubs und Bars lebten Frauen das, was bis vor kurzem noch Männern vorbehalten war: Sie rauchten, spielten Karten, trugen Kurzhaarfrisuren und männliche Abendgarderobe (Marlene-Hosen) wie Frack und Zylinder. Dieser strenge Look war in den 20er Jahren bei Frauen allgemein sehr beliebt, und die Lesben perfektionierten ihn. Die Lesbe von Welt trug tagsüber einen schlichten Hosenanzug, für den Abend wurde oftmals ein Frack bereitgelegt. Auf diese Weise wirkten sie emanzipiert, selbständig und intelligent. Das Pendant zu diesen Schick-Butches bildeten die betont weiblich gekleideten Femmes, die an ihrer Seite glänzten, wenn frau samstags über den Ku'damm flanierte. Über die Femmes wurde nicht viel geredet und geschrieben, da sich ihr Aussehen nicht von dem einer Hetera unterschied. Einschlägige Zeitschriften, zum Beispiel *Die Freundin* oder *Garçonne*, in denen das neu entdeckte Spiel mit den alten Rollen heiß diskutiert wurde – allem Anschein nach kopierten einige Frauen die heterosexuellen Beziehungsvorlagen –, wurden auf den Markt

Berlin ist anders
BÜNDNIS 90
DIE GRÜNEN

gebracht. Allerdings war das Butch/Femme-Spiel kein notwendiges Versteckspiel mehr, sondern ein freiwilliges Rollenspiel. Unter den Lesben entwickelte sich während dieser Zeit das Bewusstsein, dass lesbische Liebe etwas Eigenständiges, und nicht Resultat von schlechten Erfahrungen mit Männern, ist.

Mit der Herrschaft der Nationalsozialisten kam für die blühende Lesbenszene das Aus. Für Schwule wurde der Paragraph 175 in verschärfter Form erlassen, was für viele Aufenthalt in einem KZ bedeutete.

Man erwog, den Homosexuellen-Paragraphen auch auf Frauen auszudehnen. Da jedoch die patriarchalische Ansicht vorherrschte, dass Passivität ein natürlicher Teil der weiblichen Sexualität sei, war weibliche Sexualität und Homosexualität für die Machthaber jenseits des Vorstellbaren. Sie stelle keine Gefahr für die Volksgemeinschaft dar, hieß es.

Im 1938 angeschlossenen Österreich war weibliche Homosexualität als widernatürliche Unzucht verboten. Anders als die verfolgten jüdischen Mitbürger und ethnischen Minderheiten waren Homosexuelle nicht registriert oder leicht erkennbar. Die offizielle Version der Regierung lautete somit auch nicht Vernichtung, sondern Umerziehung. Denn die genetische Erklärung der angeborenen Homosexualität ließ sich schlecht mit der Theorie der Überlegenheit der Arier-Rasse in Einklang bringen. Man umging diesen Erklärungsnotstand und behauptete, ein Teil der Homosexuellen sei verführt worden und deshalb umerziehbar. Den schändlichen Rest allerdings galt es auszumerzen. Direkt nach der Machtergreifung 1933 wurde die schwule und lesbische Infrastruktur zerstört, Clubs und Bars geschlossen und die wichtigsten Organisationen wie das »Institut für Sexualwissenschaft« und der »Bund für Menschenrechte« wurden aufgelöst. Die Frauenbewegung wurde in Organe der NS-Frauenorganisationen eingegliedert und gleichgeschaltet. Überwachung, Razzien und Denunziationen durch Spitzel oder Blockwarte sorgten für Angst und Schrecken und unterbanden jeglichen Kontakt. All die kleinen Freiheiten, die sich

die Frauen in der Weimarer Republik erkämpft hatten, wurden wieder durch das arische Frauenbild, das die Machthaber propagierten, eingeengt. Eine Frau gehörte ins Haus, sollte dem Führer möglichst viele Kinder gebären und sich um die Familie kümmern. Die Arbeitswelt war offiziell den Männern zu überlassen, Lebenssinn einer Frau war die Mutterschaft. Kinderlose Ehen und alleinstehende Frauen wurden argwöhnisch beäugt. Viele Lesben heirateten deshalb zum Schein. Wenn Frauen verhaftet wurden, war als Grund nicht Homosexualität, sondern meist etwas anderes angegeben. Oft wurde auf sie die Asozialenregelung angewandt, eine allgemeine Verbrechensbekämpfungsmaßnahme, mit der alles in Schutzhaft (KZ) genommen werden konnte, was den Vorstellungen der Nazis widersprach. In den KZs wurden lesbische Frauen besonders häufig in die Lagerbordelle gesteckt. Lesben wurden jedoch, anders als Schwule, nicht systematisch verfolgt.
Die bis heute andauernde Diskriminierung macht die Erforschung lesbischer Geschichte während des Dritten Reiches sehr schwierig. Selbstzeugnisse von Lesben sind oft aus Scham von den betroffenen Frauen selbst vernichtet worden, oder von deren Nachwelt. Ebenso wurden Biographien umgeschrieben und die lesbischen Aspekte entfernt.
Nicht alle Lesben waren Opfer, unter ihnen gab es auch Täterinnen oder Mitläuferinnen. Natürlich ist es einfacher, sich mit einem Opfer zu identifizieren, aber eine lesbische Neigung garantiert nicht automatisch einen guten Charakter.

Feminismus – Womens Lib

Die Nachkriegsjahre sind legendär für ihre Miefigkeit. Wiederaufbau, Beseitigung von Kriegsfolgen, und die Rolle der Frau war wieder ganz die alte: Sie gehört an den Herd. Für feministische Anliegen war keine Zeit, es dauerte bis in die 60er Jahre, ehe sich die Frauenbewegung regte. Diese griff nicht nur alte Ziele der Gleichberechtigung wieder auf, sondern forderte gleichzeitig gesellschaftliches Umdenken. Dem Mann wurde seine Position als Mittelpunkt des Lebens streitig gemacht. Frauen wollten ihr Leben in allen Bereichen selbst in die Hand nehmen und demonstrierten für Geburtenkontrolle, Abtreibung, Schutz vor sexuellen Übergriffen und mehr Rechte für alleinerziehende Mütter und Lesben.

Die Männerherrschaft wurde als Gefahr für Natur, Umwelt und Gesundheit erkannt und »für all den Dreck« verantwortlich erklärt. Frauen fingen an, sich für grüne Umweltpolitik zu engagieren. Aus all den AntiAtom-Protesten, AntiStartbahn-West-Hüttendörfern und Friedensmärschen, die zum größten Teil von Frauen organisiert waren, entwickelte sich der so genannte Ökofeminismus.

Allen Phasen und Strömungen der feministischen Bewegung war gemeinsam, dass sie sich gegen Unterdrückung und Benachteiligung auflehnten. Sie wollten bessere Lebensbedingungen für alle Frauen schaffen und erreichten das Recht auf Bildung, politische Mitsprache und wirtschaftliche Unabhängigkeit. Zumindest theoretisch. Vor allem wir Lesben profitieren von dem unerschütterlichen Mut dieser Frauen, die Freiräume erkämpften, die für uns heute selbstverständlich sind.

Lesbischer Feminismus

Viele der 70er-Jahre-Feministinnen waren Lesben. Sie begannen die gesellschaftliche Norm der Heterosexualität öffentlich in Frage zu stellen. Man erkannte bei diesen Überlegungen, dass frau die männliche Dominanzkultur nur dann überwindet, wenn sie sich vom Mann an sich befreit. Selbstreflektierend bemerkten viele Frauen, dass sie sich in der Gegenwart von Frauen wohler und mehr als sich selbst fühlten als in Gegenwart von Männern. Heterosexualität wurde zunehmend als feindlich angesehen, da das Mann/Frau-Verhältnis auf Unterdrückung beruhe. Als Extrem bildete sich auch eine lesbische separatistische Bewegung, die erwartete, dass Frauen ausschließlich mit Frauen Sex hätten. Diese Haltung warf unter Feministinnen natürlich die Frage auf, ob eine Frau, die mit Männern ins Bett

geht, als Verräterin gelte, da sie keine richtige Feministin sei. Das neue Schönheitsideal des lesbischen Feminismus war Androgynität. Verpönt war gestyltes männliches Butch-Auftreten (mit dem man eine Imitierung der Heterochauvinisten verband) oder eine gepflegte Femme-Erscheinung. Lesben wollten sich keinem Schönheitsideal mehr beugen, rasierten sich Achseln und Beine nicht mehr, wollten für die Außenwelt nicht mehr attraktiv sein.
Die Ideale der Frauenbewegung fanden auch ihren Weg an die Unis. Die Frauenforschung entdeckte neue Mittel und Wege für Frauen, sich aus der oft empfundenen Sprachlosigkeit zu befreien. Die etablierte Forschung war nun gezwungen, die feministischen Kritiken und Forschungsansätze mit einzubeziehen. Auch die Geschichte wurde umgeschrieben, da die neue Sichtweise die bisherigen Lehren veränderte.

Stonewall (Christopher Street Day)

Bis zum Sommer 1969 gab es in der New Yorker Schwulen- und Lesbenszene wahrlich nicht viel zu feiern. Ständig kam es zu schikanösen Razzien in einschlägigen Clubs in Greenwich Village. Oft hatten die betreffenden Bars keine Alkohollizenz. Ansonsten ließen sich die Behörden genug andere Gründe einfallen, um nach dem Rechten zu sehen. Es existierte zum Beispiel ein Gesetz, das jeder Person vorschrieb, mindestens drei Kleidungsstücke, die ihrem biologischen Geschlecht entsprachen, am Körper zu tragen. So waren Tunten und Butches besonders beliebte Opfer von Gewalt und sexuellen Übergriffen durch die Polizei. Am 27. Juni 1969, dem Todestag von Judy Garland (Mutter von Liza Minelli und auch bisexuell), zogen die Cops aus, um den Leuten in schwulen Bars mal wieder das Fürchten zu lehren. Das Ziel war der finstere Schuppen Stonewall Inn in der Christopher Street. Diesmal allerdings wehrte sich der anwesende »gesellschaftliche Abschaum«. Alle griffen zu Flaschen, Pumps und Handtaschen und hauten sie den verdutzten Polizisten um die Ohren. Die verschanzten sich erstmal in der

Bar und hofften auf Verstärkung. Viele Schaulustige griffen ein und kloppten sich mit der anrückenden Hundertschaft. Die Schlacht dauerte bis in die frühen Morgenstunden. Dann bereitete ein Sonderkommando dem Ganzen ein Ende. Es gab Verletzte auf beiden Seiten und 13 Verhaftungen. Doch damit war die Sache nicht erledigt. Das Stonewall Inn war am nächsten Abend wieder geöffnet. Es kam erneut zu Ausschreitungen, doch die Nachricht vom spontanen Widerstand Schwuler und Lesben gegen die Obrigkeit in der Christopher Street verbreitete sich in Windeseile. Mit einem Mal gab es ein kollektives Bewusstsein, dass man sich von der Staatsgewalt nicht alles bieten lassen dürfe. In den nächsten Monaten kam es zu zahlreichen Gründungen von Schwulen- und Lesbengruppen. Als sich der 27. Juni, der Tag von Stonewall, zum ersten Mal jährte, versammelten sich 5 000 Menschen, um dieses wahrhaft denkwürdige Ereignis zu feiern.

Das also ist die Geschichte des Gay Pride Day, des Christopher Street Day (CSD). Das Stonewall Inn existiert heute noch. Davor ist in einer kleinen Parkanlage ein Denkmal errichtet worden. In früheren Jahren war man sich der politischen Bedeutung des CSD noch deutlicher bewusst als heute. Mittlerweile ist es selbstverständlich, dass die größeren Paraden quer durch gesperrte Innenstädte verlaufen und dass die Polizei den Verkehr umleitet, damit die Massen feiern können.

Also hinein ins Vergnügen. Ein CSD bedeutet immer großen Spaß mit viel Körperkontakt (schön voll, schön eng, schön viel Haut – bei schönem Wetter). Aber vergesst die politische Verantwortung nicht. Noch gibt es viel zu tun, angefangen bei der Anerkennung von homosexuellen Beziehungen als Lebensform bis hin zu Lesbischsein als Asylgrund. In diesem Sinne!

Lesbische Archive

Wie eingangs erwähnt, gibt es nicht die lesbische Geschichte. Wir können uns nur mit Fragmenten zufrieden geben. Seit einigen Jahren setzen sich Frauen dafür ein, die Wurzeln lesbi-

schen Lebens zu bewahren. Wer die Wahrheit herausfinden will, dem stehen seit geraumer Zeit lesbische Archive zur Verfügung.
Das Lesbian Herstory Archiv wurde 1973 von Joan Nestle gegründet und beherbergt die weltgrößte Sammlung von Material über Lesben. Heute befindet sich das Archiv in einem großzügigen, dreistöckigen Haus in Park Slope, Brooklyn, auch Dyke Slope genannt, da die hübsche Gegend bevorzugt von Lesben, Schwulen und Künstlernaturen bevölkert wird.
Das Archiv beherbergt über 10 000 Bücher, 12 000 Fotografien und 1400 Zeitschriftentitel, sowie Tausende Meter Film- und Videomaterial zu lesbischen Themen. Selbstverständlich kann man im gut sortierten Fanshop lesbisch hergestellte Kunstgegenstände, T-Shirts oder Anstecker erwerben.
Die Philosophie des Archivs ist es, nicht nur Dokumente über berühmte oder ansonsten wichtige Lesben zu sammeln, sondern Material zu allen Belangen lesbischen Lebens bereitzustellen.
Wenn man das Archiv besuchen möchte, um dort Nachforschungen anzustellen oder sich einfach mal umzusehen, sollte man sich vorher erkundigen, da es nicht jeden Tag geöffnet hat.
Lesbian Herstory Archives, P.O. Box 1258, New York, N.Y. 10116, Fax: 001-718-768-4663
Doch wenn man sich über Lesben informieren will, führen nicht alle Wege nach New York. In Berlin gibt es seit über 20 Jahren das Spinnboden-Lesbenarchiv.
In seinen heiligen Hallen befinden sich über 7 000 Bücher, 800 Zeitschriftentitel, Fotografien, Plakate sowie reichlich Film-, Video- und Tonmaterial zu allen lesbischen Belangen. Aufgabe des Spinnboden-Archivs ist es, das facettenreiche Leben von Lesben zu dokumentieren und zugänglich zu machen. Durch Information und Aufklärung wollen sie der Diskriminierung entgegenwirken. »Wir wollen Lesben einen Ort bieten, an dem gelesen, gelernt, geforscht, aber sich auch entspannt und diskutiert werden kann. Ein Raum, in dem unterschiedliche Lebens-

weisen ebenso wie kritische Distanz zur eigenen Person möglich sind.«
Öffnungszeiten: Mittwoch und Freitag von 14.00–19.00 Uhr.
Spinnboden-Lesbenarchiv, Anklamer Straße 38, 10115 Berlin, Tel: 030-4485848, E-mail: spinnbo@sirene.IN-Berlin.de

Lila Power – Miss Peel erinnert sich an die wilden 80er in Berlin

Miss Peel, Sie sehen mal wieder ganz hinreißend aus. Dieser schwarze Lederanzug ist Ihnen wie auf den Leib geschnitten. Und Ihre Figur …

Thank you, vielen Dank, aber Sie sind ja sicher nicht hier, um mir Komplimente zu machen. Kommen wir zur Sache.

Obwohl Ihnen dieses Remake wirklich gut getan hat. So bleiben Sie ewig jung. Das soll nicht heißen, dass ich Sie nicht schon immer bewundert habe.

Darling, meine Zeit ist begrenzt.

Okay, ich brauche Ihre Hilfe, denn ich bin auf der Suche nach unserer Vergangenheit. Es ist längst bekannt, dass Sie neben Ihrem offiziellen Leben als Agentin in Mit Schirm, Charme und Melone, seit 20 Jahren in der Berliner Lesbenszene aktiv sind.

That's true. In London arbeite ich, aber hier lebe ich. Ich liebe Berlin und die Frauen.

Dann können Sie mir sicher helfen, zwischen gestern und heute zu vermitteln. Welche Verbindung gibt es zwischen Feminismus und dem Lesbischsein? Und was um alles in der Welt ist eine »Kopflesbe«?

Lassen Sie mich etwas ausholen. Anfang der 80er Jahre war ich in einer Frauengruppe aktiv. Wir haben dort hauptsächlich die Themen Bevölkerungspolitik und Gentechnik diskutiert. Eine besonders feministische Frau in unserer Gruppe hat dann ernst gemacht. Sie hat sich an den Leitsatz der amerikanischen Feministinnen »Feminismus ist die Theorie – Lesbischsein die Praxis« gehalten und hatte plötzlich ihr Coming Out als Lesbe. Von

Null auf Hundert hat sie ihren Kerl rausgeschmissen und uns allen die Hölle heiß gemacht. Die hat total losgepowert. Aber das hat nicht lange gedauert. Sechs Wochen später hat sie alles unheimlich bereut und ist zu ihrem Kerl zurückgekrochen. Der wollte sie aber nicht mehr. Da hat sie unheimlich gelitten. So viel zu meinen Erfahrungen mit einer Kopflesbe. Ich wusste, das möchte ich auf gar keinen Fall. Obwohl ich grundsätzlich schon auf Frauen stand, hatte ich daraufhin das Gefühl, noch mit ein paar Kerlen rumvögeln zu müssen, um klar zu kriegen, dass ich Frauen wirklich attraktiver finde. Ich habe mich also noch eit, nur um mir zu beweisen, dass ich keine Kopflesbe bin, sondern tatsächlich keinen Bock auf Männer habe.

Es gab ja noch einen wichtigen Leitsatz in den 80ern: »Das Private ist politisch.« Wie hat sich der auf Ihr Leben ausgewirkt?

Na, was ist denn das Privateste? Sex natürlich. Zu meinen Coming-Out-Zeiten Mitte der 80er war es noch so, dass du daran gemerkt hast, dass du angeblich lesbisch bist, dass du Penetration nicht gut fandest. Und von daher war klar, dass Lesbensex etwas ist, wo du dich an der Klitoris streichelst, vielleicht an den Brüsten saugst, und das musste dann aber auch reichen. Und das haben wir dann anständigerweise auch gemacht.

Irgendwann sind dann aber »unanständigerweise« die Finger doch mal versackt, und das war dann ganz schön. Wir hatten aber ein schlechtes Gewissen, weil alles, was in dir drin war, ja sozusagen als Schwanz galt.

Ein bisschen lockerer wurden die Frauen erst wieder Anfang der 90er. Da hatte ich meine ersten Erfahrungen mit Fisten, und dass es nicht immer nur ein Fingerchen, sondern auch mal mehr sein durfte. Wir haben dann auch angefangen, mit S/M rumzuprobieren. Das war ja das ganz große Tabu und unheimlich umstritten. Ob das nun verinnerlichte Gewalt aneinander austoben oder etwas ist, womit man rumexperimentieren kann, wenn jede Verantwortung für sich selbst übernimmt. Ich habe eher zu der Na-ja-kommt-drauf-an-Fraktion gehört. Ja, S/M war sogar noch vor ein paar Jahren auf dem Lesbenfrühling umkämpft, aber es geht ja auch um Sex.

Früher war alles besser. Heute wird oft beklagt, dass jede Lesbe ihr eigenes Süppchen kocht und dass es keine politische Lesbenbewegung mehr gibt. Wie war das denn damals?

Für Berlin kann ich sagen, dass es keine einheitliche Lesbenbewegung gibt und auch nie eine gegeben hat. Die Szene hat sich immer in unterschiedliche Gruppen, die sich gegenseitig nicht leiden konnten, aufgespalten. Heute hat sich das Schubladendenken etwas aufgelöst, aber in den 80ern, da war das noch bitterernst. Wenn ich es jetzt mal übersteigert formuliere, gab es da zum Beispiel die Spirilesben. Sie waren immer unheimlich gewaltfrei, liefen in Birkenstock-Schuhen und Schlabberklamotten rum und waren den Sublesben ein Dorn im Auge.

Die Sublesben wiederum zogen sich wie Popper an, gingen ins Solarium und waren darauf aus, in ihrem Job viel Kohle zu machen. Sie sahen viel schicker aus, als die Spiris und hatten einen bestimmten Haarschnitt. Sub steht in Berlin übrigens nicht unbedingt für Subkultur, sondern für Lesbenlokal, Bar oder Disko. Eine Untergruppe der Sublesben waren die Karstadtlesben. Die sahen ganz normal aus, waren also nicht gleich als Lesbe zu identifizieren.

Dann gab es noch die Politlesben. Die hatten wieder spezielle Klamotten, vergleichbar mit dem, was die Vollautonomen tragen. Also möglichst mit Ringelshirt und Schlabberhose. Später dann noch mit Kapuzi (Kapuzenshirt) und – wer hätte es anders gedacht – unheimlich radikal. Ganz kurze Haare waren wichtig. Die Politlesben und die Sublesben konnten sich natürlich gegenseitig auch nicht leiden.

Die Karrierelesben, die nur in besseren Kreisen verkehrten, waren nach der Meinung vieler sowieso schon ein Teil des Patriarchats, selbst wenn sie mit Männern keinen Sex hatten.

Die Studilesben bildeten noch mal 'ne eigene Sparte, auch wenn sie sich am ehesten in die anderen Gruppen integrieren ließen.

Die S/M-Lesben waren am ehesten noch bei den Sublesben eingegliedert. Als sie dann allerdings versuchten, die Politlesben zu unterwandern, ging's da ganz böse ab. Ewige Diskussionen. Mit den Spirilesben hatten sie weniger Berührungspunkte. Von wegen Peitschen schafft schlechte Energie.
Wir können auch noch mit Landlesben dienen. Die gehen Richtung Spiri, leben aber radikal auf dem Land. Sie vertreten die Theorie, dass wirkliche Lesben immer auf dem Land leben, weil du in der Stadt ja mitten im Patriarchat steckst.
Ach ja, und dann noch zu guter Letzt die Separatistinnen. Bei denen war ganz klar, dass sie mit Männern sowieso nichts zu tun haben wollten. Aber eigentlich verschließen sie sich auch den Heteras gegenüber, weil sie glauben, den Männern dadurch indirekt schon wieder Energie abzugeben. Die Geschichte mit den männlichen Tieren, da wurde es dann wirklich heftig. Die wurden, selbst wenn sie wild lebten, vertrieben und vernichtet. Das ist kein Witz! Ich habe es selbst erlebt, dass eine Katze, die heterosexuellerweise schwanger wurde, weggegeben wurde.
Problematisch mit diesen ganzen Kategorisierungen wurde es natürlich, wenn du dich für keine richtig entscheiden konntest. Das wurde dann als gnadenloser Widerspruch empfunden, und frau musste regelrecht aufpassen, nicht jemanden nett zu finden, den die anderen gerade nicht leiden konnten. Ich habe trotzdem versucht, auf allen Hochzeiten zu tanzen, wobei mir, die Karrierelesben ausgenommen, alle Gruppen ganz sympathisch waren. Ich bin dann als Politlesbe in den Sub gegangen, und zu Hause hatte ich meine Duftlämpchen und eine Meditationsecke. Inzwischen hat sich das zum Glück aufgeweicht, und es gibt sogar ein Spiel zu dem Thema zu kaufen.
Danke, Miss Peel, Sie haben mir sehr geholfen. Ich habe oft das Gefühl, dass Lesbischsein mit irgendeinem Anspruch verbunden ist, ohne dass ich wusste, woher er kommt. Darf ich Sie nun zum Essen einladen?
Of course. Let's go!

Berühmte Lesben gestern und heute

Wie viele Lesben gibt es in Deutschland überhaupt? Die Statistiken schwanken von »zwei Prozent aller Frauen sind lesbisch« bis zu »30 Prozent aller Großstadtbewohnerinnen zwischen 18 und 26 Jahren hatten schon einmal eine gleichgeschlechtliche Beziehung«. Doch selbst wenn man die Schätzung des US-amerikanischen Hite-Report von acht Prozent zugrunde legt, müsste es in Deutschland bei rund 80 Millionen Einwohnern 3,2 Millionen Lesben geben.
Doch wo sind die? Es wird ja immer viel gemunkelt, diese soll mit der was gehabt haben, und jene steht sowieso nur auf Frauen. Fakt ist, dass sich viel zu wenig prominente Lesben outen. Über die, die es tun, freuen wir uns umso mehr. Vorhang auf!

Hella und Cornelia

Hella von Sinnen und Cornelia Scheel gelten als das Lesbenpaar Nummer eins in Deutschland. Der Comedy-Star und die Tochter des ehemaligen Bundespräsidenten Walter Scheel lernten sich 1989 kennen und sind seitdem zusammen. 1991 machten sie ihre Beziehung publik und das Medieninteresse war riesengroß. Das Resultat: Hella von Sinnen verschwand zunächst von der Mattscheibe und erhielt nur noch Gastauftritte in Talkshows. Cornelia Scheel musste den Vorsitz der Deutschen Krebshilfe, die ihre Mutter Mildred 1974 gegründet hatte, aufgeben. Man fürchtete um den Rückgang von Spendengeldern und um den guten Ruf. Der ehemalige Bundespräsident stellte sich übrigens voll hinter die Lebensweise seiner Tochter:

»Warum sollte es mich stören, dass Cornelia mit einer Frau zusammenlebt? Ich lebe doch auch mit einer Frau. Das ist ihr eigenes Vergnügen«, kommentierte er in der *Bunten*. Seitdem engagieren sich Hella und Cornelia u. a. für die rechtliche Gleichstellung homosexueller Beziehungen und haben versucht, diese vor dem Bundesverfassungsgericht einzuklagen – leider erfolglos. Beide leben also weiterhin in wilder Ehe.

Martina & Co.

Wenn man über Lesben spricht, wem fällt da nicht Martina Navratilova ein? Wie keine andere im Sportbusiness hat sie lesbische Liebe sichtbar gemacht.

1981 plauderte sie in einem Interview über ihre Liebe zu der Schriftstellerin Rita Mae Brown. Prompt verpetzte der Journalist das geheime Geständnis, und mit einem Mal war die weltbeste Tennisspielerin als die weltberühmteste Lesbe bekannt. Sie wurde für viele Frauen und Lesben zu einer Identifikationsfigur. Sie stand im Rampenlicht und versteckte sich nicht. Plötzlich sprach man nicht mehr nur von schwulen Schauspielern, Friseuren oder Balletttänzern, sondern auch von einer lesbischen Tennisspielerin. In Folge ihres mutigen Outings verlor sie fast alle ihre Sponsoren und auf dem Tennisplatz wurde sie öfter mal ausgebuht. Jedoch nicht für ihre Leistungen, sondern für ihre Lebensweise.

Wie lesbisch unterwandert der ganze Tenniszirkus ist, lässt sich immer noch herrlich in Rita Mae Browns *Die Tennisspielerin* nachlesen. Und wir können uns heute, eine Generation nach Martina, fragen: Was ist denn nun mit Gabriela Sabatini, die für ihre Düfte mit Jeeps durch Regenwälder brettert, auf tollen Pferden an tollen Stränden galoppiert und dabei immer so wunderbar schwitzt? Und wen küssen all die anderen so? Wir sehen mit Martina nur die Spitze eines Eisberges, aber immerhin, wir sehen sie.

Für Nachwuchs ist auch schon gesorgt: Amelie Mauresmo, französischer Tennisstar, brachte in den Tennishühnerstall wieder frischen Wind, als sie auf Turnieren ganz selbstverständlich mit ihrer Freundin, einer Nachtclubbesitzerin aus St. Tropez, auftauchte. Die Medien zeigten sofort großes Interesse an ihrem angeblich sehr männlichen Körper und ihrer Schlagkraft. Einige Stars wie Martina Hingis taten sich durch abfällige Bemerkungen hervor und empfahlen Amelie, ins Herrenteam zu wechseln. Wollen wir mal hoffen, dass uns Amelie noch ein bisschen erhalten bleibt.

Melissa Etheridge

Sie ist schon klasse. Eine echte Rock-'n'-Roll-Lesbe. Das Haar lang und blond, immer in Cowboystiefeln und Lederjacke, singt sie von Liebe. Von Trennung. Von Schmerz. Ach, wie gut kann man ihre Texte verstehen, sich gar denken: Für mich alleine hat sie das geschrieben! Es vergeht wohl kein Frauenfest, auf dem nicht zumindest ein Lied von Melissa gespielt wird: *Tell me does she love you like the way I do!* Und alle können mitsingen, ihren fiesen Exen in die Augen blicken und fragen: Und, *does she?* Für ihre Songs wurde Melissa mit dem Grammy belohnt. Als eine der wenigen Stars hatte sie den Mut, sich offen zu ihrem Lesbischsein zu bekennen. »Ich bin stolz darauf, sagen zu können, dass ich schon mein Leben lang lesbisch war«, verkündete sie. Melissa und ihre langjährige Freundin Julie Cypher haben seit Februar 1997 eine Tochter zusammen und leben als komplette Familie in Kalifornien.
Kontaktadresse bei Autogrammwünschen: Melissa Etheridge, Island Records, 14 East 4th Street, York, NY 10012.

k.d.lang

Auch die Kanadierin k.d.lang bringt mit ihrer Stimme die Herzen zum Schmelzen. Wer weiß, bei wie vielen ersten Küssen und sonstigen ersten Malen eine ihrer Platten im Hintergrund dudelte. Als sie sich outete, sorgte sie nicht nur in ihrem Heimatdorf Edmonton, das sie sich mit etwa 700 Einwohnern teilt, für Wirbel, sondern auch in der traditionell sehr konservativen Country-Musik-Szene. Außerdem ist sie nicht nur was für die Ohren, sondern auch für die Augen. Welcher Lesbe blieb nicht kurz das Herz stehen, als ein Bild von k.d. das Cover eines großen amerikanischen Wochenmagazins zierte. Zu sehen war Cindy Crawford, wie sie unserer k.d., ganz Butch, mit einem langen Rasiermesser Schaum aus dem Gesicht schabt. Als Filmstar kann die Kanadierin in Percy Adlons Film *Salmonberries* (1991) bewundert werden.
Der Durchbruch als Sängerin gelang k.d.lang 1992 mit dem Hit *Constant Craving* aus dem Album *Ingenue*. Auch für Nichtraucherinnen ist die 1997 veröffentlichte CD *Drag* ein großes Vergnügen, k.d. singt von den schönsten Momenten im blauen Dunst.

Ulrike Folkerts

Deutschlands Lesben hocken vor dem Fernseher, wenn beim *Tatort* Ulrike Folkerts alias Kommissarin Lena Odenthal verzwickte Mordfälle löst. In der Szene wusste man schon seit Jahren, was der *Bild*-Zeitung kürzlich eine Schlagzeile wert war: »Folkerts: ›Ja, ich liebe Frauen!‹.« Nachdem Ulrike, von ihren treuen Fans auch liebevoll Ufo genannt, sowohl bei den Gay Games 1994 als auch bei den Euro Games 1996 immer äußerst engagiert durch die Gegend sprang, war es wirklich keine Überraschung mehr. An die große Glocke gehängt hat sie es nicht, aber ein Geheimnis um ihr Lesbischsein hat Ulrike auch nie ge-

macht. So lebt sie mit Freundin Astrid und kleiner Tierschar am Rande von Berlin. Mit ihr ist sie auch hin und wieder beim Tanzen im SO36 oder in einem der nahegelegenen Cafés zu sehen.
Ihrer allgemeinen Beliebtheit tat die *Bild*-Schlagzeile jedenfalls keinen Abbruch, und wir Krimifans reiben uns jetzt schon die Hände in Vorfreude auf einen weiteren Tatort mit der trockenen, spröden Frau Odenthal. Mal echt ein Star zum Anfassen.
Die Adresse des offiziellen Fanclubs lautet: Ulrike-Folkerts-Fanclub, Postfach 10 09 23, 93009 Regensburg. (Autogramm gegen ausreichend frankierten Rückumschlag.)
http://www.eschwege.de/freiburg/tat-fanm.htm

Gertrude Stein und Alice B. Toklas

Die Schriftstellerin Gertrude Stein und Alice B. Toklas lernten sich 1907 in Paris kennen. Sie waren Kunstsammlerinnen und organisierten in Paris regelmäßig offene Salons für Künstler, Schriftsteller und Musiker. Betrachtet man sich Fotos von ihnen, läßt sich erkennen, dass sie ein richtig gutes Paar waren: Gertrude wirkt, als sei sie gerade aus Holz geschnitzt worden – groß und mächtig, mit charaktervollem Gesicht. Ihre Alice erscheint neben ihr geradezu zart. In zeitgenössischen Schriften erwähnten FreundInnen gerne ihren ausgeprägten Damenbart. Dieses eigenwillige und eigenständige Paar blieb bis zu Gertrudes Tod zusammen, 39 Jahre lang. Und sie waren das, was man gemeinhin Lebensgefährten nennt. Alice übernahm die oftmals schwierige Aufgabe, Gertrudes wirre Notizen ins Reine zu schreiben. Und als niemand Gertrudes Bücher kaufen wollte, brachte sie sie im Eigenverlag heraus. Beide wurden für viele intellektuelle Lesben Vorbilder und faszinieren auch heute noch Frauen durch ihr eigenwilliges, selbständiges und kreatives Leben.

Gerade in den letzten Jahren ist die Schriftstellerin Annemarie Schwarzenbach (1908–1942) etwas mehr in das Licht der Öffentlichkeit gerückt worden. Allerdings wurde nicht unbedingt ihr schriftstellerisches Werk neu entdeckt, das Interesse gilt eher ihrem kurzen und tragischen Leben. Mit den Geschwistern Klaus und Erika Mann verband sie bis zu ihrem Tod eine intensive Freundschaft. Erika blieb zeitlebens ihre große, aber unerreichte Liebe. Annemarie, die aus einem sehr wohlhabenden Schweizer Elternhaus stammte, bekannte sich schon sehr früh in ihren Werken zur Homosexualität, zunächst verschlüsselt in *Lyrische Novelle* (1933). Sie schrieb ihr Leben lang, doch der Durchbruch als Schriftstellerin wollte ihr nicht gelingen. Für eine Frau in dieser Zeit unternahm sie ungewöhnlich häufig aufregende Reisen und verarbeitete ihre bunten und vielfältigen Eindrücke in zahlreichen Artikeln und Reiseberichten.
Ihre beste Freundin Erika Mann (1905–1969) stand zeitlebens im Schatten ihres Vaters Thomas Mann. Gemeinsam mit ihrem ebenfalls homosexuellen Bruder Klaus begab sie sich in ihrer Jugend auf zahlreiche Reisen, gründete 1932 das Cabaret *Die Pfeffermühle* und engagierte sich früh gegen den aufkommenden Nationalsozialismus. 1933 mussten sie und Klaus emigrieren und engagierten sich fortan im Exil. Sie hatte lesbische Beziehungen, lebte diese Seite allerdings nicht offen aus.
Therese Giehse (1898–1975) war jahrelang Erikas Liebhaberin. Die Schauspielerin war überzeugte Sozialistin und wanderte 1933 mit Erika zunächst in die Schweiz aus, von wo aus sie ihre Exilkunst in Form des Cabarets *Die Pfeffermühle* weiterhin betrieben. Später wurde Therese vor allem als Brecht-Schauspielerin bekannt. Ihre letzte künstlerische Arbeit war der Film *Black Moon* von Louis Malle (1976). Aufgrund ihres Engagements gegen den Kapitalismus und für eine menschlichere Welt spielte sie diese sozialkritischen Rollen besonders glaubhaft.

Ellen und Anne

Die Geschichte mit Ellen DeGeneres und Anne Hetches ist ja eigentlich schon wie im Film. Zwei Schauspielerinnen lernen sich auf einer Filmparty kennen. Die eine ist Lesbe, die andere nicht, beschließt allerdings sofort, eine zu werden. Und das passierte dann auch noch in derselben Nacht. Seitdem sind die beiden Amerikas beliebtestes oder zumindest bekanntestes Lesbenpaar. Doch im Land der unbegrenzten Möglichkeiten werden der lesbischen Liebe immer noch Grenzen gesetzt. Als sich Ellen am 30. April 1997 in der gleichnamigen Serie outet, ist der Ärger vorprogrammiert. Religionsfanatiker und selbsternannte Sittenhüter fürchteten um Wohl, Wehe und Seelenheil der Nation. Einen lesbischen Star wollte niemand haben. Der US-Sender ABC setzte die Serie ab, da diverse Werbekunden absprangen. Erhalten blieben uns Lesben und Videoaufnahmen von den köstlichen Folgen, in denen Ellen sich am Flughafen über das Mikrofon outet oder mit ihren Eltern und Freunden über diesen plötzlichen Sinneswandel debattiert.
Und wie ging's weiter? Die Serie *Ellen* war vorbei, die Karriere an einem Tiefpunkt. Es erschienen aufmunternde Bücher von Ellens Mutter und Ellen selbst. Dann gab es auch wieder Filmangebote. Anne wiederum hatte einige Rollen. Und alle Journalisten wollten von ihr wissen, wie es denn nun gewesen sei, für sie – Lesbe –, diesen oder jenen Schauspieler – Mann – zu küssen, Fragen, die wahrhaftig die Welt bewegen!

Der virtuelle Lesbenhimmel – Idole für Lesben

Nicht alles, was glänzt, ist Gold und nicht jede tolle Frau lässt sich dazu hinreißen, lesbisch zu sein. »Du lebst doch wohl nicht in der Illusion, dass Agent Scully auf Frauen steht?«, fragte mich entsetzt eine Freundin. Tu ich nicht, aber den Mulder küsst sie auch nicht. Hier also ein paar Identifikationsfiguren, über die jede gerne spricht und sich insgeheim ihre Gedanken macht.

Agent Scully

Warum findet man Montag abends ab 20.15 Uhr keine Lesbe mehr auf deutschen Straßen? Weil dann *Akte-X* im Fernsehen läuft. Gebannt sitzt also der frauenliebende Teil der Nation vor dem Fernseher und erbebt, wenn Dana Scully mit arrogant geschürzten Lippen ihrem Kollegen Fox Mulder sachlich-knappe Anweisungen erteilt. Niemals zuckt sie auch nur mit einer Wimper. Unsereins bekommt ja schon Angstzustände bei einer Spinne im Schlafzimmer, sie aber schreitet munter mit ihren glockenartigen Mänteln und panzerhaften Sakkos in den noch so düsteren Leichensezierraum. Stark und scharfsinnig, tugendhaft und vorbildlich. Was für eine Frau! Da gilt es weiter Daumen drücken, dass der Kuss zwischen ihr und Mulder noch lange auf sich warten lässt.

Xena

Sie ist eine Art kleine Cousine von Conan, dem Barbar. Doch wo der eine muskelbepackt gerade mal das Schwert hochhalten kann, turnt unsere Heldin behende und elegant durch die verzauberten Märchenwälder. Sie schlägt Rad, macht Flic-Flac und haut einem Feind oder einer bösen Feindin auch mal eine in die Fresse. Dabei ist ihr rabenschwarzes Haar stets schön glänzend und die Rüstung, ein metallener Bikini, bedeckt kaum das Allernotwendigste. Gerne würde so manche Lesbe mit dieser superstarken und gerissenen Traumfrau ein bisschen durch die Landschaft galoppieren, um das eine oder andere Abenteuer zu bestehen. Deshalb bereitet sich die stetig wachsende Fangemeinde auf Xena-Partys darauf vor, vielleicht doch mal von ihr ins Land der Drachen und klirrenden Schwerter entführt zu werden.

Jodie Foster

Ach, Jodie. Sie ist ja nun wirklich eine, von der man gerne träumt. So sportlich und clever war sie im *Schweigen der Lämmer*, und dabei so spröde und unnahbar. In *Contact* tippte sie leidenschaftlich auf ihrem Laptop herum, ganz Wissenschaftlerin. Die total überflüssige Liebesszene mit einem Mann gestaltete sich denkbar unspektakulär: ein Kuss, Kameraschwenk an die Wand, nächster Morgen, ein zerwühltes Laken. Also ehrlich. Selbst der eigene Bruder schreibt in seiner Biographie, das Jodie Lesbe sei, zu diesem Thema aber schweigt sie auffällig laut. Die Lesbenwelt stand Kopf, als sie bekannt gab, schwanger zu sein. Von wem, fragen wir da? Nun, das Kind wird von ihr mit »einer Freundin« großgezogen. Jodie, wir warten! Raus aus dem Schrank.

Miss Peel

Emma Peel ist die Heldin der 60er-Jahre-Serie *Mit Schirm, Charme und Melone.* Sie ist unsagbar gut gekleidet, flink mit Waffe, Kopf und Beinen, und hat so manchen Gegner schachmatt gesetzt. Die britische Kultserie lässt nicht nur Modefanatikern das Herz höher schlagen. Auch uns Liebhaberinnen von eleganten Detektivinnen wird eine Menge geboten. Nie zeigt Emma auch nur das leiseste Interesse für das andere Geschlecht, stets löst sie mit ihrem tuntigen Kollegen klug und kühl auch die absurdesten Fälle – Miss Peel, wie gerne würde die eine oder andere Lesbe die Zeit zurückdrehen und mit Ihnen in schicken englischen Sportwägen Verbrecher jagen. Wie gut Diana Rigg als Emma Peel war, zeigt sich im Vergleich mit dem kürzlich produzierten Revival mit Uma Thurman.

Dorothy von den Golden Girls

Also mal ehrlich: Wer soll denn bitte schön glauben, dass Dorothy Hetera ist? Selbst mit flachen Pumps ist sie um die einsneunzig groß, immer schrecklich angezogen, und ihre Stimme tönt in einem glockenklaren Bariton wie die von Iwan Rebrov. Ja, und wenn diese Dorothy dann von merkwürdigen Kerlen schwärmt, nimmt ihr das niemand ab. Das kann sie einer anderen Blöden erzählen. Wie Lilo Wanders steht sie dann da mit ihren Schlabberpullis und den grauen, gebürsteten Haaren (die ja auch nicht gerade lang sind) und man hat immer das Gefühl Lass-es-Dorothy-tu-dir-und-uns-einen-Gefallen-und-sinke-endlich-mal-an-die-Brust-einer-Frau-und-zieh-um-Himmels-willen-mal-was-an-was-nicht-aussieht-wie-ein-zerschnittenes-Zirkuszelt. Eben diese wunderbare Dorothy lässt weltweit Tunten- und Lesbenherzen höher schlagen. Keine verdreht die Augen so schön, keine hat weniger Dates, und wenn ihre steinalte, verrunzelte sizilianische Mutter »mein Kätzchen« zu ihr sagt, dann möchte man sich doch bei den Girls mit aufs Sofa setzen und sagen: Adoptiert mich!

Lesben in Soap Operas

Mit all den unsäglichen und unzähligen Daily Soaps kommen seit einiger Zeit fast täglich Lesben in deutsche Wohnzimmer. Egal ob bei *Marienhof*, *Gute Zeiten/Schlechte Zeiten*, *Verbotene Liebe*, *Hinter Gittern* oder auch der guten alten Tante *Lindenstraße*, die Macher der Serien haben Lesben als Gesellschaftsteil entdeckt. Welches Bild von Lesben dabei vermittelt wird, ist allerdings nicht in allen Fällen erfreulich. Manchmal haben sie sich lieb, manchmal planen sie Mord und Totschlag. Aber immerhin können Serienfans jetzt nicht nur über die Liebeskapriolen der Heteropaare diskutieren, sondern auch über Billi und Andrea (*Marienhof*), Saskia und Harumi (*Gute Zeiten/Schlechte Zeiten*), Nina und Erika (*Verbotene Liebe*), Tanja und Sonja (*Lindenstraße*) oder über Walter und Vivi (*Hinter Gittern*).

Annie Lennox

Annie Lennox ist das lebende Beispiel dafür, dass nicht jede Frau mit kurzen Haaren eine Lesbe ist. In den haarspray-schwangeren und wildbemähnten 80er Jahren war es Annie Lennox, die an der Seite von Dave Stewart konsequent kurze Haare trug. Das machte sonst gerade noch Grace Jones. Und schon hieß es bei jeder x-beliebigen Frau mit kurzen Haaren: Wie Annie Lennox sieht die aus. Die jubelnden lesbischen Kurzhaarverfechterinnen dankten es ihr und schlossen sie dafür für immer in ihr Herz. Auch jetzt vergeht kaum ein Frauenfest, auf dem nicht wenigstens ein Eurythmics-Song läuft. Nun gut, ein bisschen enttäuscht war sicher die eine oder andere

Unverbesserliche, die auf ein spätes Coming Out von Annie gehofft hat. Aber dazu wird es wohl nicht mehr kommen.
Für die jüngere Generation hat die kurzhaarige Blondine Marie von *Roxette* (sicherlich genauso »unlesbisch«, den Annie-L.-Part übernommen.

Madonna & Alice Schwarzer

Normalerweise wird man diese beiden Frauen nicht in einem Atemzug nennen, denn sie haben wirklich nicht viel gemeinsam. Aber die eine tut genau das, was die andere hätte tun sollen. So durfte die Welt irgendwann erfahren, dass Madonna auch mal was mit Frauen hatte. Das war dann unglaublich aufsehenerregend und sorgte für Diskussionen. Videos wurden bei MTV verboten oder zensiert. Die Welt stand Kopf: Sexbombe Madonna – eine Lesbe? Naja, das wohl nicht gerade, aber durch ihre unbekümmerte Art, mit Sexualität in der Öffentlichkeit umzugehen, nahm sie der lesbischen Liebe viel von dem Schrecken, der ihr gemeinhin hin und wieder mal anhaftet. Lesben schienen plötzlich etwas wie eine sexuell-avantgardistische Minderheit zu sein. Auch erzählte auf einmal das eine oder andere Fotomodell mal was von Affären mit Frauen und zuckte bei erschrockenen Nachfragen seitens der Journalisten gerade mal mit den Schultern. Ist doch okay, Baby, es geht um den Spaß!
Und Alice? Ober-Emma der Nation? 1998 wurde sie in einer Biographie mehr oder weniger geoutet. Das war ja nun nicht gerade eine Nachricht, bei der einem der Mund offen stehen blieb. Nun, das Outen anderer ist nix, worauf man stolz sein sollte. Aber mal ganz ehrlich: Irgendwie wünschen wir uns mehr echte Lesben, die in der Öffentlichkeit stehen und aus ihrer Homosexualität kein solches Gezeter machen. Und gerade als Herausgeberin der EMMA hätte sie ja nun wirklich an der Quelle gesessen. So kann man tatsächlich sagen, dass Madonna für das

Image von uns Lesben doch einiges mehr getan hat als Alice Schwarzer. Hart, oder?

Hillary Clinton

Als ihr Bill noch Gouverneur von Arkansas war und hinter ihrem Rücken mit diversen Damen herumvögelte, gingen über Hillary schon die wildesten Gerüchte um. Von seiner Geliebten Gennifer Flowers gefragt, ob Hillary wirklich Affären mit Frauen habe, soll Bill geantwortet haben: »Süße, sie hat wahrscheinlich schon mehr Muschis geleckt als ich!« Natürlich ist von offizieller Seite darüber noch nie etwas zu erfahren gewesen. Aber ist das nicht eine brillante Vorstellung: Eine der mächtigsten Frauen, eine so richtig an den Schalthebeln der Macht, ist eine von uns? Hurra!

ZWISCHEN DEN GESCHLECHTERWELTEN

2QT2BSTR8

to cute to be straight

– zu süß, um hetera zu sein

Homophobie – wie Vorurteile entstehen

Lesbotopia ist noch nicht gegründet, ... wir leben nicht alleine auf dieser Welt. Es tut gut, sich ein dickes Fell gegen Ignoranz und Vorurteile zuzulegen und trotzdem für positive Erfahrungen offen zu bleiben.

Der Homosexuelle an sich ist ...

Warum halten sich Vorurteile gegen Lesben eigentlich so hartnäckig? Ein beliebtes Gedankenspiel ist es, sich vorzustellen, dass man morgens aufwacht, und alle Homosexuellen wären auf einmal grün. Jeder könnte sehen, wie viele Lesben und Schwule sich auf dieser Erde tummeln. Sämtliche Vorurteile würden in sich zusammenbrechen, denn die Leute würden merken, wie viele ihrer Freunde, Bekannten und Kollegen dazugehörten. Es wären so viele unterschiedliche Menschen, dass man sie nicht über einen Kamm scheren könnte.
Da Schwule und Lesben aber nicht erkennbar sind, ist es einfach, sie als Minderheit zu diskriminieren. Und schon beginnt der Teufelskreis. Aus Angst vor Diskriminierung verstecken sich Schwule und Lesben und machen den Mund nicht auf, wenn jemand homophobe Äußerungen von sich gibt. Und gerade weil so wenige Lesben Einspruch erheben, wenn mal wieder jemand behauptet, alle Lesben hassen Männer oder würden sich männlich kleiden, halten sich die Vorurteile hartnäckig. Ist doch logisch, oder?

Die hartnäckigsten Vorurteile gegen Lesben – und warum sie Quatsch mit Soße sind

- *Lesben sind frustriert.*
  Glück hängt davon ab, ob jemand geliebt wird und lieben kann.
- *Lesben hassen Männer.*
  Sie machen sie nur nicht zum Mittelpunkt ihres Lebens.
- *Lesben haben nur Kuschelsex.*
  Wenn es so wäre, wen würde es etwas angehen?
- *Lesben sind häßlich.*
  Genau, denn sie haben Bierbäuche und ziehen grölend durch die Straßen.
- *Lesben haben keinen abgekriegt bzw. noch nicht den Richtigen getroffen.*
  Einige Lesben haben schon die Richtige getroffen, andere sind noch auf der Suche oder überzeugte Singles.
- *Jede Lesbe will was von jeder Hetera.*
  Einige Heteras haben eine blühende Phantasie. Das lässt tief blicken.
- *Lesben sind humorlos.*
  Die humorloseste aller Lesben ist bestimmt Comedy-Star Hella von Sinnen, dicht gefolgt von der Kabarettistin Cora Frost.
- *Lesben haben schlechte Erfahrungen mit Männern gemacht.*
  Schlechte Erfahrungen haben noch keine Frau davon abgehalten, doch noch auf den Prinzen zu warten.
- *In Lesbenbeziehungen übernimmt eine die Frauenrolle und die andere die Männerrolle.*
  Wenn man es sich nicht anders vorstellen kann!
- *Lesben sind halbe Männer.*
  Männer haben nicht das Privileg gepachtet, sich die Haare adrett zu frisieren und bequeme Freizeitmode zu tragen.
- *Unter Frauen ist alles viel harmonischer.*
  Schön wär's!

Männer, nein danke!

Warum ich Separatistin war

Claudia (24): Lange Zeit war ich sehr separatistisch drauf. Auch heute noch habe ich sehr wenig mit Männern zu tun. Für mich war der Abschied von Männern eine Zeit der Heilung von heterosexueller Zurichtung und der Angewohnheit, immer auf Männer zu reagieren. Erst wenn du dich mal von Männern frei gemacht hast, merkst du, wie wichtig es war, wie sie dich finden. Diesen Wunsch nach Männerbestätigung haben viele verinnerlicht. Um davon mal wegzukommen, hatte ich einfach weniger Kontakt mit Typen. Das war auch meine Auseinandersetzung mit Zwangsheterosexualität.

Echte Lesben! – Bitte nicht füttern

Tipps für die interessierte Hetera im Umgang mit Lesben

Wenn du eine Lesbe triffst:
Denke nicht gleich, sie will dich.
Denke nicht, sie will dich nicht.
Glaube nicht, sie will von ihrem Coming Out erzählen.
Glaube nicht, sie will nicht von ihrem Coming Out erzählen.
Gehe nicht davon aus, dass sie sich etwas darauf einbildet, wenn du sie berührst.
Gehe nicht davon aus, dass sie sich nichts darauf einbildet, wenn du sie berührst.
Wenn sie sich outet, sage nicht: »Das ist nicht schlimm«, aber sage auch nicht gar nichts.

Wie du siehst, gibt es nichts richtig und nichts falsch zu machen.

Test the Hetero

Bevor du dich bei deinem Gegenüber outest, ist es sinnvoll, seine oder ihre Einstellung gegenüber Lesben zu testen. Hier ein paar Vorschläge, wie du vorgehen kannst.

- Ganz unverfänglich: Lasse eine Bemerkung über eine bekannte lesbische Person fallen. Beispiel: Hella von Sinnen hat ja zusammen mit Rosenstolz einen Hochzeitssong aufgenommen. Was hältst du denn davon, wenn Schwule und Lesben heiraten könnten?
- Etwas konkreter: Ich war am Wochenende mit einer lesbischen Bekannten unterwegs. Sie wollte mich unbedingt mit in diese schwulesbische Disko nehmen. Warst du schon mal in dem Laden?
- Der direkte Weg: Meine beste Freundin hat sich in eine Frau verliebt. Die sind so nett zueinander, dass man glatt neidisch werden könnte. Hast du schwule oder lesbische Freunde?

Des Weiteren solltest du abchecken, ob die Person einigermaßen diskret ist. Oder willst du, dass sie dich in der ganzen Schule/Firma outet? Das hat ja auch seine Vorteile.

Lessies, Bi-Frauen und Heteras – ungleiche Schwestern?

»Ich verliebe mich nicht in Männer oder Frauen, sondern in einen bestimmten Menschen.« So beschreiben Bisexuelle ihre sexuelle Orientierung. Man sollte meinen, sie seien damit privilegiert, weil sie sich in Personen beiderlei Geschlechts verlieben können. Doppelte Auswahl – doppelte Chancen. Bisexuelle haben jedoch oft Probleme, ernst genommen zu werden. Von Lesben wird ihnen unterstellt, dass sie eigentlich doch nur auf Frauen stehen, es entweder noch nicht gemerkt haben oder nicht dazu stehen wollen. Wenn sich eine bisexuelle Frau dann anschließend in einen Mann verliebt, besteht die Gefahr, dass die Geschichte mit der Frau nur als Spielerei abgetan wird. Nach dem Motto: »Jetzt ist ja alles wieder in Ordnung.« In diesem Punkt haben sogar Lesben und Heteras etwas gemeinsam. Sie schließen die Hälfte der Menschheit erstmal kategorisch aus ihren sexuellen Phantasien aus. Bei Bisexuellen ist das nicht so. Vielleicht wird ihnen deshalb so wenig Verständnis entgegen gebracht.

Gender Bender & Co. – der schmale Grat zwischen Mann und Frau

Madonna hat mal von sich gesagt, sie fühle sich wie ein schwuler Mann, gefangen im Körper einer Frau. Obwohl jeder Madonna als Hetera bezeichnen würde, weil sie sich in Männer verliebt, spielt sie sowohl mit der Geschlechterrolle als auch mit dem biologischen Geschlecht. Die englische Sprache unterscheidet zwischen dem biologischen Geschlecht »sex« und dem sozialen Geschlecht »gender«. Die meisten Menschen kommen mit eindeutigen biologischen Geschlechtsmerkmalen als Mädchen oder Junge zur Welt. Einige jedoch werden mit widersprüchlichen Geschlechtsmerkmalen geboren. Früher nannte man sie Hermaphroditen, heute bezeichnen sie sich selber als Intersexuelle. In der medizinischen Praxis ist es üblich Intersexuelle bei der Geburt auf ein Geschlecht festzulegen, indem die Geschlechtsmerkmale der Säuglinge korrigiert werden. Heute wehren sich diese Menschen gegen diese Praktik der Verstümmelung.

Mit dem Zeitpunkt der Geburt beginnt die Sozialisation eines Kindes. Trotz Frauenemanzipation und Feminismus gibt es immer noch bestimmte Regeln, welches Verhalten für Mädchen und welches für Jungen typisch ist. Einige Lesben widersetzen sich diesen Rollenvorstellungen, indem sie zum Beispiel Anzüge und Koteletten tragen und sich richtig kerlig verhalten. Dieses Verhalten löst Aggressionen aus (die sieht ja aus wie ein halber Typ), weil sich einige Menschen in ihrem Weltbild verunsichert fühlen. Butches, Gender Bender und Transgendered People spielen mit den Geschlechterrollen. Aber es ist mehr als ein Spiel, mit dem man aufhören könnte. Es ist Teil der Identität. Eine Butch fühlt sich in der klassischen Frauenrolle nicht wohl, sie kann sich nicht anders verhalten. Warum sollte sie auch? Einige biologische Frauen haben schon früh das Gefühl, dass sie im falschen Körper geboren wurden und eigentlich Männer sind. Sie bezeichnen sich als transsexuell. Die Erfahrung, im falschen Körper zu leben, ist sehr unangenehm, weil niemand dich so sieht, wie du wirklich bist.

Von Frau zu Mann

Ben (27): Ich bin transsexuell und hatte schon früh mein Coming Out als Lesbe. Später habe ich dann festgestellt, dass ich mich anders fühle als die anderen Frauen. Irgendwann ist dann der Knoten geplatzt, und ich wusste, dass ich keine Frau mit einer Butch-Identität bin, sondern ein Mann. Nur leider im falschen Körper. Das kann ganz schön unangenehm sein. Fremde halten mich für einen 15-jährigen Jungen und behandeln mich auch so. Ich werde grundsätzlich geduzt und auf dem Frauenklo angesprochen, ob ich mich wohl in der Tür geirrt hätte. Aber auch von meinen Freundinnen fühle ich mich nicht verstanden. Das fängt an bei der Einladung zum Mädelsabend und hört auf, wenn mir eine Frau an die Brüste fasst und denkt, ich fände das jetzt toll.

Einige Transsexuelle entscheiden sich für eine Geschlechtsumwandlung. Frauen, die im falschen Körper leben, können Hormone nehmen und bekommen so eine tiefere Stimme. Einige lassen sich die Brüste abnehmen und schließlich ist es chirurgisch möglich, aus einem Stück Unterarm einen Penis zu formen. Die Krankenkasse zahlt die Geschlechtsumwandlung, wenn die Betroffene bewiesen hat, dass es ihr ernst ist. Dazu gehört, dass sie bereits ein Jahr als Mann gelebt hat (u.a. mit Männervornamen) und sich diversen psychologischen Untersuchungen unterzieht. Da die Einnahme von Hormonen und die

Operation mit gesundheitlichen Risiken verbunden ist, sehen einige Transsexuelle davon ab. Ein weiteres Argument ist, dass nicht die Transsexuellen sich verändern müssen (sprich umoperieren), um sich der Gesellschaft anzupassen, sondern dass die Gesellschaft lernen muss, dass es Menschen gibt, deren biologisches Geschlecht und Geschlechtsempfinden nicht übereinstimmen.
Da die Begriffe oft durcheinander geworfen werden, hier noch einmal die Erklärung: Ein Transsexueller (TS) wurde im Körper einer Frau geboren, fühlt sich aber als Mann (in Englisch: female to male, F2M). Eine Transsexuelle ist mit männlichen Geschlechtsmerkmalen zur Welt gekommen, will aber als Frau leben (male to female, M2F2). PraeOp heißt, dass der Transsexuelle auf seine Operation wartet, danach wird er als PostOp bezeichnet. Transsexuelle können sowohl hetero als auch lesbisch, schwul oder bisexuell sein.
Wie Lesben und Schwule haben sich auch Transsexuelle zusammengetan, um für ihre Rechte zu kämpfen und sich gegenseitig zu bestärken. Einmal im Jahr findet ein bundesweiter Kongreß statt. Ansprechpartner und eine Broschüre zum Thema Transsexualität erhältst du beim Sonntags-Club in Berlin (s. Adressteil).

Lesben und Schwule – gemeinsam in einem Boot?

Schwule und Lesben vertragen sich nicht besonders gut. Einzelne pflegen zwar dicke Freundschaften, aber die Szenen sind doch weitgehend getrennt. Außenstehende mag das überraschen. Obwohl ja beide für das Gleiche kämpfen, ihre Vorlieben dieselben (gleichgeschlechtlicher Kontakt) sind, ziehen sie selten an einem Strang.

Die Gründe hierfür sind vielfältig und individuell. Manche Lesben haben einfach keinen Bock auf Männer, selbst wenn es die schwulsten sind. Andere fühlen sich von Schwulen nicht ernst genommen, wenn es darum geht, gemeinsame Sache zu machen, weil die Jungs zwar die Homoposition vertreten, aber keinen Gedanken an die Rolle von Frauen in der Gesellschaft verschwenden. Davon abgesehen sind Schwule, auch wenn sie manchmal besser in Pumps gehen können als Frauen, einfach auch Männer. D. h., sie behandeln Lesben eben nicht viel anders, als es die Heteromänner tun würden. Es gibt aber auch Lesben, die mit Schwulen prima zurecht kommen und oft mehr männliche (schwule) als lesbische Bekannte haben. Schade ist, dass bei diesen kleinlichen Grabenkriegen Energien verschwendet werden, die man für gemeinsame Ziele nutzen sollte. Denn eigentlich sitzen wir doch alle im selben Boot.

Ein Besuch im Schwulenbuchladen Max&Milian, München

Der Münchner Schwulenbuchladen Max&Milian feierte 1999 sein zehnjähriges Bestehen. Mitten im Szeneviertel Glockenbach gelegen, zieht er neben Schwulen auch viele Lesben an.

Wohl nicht nur, weil das Sortiment an Frauen- und Lesbenliteratur recht vielfältig ist. Die ersten Lesbentitel waren Bücher über S/M, Bücher, die der feministisch-korrekte Frauenbuchladen nicht im Sortiment haben wollte. Die schwulen Buchhändler von Max&Milian hatten mit diesen Themen kein Problem, deshalb rannte die geneigte Leserin eben dorthin. Da sie allerdings nicht nur die fachkundige, sondern auch ausgesprochen freundliche Beratung zu schätzen wusste, blieb sie treue Kundin. Außerdem wurde das Angebot an lesbischen Titeln mit der Zeit auch immer größer. Der Laden führt viele Videos und CDs, und natürlich kann man alles bestellen lassen. Obwohl es ein Schwulenbuchladen ist, fühlt sich frau wohl und auch willkommen. Die Buchhändler sind sowohl für einen lockeren Schwatz als auch für ein Fachgespräch immer zu haben und geben einem nicht das Gefühl, nur geduldeter Eindringling zu sein. Es habe nie irgendwelche Animositäten von beiden Seiten der Kundschaft gegeben, bekräftigen sie: »Das würden wir nicht dulden. Zur Not muss man Erziehungsarbeit leisten.« Früher hat das Regal mit den Lesbentiteln mitten im Raum vor der Kasse gestanden. »Die Typen gucken uns immer auf den Arsch«, haben sich mal einige Frauen beschwert. »Aber ich bitte dich«, fragt der Buchhändler, »welchen Schwulen interessiert denn schon ein Lesbenarsch?« Das Regal wurde trotzdem umgeräumt.

Warum es die Schwulen so viel besser haben

Pia (28): Ich habe viele schwule Bekannte. Natürlich kenne ich viele Frauen, aber eigentlich unternehme ich mehr mit Schwulen, denn die schwule Männerwelt ist einfach anders als die lesbische Frauenwelt. Ich hab schon mal verkündet, dass ich in meinem nächsten Leben schwul werde, denn als Lesbe bist du einfach die doppelt Blöde. Erst mal bist du eine Frau und dann auch noch lesbisch.
Ich behaupte ja auch, dass es Schwule im Leben einfacher ha-

ben als Lesben. Wenn du als Frau aus deiner klassischen Mausirolle ausbrichst, verunsichert das die Leute total. Du kleidest dich eben anders und kommst anders rüber als die gewöhnlichen Frauen. Ich habe zum Beispiel ziemlich kurze Haare. Wenn ich mal in einem ganz normalen Café oder Restaurant aufs Klo muss, bekomme ich schon vorher Bauchgrimmen, weil die Frauen immer saublöd schauen. Die sind da echt penetrant: Hei, nur für Frauen! Dabei bin ich jetzt nicht mal so ein supermaskuliner Typ ohne Busen.
Schwule und Medien ist auch so ein Thema. Lesben werden in den Artikeln, die hin und wieder erscheinen, immer nur an zweiter Stelle genannt, wenn überhaupt. Es gibt eben wenig Lesben, die im Rampenlicht stehen. Wenn man die zwei, drei Stars, die es offen zugeben, nicht mag, dann ist es schwierig, sich mit irgendwas Positivem zu identifizieren. Oft sind dann die Lesben, über die berichtet wird, ganz besonders grässliche Fälle, mit blöden Jobs und langweiligen Ansichten. Dann denke ich mir nur: Und das ist jetzt das Bild, dass die Nation von uns bekommt, während die Schwulen immer Designer oder Popstar oder Künstler mit viel Geld und Appartement in Manhattan und an der Riviera sind. Genug schwule Männer in guten Positionen gibt es auch, die fördern sich dann gegenseitig. Als Lesbe bist du dann echt wieder der Depp. Hinzu kommt noch, dass Frauen Angst vor dir haben, und die Heteromänner dich komisch finden. Sie sehen in dir eine Konkurrenz und sind außerdem verunsichert, weil sie ja bei dir nicht landen können. Oder sie denken, ha, das wäre doch gelacht, der zeig ich mal, was ein flotter Schwanz so alles kann.
Unfair finde ich auch, dass es für Schwule wesentlich mehr Vergnügungsmöglichkeiten gibt. Die können, egal wann und wo, ausgehen und immer Spaß haben. Und die wenigen Lesbenbars sind meist nicht so nach meinem Geschmack. Da bleib ich lieber daheim oder geh in eine Schwulendisko. Da trifft man zwar selten nette Frauen, aber dafür bekommst du nichts Blödes zu hören, wenn du aufs Klo rennst.

Die Szene hier ist so zickig getrennt, das halte ich für ausgesprochen deutsch und lustfeindlich. Wenn ich im Ausland mal weggehe, sind die Clubs meist bunt gemischt, da kommt man sich wie in einer großen, queeren Familie vor. Aber die Lesbenbars gehen lieber bankrott, bevor sie mal einen Schwulen reinlassen. Früher bin ich dienstags ab und zu in eine Hardcore-Lederbar gegangen, in der normalerweise immer Pornos laufen, aber dienstags ab 22 Uhr liefen da die Golden Girls. *Da war ich dann definitiv die einzigste Frau unter kreischenden Ledertunten. Aber ich bekam mein Bier und hatte Spaß.*
Natürlich haben es die Schwulen nicht immer und überall leichter, so stimmt das ja nicht. Aber trotzdem, als Lesbe ist es eben doch noch mal ganz anders.

Fight for your right – Lesben und Politik

»Ach, die jungen Frauen haben es gut. Die können frei entscheiden, wie sie leben wollen. In meiner Generation war das alles noch ganz anders«, erinnert sich eine gerade mal 50-jährige Lesbe. Es ist tatsächlich viel passiert. Vor 30 Jahren gab es weder Frauenbuchläden, Christopher-Street-Day-Paraden noch Bücher über Coming Out. Wer trotzdem schwul oder lesbisch lebte, tat gut daran, sich nichts anmerken zu lassen. Erst in den 70ern erwachte das politische Bewusstsein der Lesben. Viele Feministinnen der ersten Stunde waren Lesben. Sie thematisierten die Unterdrückung der Frauen durch das Patriarchat, sprachen von Emanzipation und analysierten, dass Lesben doppelt diskriminiert werden: als Frauen und als Homosexuelle. Frauen und Lesben forderten Freiräume, wo sie sich frei von patriarchalen Unterdrückungsstrukturen entwickeln und ihre eigene Weiblichkeit entdecken konnten. Heutige Lesben profitieren von dem Mut und dem Kämpfergeist der älteren Generation. Wie selbstverständlich nutzen wir Mädchenprojekte, Lesbenberatungen und Frauenzentren. Diese Frauenräume sind durch viel Eigeninitiative und ehrenamtliches Engagement entstanden.

Heute erscheint vielen das alte Motto »lesbisch sein heißt politisch sein« seltsam antiquiert. Coming Out ist für viele kein großes Problem mehr. Es gibt genügend Stellen, wo frau sich Hilfe holen und Gleichgesinnte treffen kann. Diskriminierung findet nicht mehr offen statt und bietet deshalb kaum Angriffsflächen, wo sie sich bekämpfen ließe. Ja, und die Männer sind doch heute alle selbst ein bisschen feministisch bzw. die Mädchen emanzipiert. Die Probleme sind demnach nicht mehr so drängend. Den Schwulen und Lesben geht es auf den ersten Blick recht gut.

Politlesben sind ausgestorben

Katrin (32): Linke, radikale Inhalte sind in den 90er Jahren in der Lesbenbewegung ganz schön den Bach runter gegangen. Es gibt nur noch ganz wenige, die da was aufrecht erhalten, geschweige denn zu Demos gehen. Es ist alles sehr ritualisiert, und es findet kaum Kreatives statt. Ich glaube, junge nachgewachsene Politlesben gibt es sehr, sehr wenige. Politischer Kampf heißt ja auch, dass du gegen oder für etwas kämpfst. Heutzutage gibt es wenig Inhalte, die von allen Lesben geteilt werden, wogegen alle gemeinsam kämpfen könnten. Und so verwaschen, wie das inzwischen mit der Homophobie ist, gibt es wenig Kritikpunkte. Nach dem Motto: »Eigentlich ist es ja okay, lesbisch zu sein, aber musst es denn gerade du sein«, was soll man dazu schon sagen?

Und doch muss sich gesellschaftlich und rechtlich noch einiges ändern, bis die homosexuelle Lebensform der heterosexuellen gleichgestellt ist.

Schritte zur Gleichstellung von Homo- und Heterosexuellen

- *Gleiche Rechte für alle*
  Rechtliche Gleichstellung homosexueller und heterosexueller Lebensformen. Dies betrifft die Bereiche: Erb-, Steuer-, Miet-, Adoptions- und Rentenrecht.
- *Aktives Vorgehen gegen Diskriminierung*
  Verankerung eines Antidiskriminierungsgesetzes in der allgemeinen Gesetzgebung und eines Antidiskriminierungs-

Paragraphen in der Verfassung, damit lesbenfeindliches Verhalten juristisch sanktioniert werden kann.

- *Verhaltenskodex für Medien*
  Positive Darstellung lesbischer Lebensweisen in allen Bereichen des öffentlichen Lebens, zum Beispiel in den Medien, in der Werbung, in Schulbüchern. Nur so können Klischees und Vorurteile abgebaut werden.
- *Städtische Förderung der Gleichstellung*
  Einrichtung von Referaten für gleichgeschlechtliche Lebensweisen in jeder Kommunalverwaltung. Diese Stellen, bisher nur vom Berliner Senat gefördert, sollen dazu beitragen, Diskriminierung aufzudecken und ihr entgegenzuwirken.

- *Psychosoziale Versorgung*
  Förderung psychosozialer Einrichtungen, die für Lesbenberatungen und -gruppen arbeiten. Räumliche und personelle Absicherung der bestehenden Projekte.
- *Aufklärung an den Schulen*
  Aufklärung über lesbisch-schwule Lebensformen, Auseinandersetzung mit Geschlechterrollen-Anforderungen, Aufnahme schwulesbischer Themen in den Lehrplan und in Schulbücher.
- *Fortbildungen für Beamte*
  Informationen über homosexuelle Lebensweisen, um negativen Vorurteilen innerhalb der Polizei gegenüber Homosexuellen entgegenzuwirken. Einsatz lesbenfreundlicher Polizeibeamtinnen bei Straftaten gegen Lesben.

Homoehe: Schwule und Lesben sagen »ja«

Für viele wäre mit der rechtlichen Anerkennung gleichgeschlechtlicher Paare ein wichtiger Schritt zur Gleichberechtigung getan. Durch das Wahlprogramm der im Herbst 1998 neu gebildeten Bundesregierung ist dieses Ziel in greifbare Nähe gerückt. Bundeskanzler Gerhard Schröder äußerte sich zuversichtlich, wenn auch vorsichtig: »Neben anderen Maßnahmen gegen die Diskriminierung wollen wir … für lesbische und schwule Lebensgemeinschaften das Rechtsinstitut Lebenspartnerschaft schaffen, das die gleichen Rechte und Pflichten wie in der Ehe umfasst.« Die SPD-Ministerpräsidentin Heide Simonis verweist auf die Rechtslage in anderen europäischen Ländern: »Was bei Franzosen, Dänen, Schweden, Norwegern und Holländern geltendes Recht ist, sollte auch uns Deutsche nicht schrecken.«

Ja-Wort!
Kampagne des Schwulen- und Lesbenverbandes

Um die Gunst der Stunde zu nutzen und auf die Einhaltung der Wahlversprechen zu drängen, startete der Lesben- und Schwulenverband Deutschland (LSVD) die Ja-Wort!-Kampagne. Mit dem Motto »Gleiches Recht für gleichviel Liebe« will die größte deutsche Lesben- und Schwulenvertretung Aufmerksamkeit erregen und für Akzeptanz werben, um so den Gesetzgebungsprozess zu unterstützen. Hella von Sinnen und Rosenstolz komponierten eigens einen Hochzeitssong, und Prominente wie Guildo Horn und Alice Schwarzer konnten als Unterstützer der Kampagne gewonnen werden (weitere Namen unter www.Ja-Wort.de). Nach Umfragen des LSVD befürwortet die Mehrheit der Bevölkerung die geplante Gesetzesreform. Auch die CDU befürwortet in ihrem im Herbst 1999 vorgelegten Familienprogramm die Anerkennung gleichgeschlechtlicher Lebensweisen. Doch auch prominente Gegner, wie der bayerische Ministerpräsident Edmund Stoiber und der Fuldaer Erzbischof Johannes Dyba, melden sich zu Wort.

Schwulesbischer Alltag –
Auswirkungen der Benachteiligung

Bisher genießen homosexuelle Paare auch nach jahrelanger Partnerschaft in Deutschland keinen rechtlichen Schutz. Die Partnerin kann nicht den Angehörigenstatus erlangen. Das hat eine Reihe von gravierenden Folgen: Es kommt immer wieder vor, dass Homosexuelle nach einem Unfall im Krankenhaus keine Auskunft über die verunglückte PartnerIn erhalten. Ärzte dürfen schließlich keine Informationen an Nichtangehörige weitergeben. Über den Leichnam entscheidet die Familie und nicht der Mensch, mit dem der Verstorbene lange Zeit zusammengelebt hat. Rentenansprüche sind auf den gleichgeschlechtlichen Lebenspartner nicht übertragbar und auch der Mietvertrag der gemeinsamen Wohnung kann gekündigt werden. Lesben und Schwule, die mit jemandem zusammenleben, der nicht aus der EU kommt, stehen vor großen Problemen, wenn die Aufenthaltsgenehmigung ausläuft. Wenn Heteros heiraten, hat die PartnerIn automatisch Bleiberecht. Und schließlich sollte es gleichgeschlechtlichen Paaren auch ermöglicht werden, Kinder zu adoptieren.

Forderung nach grundlegenden gesellschaftlichen Veränderungen

Einige Schwule und Lesben fordern statt der Gleichstellung mit Heterosexuellen eine grundlegende Veränderung der Gesellschaft. Die eigene Erfahrung außerhalb der Dominanzkultur zu stehen, d.h. einer diskriminierten Minderheit anzugehören, schafft ein Bewusstsein für die Situation anderer Minderheiten.

Coming Out öffnet die Augen

Manuela (35): Homosexuell sein an sich ist nicht politisch. Das ist so wie blond sein, das bist du halt. Ich bin der Meinung, es ist angeboren, und die einen merken es früher, die anderen später, die dritten gar nicht. Man kann sich dessen nicht erwehren, kann es sich nicht antrainieren und auch nicht wegtrainieren. Deshalb ist Homosexualität an sich kein politischer Akt, und Schwule und Lesben sind auch per se keine politischeren Menschen.

Was Schwule und Lesben aber von den Heteros unterscheidet, ist der Prozess des Coming Out, den jeder mal durchgemacht hat. Und da stellst du die Gesellschaft ganz anders in Frage als jemand, der heterosexuell ist. Denn sobald du dich in der Minderheit befindest, stellst du die Mehrheit immer in Frage.

Wenn du von der Norm abweichst, merkst du sehr schnell, dass nicht du gemeint bist, in den Medien, und wenn von bestimmten Dingen geredet wird, zum Beispiel von Familie oder von Partnerschaft und Liebe. Und die Auseinandersetzung damit führt bei vielen zu einem politischen Bewusstsein. Du fängst an, zu hinterfragen: Was ist das für eine Gesellschaft, wenn immer

nur bestimmte Leute betroffen sind, wenn es um bestimmte Themen geht?
Bei vielen hat es allerdings auch den Effekt, sich noch stärker anzupassen, möglichst noch unauffälliger in der Masse abzutauchen. Es ist schwierig, immer gegen den Strom zu schwimmen, dazu braucht man sehr viel Kraft. Schwule und Lesben sind auch nicht stärker als andere Leute, und ich kann es verstehen, wenn jemand gerade unauffällig damit umgeht, um sich auch mal irgendwie der Mehrheit zugehörig zu fühlen. Das sind dann auch die Leute, die so sehnsüchtig nach der Homoehe blicken, weil sie einmal dazu gehören wollen.
Aber ich persönlich bin nicht so. Ich war nie so. Ich glaube, ich wäre auch, wenn ich heterosexuell wäre, nicht so. Ein Großteil meiner Identität macht sich am Lesbischsein fest. Ich halte mich für einen politischen Menschen, allerdings fernab jeglicher Parteilinien, eher durch die Auseinandersetzung mit meiner Rolle als Angehörige einer Minderheit. Die Frage also, wie gehen Mehrheiten mit sich um und wie geht eine Minderheit innerhalb der eigenen Kreise mit sich um.

Wir wollen mehr als die Ehe

Wie realistisch ist die (heterosexuelle) Ehe als Lebensform in Zeiten hoher Scheidungsraten? Die PDS will mit ihrem geplanten Antrag zur Gleichstellung aller Lebensweisen über die »Homoehe« hinausgehen. Mit dem Konzept der »Wahlfamilie« sollen alle Familienformen gleichgestellt werden. Beim CSD 1999 stellten Berliner Lesben, Schwule, Transsexuelle und Intersexuelle u. a. folgende Forderungen auf, die über die Gleichstellung mit Heterosexuellen hinausgehen:

- *Das Ende rassistischer Ausgrenzung und Diskriminierung*
  Lesbische und schwule Migrantinnen erleben häufig mehrfache Diskriminierung. Innerhalb der deutschen Mehrheitsgesellschaft haben sie als Homosexuelle und Ausländer ein doppeltes Stigma zu tragen. Integration kann nur unter Aner-

kennung der kulturellen Differenzen der Minderheiten und der Vielfalt der Lebensentwürfe erfolgen. Lesben und Schwule müssen in der Szene entschieden rechtsradikalen, rassistischen Tendenzen entgegentreten sowie Ausgrenzung und Diskriminierung von anderen Minderheiten beenden.

- *Bleiberecht für alle. Asyl für Transsexuelle, Lesben und Schwule*
  In zahlreichen Staaten dieser Welt werden Transsexuelle, Lesben und Schwule aufgrund ihrer sexuellen und geschlechtlichen Identität verfolgt. In vielen Ländern drohen ihnen Gefängnisstrafen, Folter und mitunter sogar die Todesstrafe. Verfolgte müssen politisches Asyl erhalten. Die politisch Verantwortlichen müssen auf die Staaten Druck ausüben, die die Menschenrechte, also auch die sexuelle Selbstbestimmung missachten.
- *Entschädigung lesbischer und schwuler NS-Opfer*
  Lesbische und Schwule NS-Opfer wurden nicht als Verfolgte im Sinne des Bundesentschädigungsgesetzes anerkannt. Auch in der DDR blieben Lesben und Schwule von Entschädigungsleistungen ausgeschlossen. Aufarbeitung der Geschichte, Anerkennung der Opfer, rasche unbürokratische Entschädigung für KZ-Aufenthalt und Zwangsarbeit.

ANDERE LESBEN

ÄNDERE LÄNDER

Heterosexuality is not normal,
just common
– Heterosexualität ist nicht normal,
bloß vertrauter.

Lesbenrechte weltweit

In keinem Land der Welt haben Homosexuelle die gleichen Rechte wie Heterosexuelle. Einige Länder arbeiten an der Aufhebung der Diskriminierung. Einsamer Vorreiter sind hier die Niederlande, wo im Jahr 2000 ein Gesetz zur völligen Gleichstellung erlassen werden soll.
In vielen Ländern ist Homosexualität illegal, in anderen kommt sie offiziell gar nicht vor, in sehr wenigen steht auf Homosexualität sogar die Todesstrafe.
Informationen über die rechtliche Situation von Homosexuellen erhält man bei der ILGA (The International Lesbian And Gay Association). Die ILGA ist eine Gemeinschaft, die weltweit aus nationalen und lokalen Gruppen besteht, die sich um die rechtliche Gleichstellung von Lesben, Schwulen, Bisexuellen und Transsexuellen auf der ganzen Welt bemüht (http: //www.ilga.org). 1978 gegründet, sind ihr mittlerweile über 350 Organisationen angegliedert, von der kleinen Ortsgruppe bis zu nationalen Vereinigungen. Sie repräsentiert mit über 80 verschiedenen Ländern jeden Kontinent. 1997 billigte man der ILGA einen »beratenden Status« im Europarat zu. Hier und in anderen Gremien ist es ihre Aufgabe, auf die Verletzung oder Nichteinhaltung garantierter Rechten von Homosexuellen hinzuweisen.

Und wer jetzt denkt, man müsse eine Weltkarte holen, um die Länder herauszupicken, die Schwule und Lesben in ihren Rechten beschneiden, dem sei ein Blick vor die eigene Haustür empfohlen. In Österreich gibt es immer noch diskriminierende Gesetze, in Rumänien wurde 1993 ein Gesetz gegen Homosexualität erlassen, das gegen die europäische Menschenrechtskonvention verstößt. Obwohl Rumänien in die EU eintreten will und das die Anerkennung dieser europäischen Menschenrechtskonvention voraussetzt, wurde das Gesetz, trotz mehrmaliger Verwarnung der Kommission, nicht geändert.

In Weißrussland, Cypern, Ungarn, Rumänien, Großbritannien, der Türkei und der Ukraine können homosexuelle Vereinigungen von heute auf morgen wieder aufgelöst werden. In Großbritannien empfiehlt sich auch kein Austausch von Zärtlichkeiten in der Öffentlichkeit (public offence). Den Behörden ist es untersagt, Material über Homosexualität zur Verfügung zu stellen oder zu veröffentlichen. An Schulen und Universitäten darf Homosexualität nicht als gleichwertig dargestellt werden. Öffentliche Gelder für Projekte gibt es nicht. In Finnland und auch in Liechtenstein ist eine positive Darstellung von Homosexualität (was ja nur zum Nachahmen verführen kann, gell?) per Gesetz verboten.

Ja, und wie sieht es nun mit der Welt aus? Schlecht, kann man da nur pauschal sagen. An das rechtliche Niveau von Nordeuropa kommt so schnell kein Land ran. So haben folgende Länder für Homosexualität die Todesstrafe ausgeschrieben: Mauretanien, Sudan, Afghanistan, Pakistan, Iran, Saudi-Arabien, Vereinigte Arabische Emirate und Jemen. In Afghanistan, Saudi-Arabien und im Iran wurde sie in den vergangenen zehn Jahren auch vollstreckt. Allerdings handelt es sich hier meistens um männliche Homosexualität. Jedoch in fast allen Ländern, in denen männliche Homosexualität verboten ist, ist die weibliche Variante entweder ebenso illegal oder sie existiert nicht. Sehr anschaulich wird dies durch eine offizielle Verlautbarung aus Kenia. Die Regierung habe Wichtigeres zu tun, als sich um Homosexualität zu kümmern. Die habe nichts mit den afrikanischen Grundwerten zu tun und sei außerdem mit dem Glauben nicht vereinbar.

Ideologie statt rechtlicher Anerkennung

Mit dem Glauben scheint Homosexualität anscheinend niemals vereinbar zu sein (man kann im Gegenzug auch mal fragen, was denn heutzutage mit dem Glauben überhaupt noch vereinbar ist?). Pauschal kann man jedenfalls behaupten, dass fast alle muslimischen Länder Homosexualität unter (teilweise drakonische) Strafen stellen, ebenso fast ganz Afrika. Bei der katholischen Konkurrenz ist es nicht viel besser, so ist in fast ganz Mittel- und Teilen von Südamerika Homosexualität illegal. Dank der oft etwas chaotischen Regierungs- und Machtverhältnisse in diesen Ländern werden die Gesetze oft recht spontan gehandhabt. Ebenso halten es alle kommunistisch regierten Länder und teilweise die postkommunistischen Nachfolgestaaten. Desgleichen die kaukasischen und asiatischen Teilrepubliken der Russischen Föderation. China schweigt sich zu diesem Thema komplett aus. Dort herrscht die Ansicht, Homosexualität sei eine Geisteskrankheit, sie ist nicht illegal, aber auch nicht legal. Gesetze zu diesem Thema gibt es nicht. Der einzige, etwas lockerere Teil von China ist die ehemalige Kronkolonie Hongkong. Einige andere asiatische Länder, in denen Homosexualität illegal ist: Bangladesch, Brunei, Pakistan, Afghanistan, Solomon Islands und West Samoa.
Wenig zu lachen hat man auch in der Karibik, die meisten Inselstaaten stellen Homosexualität unter Strafe, zum Beispiel Jamaika, Bahamas, Barbados, Puerto Rico, Santa Lucia sowie Trinidad und Tobago.

Traumland USA?

Welche Länder bleiben übrig, mag man sich da fragen? Die USA und Kanada haben je nach Staat unterschiedliche Gesetzgebungen. Man kann nicht eindeutig sagen, ob die USA Homosexuellen gegenüber positiv oder negativ eingestellt sind. In den Hochburgen wie New York, San Francisco oder Chicago hat man Spaß und rechtlich (als Frau sowieso) nichts zu befürchten. Macht man allerdings einen Ausflug aufs Land, sollte man ein bisschen aufpassen. Zwar haben immerhin zehn der 51 Staaten ein Antidiskriminierungsgesetz unterschrieben, das vor Übergriffen aufgrund von Geschlecht, Religion, Rasse und Sexualität schützen soll. Demgegenüber stehen 19 Staaten, in denen ein Sodomie-Gesetz gilt, das Anal- oder Oralverkehr – egal ob Homo oder Hetero – verbietet, selbst in der Ehe. Außerdem ist Homosexualität weiterhin ein Grund, nicht in die Army aufgenommen zu werden oder rauszufliegen. Das Klima wird in den ländlichen Gebieten (also fast überall) von erzkonservativen, religiösen Gruppierungen oder von Waffendeppen, für die die gleichgeschlechtliche Liebe nicht zum Great American Spirit passt, bestimmt

Hinter der kanadischen Grenze ist so manches anders. Es gibt ein Antidiskriminierungsgesetz landesweit. In Ontario und British Columbia können Lesben und Schwule problemlos Kinder adoptieren, und Homosexuelle können selbstverständlich in der Armee dienen. Alles in allem scheint Kanada ein relaxteres Verhältnis zum Leben an sich zu haben, die Religion spielt hier auch keine sonderlich große Rolle. Man geht Sachen einfach lockerer an.

Lesben in Europa

So, wer gleich sein Säckchen schnüren und in die kanadische Wildnis auswandern will, sollte sich vorher noch mal kurz in Europa umsehen. Wie jenseits des großen Teiches, hat auch hier der Norden, was die Rechtslage von Lesben und Schwulen betrifft, klar die Nase vorn. Dänemark, Norwegen, Schweden

und die Niederlande sind unangefochten Weltmeister. Es gibt Antidiskriminierungsgesetze, Erbschaftsrechtsregelungen, man kann die Partnerin (wenn eine von beiden aus dem entsprechenden Land kommt) als Partner registrieren lassen. Schön, oder?
Natürlich gibt es noch viel zu tun, auch und besonders bei uns in Deutschland. Aber im Großen und Ganzen ist zumindest ein eindeutiges Bewusstsein, was die fundamentalsten Rechte, die Menschenrechte betrifft, zu erkennen.

Ein paar beliebte Nah- und Fernziele im Überblick

In **Griechenland** ist Homosexualität offiziell legal. Es kann aber hin und wieder zu Polizeirazzien kommen, die, aus banalen Gründen angesetzt, nur der Schikane dienen. Denn wie so oft ist die Gesetzeslage sehr flexibel auslegbar und klare Antidiskriminierungsgesetze gibt es nicht. Auf dem Land sieht es für uns Lesben oft ziemlich finster aus, da, wie in allen Mittelmeerländern, die Frauen in der männerdominierten Gesellschaft eine untergeordnete Rolle spielen.
Im Nachbarland **Türkei** ist die Situation laut Selbstauskunft der Regierung recht gut. Schwule und Lesben würden nicht unterdrückt. Nun, das sollte man mal eher nicht glauben. Es gibt Gesetze, die die »öffentliche Moral« schützen, und darunter kann man sich ja vieles vorstellen. Immerhin spricht es nicht gerade für Toleranz, dass 1993 der CSD in Istanbul verboten und 1995 von den Behörden eine schwulesbische Kulturwoche abgesagt wurde.
Wer gerne mit einem Last-Minute-Angebot nach Djerba reist, sollte sich auch klarmachen, dass in **Tunesien** Homosexualität verboten und mit bis zu drei Jahren Gefängnis bestraft werden kann.
Ein weiteres Traumziel, vor allem bei diesen garstig kalten deutschen Wintern, die **Dominikanische Republik**, hat mit

Homosexualität offiziell, d. h. laut Gesetzesvorlage, keine Probleme. Aber auch hier empfiehlt sich Zurückhaltung bei der Bekundung der gegenseitigen (gleichgeschlechtlichen) Liebe. Gesetze sind auch hier weit interpretierbar.
»Legalize It« singt man auf **Jamaika** höchstens in puncto Rohstofflieferung für Joints. Homosexualität ist für Männer komplett verboten und wird mit ab sieben Jahren Gefängnis bestraft. Frauen kommen in der Regelung nicht vor.
Die Japaner sind ein interessantes Volk. Wenn es um Sex geht, ist man in **Japan** so putzig einfallsreich. Vibratormodelle mit wippenden Häschen als externer Klitoris-Stimulator sind deshalb nicht anstößig, weil sie die Form von süßen Tieren haben, kleinen Häschen, Mäuschen, egal was. Ähnlich geht man mit Homosexualität um. Irgendwie gibt es sie nicht. Im japanischen Altag herrscht die Meinung vor, Homosexualität sei kein richtiger Sex, sondern nur ein besonders geartetes Verhalten. Sie ist legal. Aber die Gesellschaft zeigt sich eher intolerant, drückt eine Subkultur an den Rand der Gesellschaft. Die Traditionen und die daraus entspringenden Erwartungen setzen die Menschen enorm unter Druck.
Bei einer Safari in der afrikanischen Steppe exotische Tiere an der Tränke zu beobachten: eine schöne Vorstellung. Das kann man zum Beispiel in **Kenia** haben. Kenia hat allerdings, wenn es um Sex geht, nicht viel Schönes zu bieten. Trotz eines hohen (heterosexuellen) Prozentsatzes von Aids-Kranken hat dort kürzlich ein Kardinal Kondome und Aufklärungsmaterial verbrannt – unter Beifall von Leuten, die drum herum standen, und der katholischen Kirche. Und bei Homosexualität hört ja bekanntlich alles auf. Da gibt es kein Verständnis, schwuler Sex ist verboten (fünf bis 14 Jahre Knast). Lesben kommen offiziell mal wieder nicht vor. Typisches Vogel-Strauß-Denken: Was ich nicht sehen will, gibt es nicht.
Ein weiteres, schnell erreichbares und doch schon orientalisch anmutendes Land ist **Marokko**. Hier ist Homosexualität illegal. Es existiert sogar ein Fall, der besagt, dass ein Marokkaner in

den USA Asyl fand, weil er in seiner Heimat aufgrund seiner Homosexualität verfolgt wurde.
Das sind – exemplarisch – einige Länder und in groben Zügen die rechtliche Situation vor Ort. Mehr unter www.ilga.org, dort ist auch weiterführendes Material aufgelistet. Ebenso kann man das Pink Book bestellen (oder in der örtlichen Bibliothek ausleihen), das über die rechtliche, soziale und politische Lage in diversen Ländern informiert und spannende Projekte vorstellt.

The ILGA Pink Book coc-magazijn, Amsterdam. Käthe H. Fleckenstein (Hrsg.): Sappho küsst die Welt. Geschichten von Lesben aus vier Kontinenten. Quer Verlag, Berlin.

Das Schweigen brechen. Menschenrechtsverletzungen aufgrund sexueller Orientierung. Quer Verlag, Berlin.

Verbote machen erfinderisch – Lesben in Russland

Händchen halten auf der Straße, ein flüchtiger Kuss in der U-Bahn – das kostet hierzulande vielleicht etwas Mut, aber die Chancen stehen gut, dass ihr noch nicht mal einen Spruch erntet … In anderen Ländern geht es da schon ganz anders zu. Inga (32) hat eine Zeit lang in St. Petersburg gelebt. Wir haben sie zu ihren Erfahrungen befragt.

Wie treffen sich Lesben in Russland?

Bis 1993 gab es den berüchtigten Paragraphen 121.1, der männliche Homosexualität mit drei bis fünf Jahren Gefängnis unter Strafe stellte. Lesben wurden zwar nicht kriminalisiert, mußten aber mit dem Verlust des Arbeitsplatzes, dem Rausschmiss aus der Uni bis hin zu Zwangseinlieferungen in die Psychiatrie rechnen.

Aus diesem Grund bedeutete die Abschaffung des Schwulenparagraphen 1993 auch eine Legalisierung für Lesben. Seitdem gibt es in größeren Städten wie Moskau und St. Petersburg Lesbentreffs und zum Teil auch schwulesbische Partys. Wobei die Clubs für Schwule zumindest in St. Petersburg so teuer sind, dass dort die finanziell schlechter gestellten Lesben kaum anzutreffen sind.

Organisationen, die vor 1993 noch in der Illegalität für die Abschaffung des 121er kämpften, haben sich eher entpolitisiert. Sie konzentrieren sich nun in erster Linie darauf, Räume für Treffen und Diskoabende zu organisieren. Ich denke, dass dies dem verständlichen Wunsch vieler Lesben entspricht, sich

erst mal irgendwo treffen zu können, fernab von der Heteroumwelt.
Lesben, die in russischen Großstädten leben, können relativ leicht Gleichgesinnte über Zeitungsanzeigen oder auch Kontaktanzeigen finden. Lesben, die in der Provinz leben, haben es da sicherlich unheimlich schwer. Die russische Gesellschaft ist relativ homophob. Die Lesben, die öffentlich Händchen halten und knutschen, sind entweder sehr mutig oder leben in einer Butch/Femme-Konstellation und werden dadurch als Heteropärchen wahrgenommen.
Vor 1993 haben sich Lesben über verschlüsselte Kontaktanzeigen kennen gelernt. Die Botschaft in den Kontaktanzeigen mussten natürlich zwischen den Zeilen gelesen werden, zum Beispiel »suche Freundin für gemeinsame Ausflüge«. Nicht selten meldeten sich dann auch Heteras, die eben nicht zwischen den Zeilen gelesen haben. Mit denen mußten dann langweilige Treffen absolviert werden. Die Angst, einen KGB Spitzel vor sich zu haben, war natürlich sehr groß: Es wurde zwar nie offiziell bestätigt, aber es gilt als relativ gesichert, dass Rosa Listen mit Namen von Schwulen und Lesben angelegt wurden.
Natürlich wurden mit der Legalisierung nicht alle Probleme gelöst. Die Erwartung an eine Frau seitens der Familie sind in der Regel: Heiraten und Kinder kriegen. Manche Lesben umgehen das Problem, indem sie eine Scheinehe mit einem schwulen Mann eingehen und sich so eine Heteroidentität verschaffen.
Durch die engen Wohnverhältnisse ist es ohnehin schwierig, eine Intimssphäre zu haben. In St. Petersburg leben die meisten Menschen in Kommunalkas. Das sind große Wohnungen, in denen mehrere Familien wohnen und sich eine Küche und ein Bad teilen. Nicht selten verfügt eine Familie nur über ein bis zwei Zimmer. Eine eigene Wohnung zu mieten ist für viele finanziell unerschwinglich, offen lesbisch leben in der Familie häufig unmöglich. Aus diesem Grund gibt es Treffen in Privatwohnungen von denjenigen Lesben, die das Glück haben, über eigenen Wohnraum zu verfügen.

Es ist aber auf alle Fälle leichter geworden, als Lesbe in einer russischen Großstadt zu leben. Es gibt Treffpunkte, Organisationen und auch eigene lesbische Publikationen.

Stimmt es, dass sich in Russland entscheiden muss, ob frau Butch oder Femme ist?

Nach meinen Beobachtungen gibt es in der Petersburger Lesben-Community mehr klassische Butches und Femmes als in der Berliner Lesbenszene. Zuerst dachte ich, daß das ein russisches Phänomen sei. Als ich dann in England war, hatte ich den Eindruck, daß die Lesbenszene in Brighton, was Butches/Femmes angeht, der Petersburger sehr ähnlich ist – vielleicht ist Berlin »anders«. Es könnte auch sein, dass es sich als Butch/Femme-Paar leichter in Russland lebt, solange die Butch als Heteromann wahrgenommen wird. Ein Aspekt ist vielleicht auch, dass die meisten Lesben mit Feminismus wenig am Hut haben, und die Ablehnung der Femme-Rolle im Westen sicherlich auch mit der Verbindung von Lesben und Feminismus zu tun hat. Das ist jetzt nicht wertend gemeint, nur eine Beobachtung ohne fundierten Hintergrund.

Sind Lesben Diskriminierungen ausgesetzt?

Ich denke, dass die meisten Lesben nicht out sind und sich eher bemühen, eine Heteroidentitat vorzuspielen (oder auch zu leben). Daher kann ich nicht konkret sagen, inwieweit sie diskriminiert werden. Sicherlich ist das Geheimhalten schon ein großer Spießrutenlauf. Ich weiß auch nicht, welche Strategien einzelne Lesben verfolgen, um sich gegen Diskriminierungen zu wehren. Die ökonomische Situation in Russland ist derzeit katastrophal, so dass die meisten Lesben damit beschäftigt sind, ihre Existenz zu sichern. Aus diesem Grund hat es zum Beispiel die Petersburger Lesbenorganisation Labrys Schwierigkeiten, Mitstreiterinnen zu finden. Für die ehrenamtliche Mitarbeit haben viele keine Zeit übrig. Die Arbeitslosigkeit unter Frauen ist dramatisch angestiegen, was Lesben als (meist) alleinstehende Frauen ohne männlichen Verdiener doppelt hart trifft.

Es gibt natürlich auch weniger homophobe Arbeitswelten. Ich weiß zum Beispiel von einer lesbischen Journalistin, die out ist und als Lesbe akzeptiert wird. In intellektuellen Kreisen ist es nicht so schwierig, offen schwul oder lesbisch zu sein, die Toleranz dort ist größer. Es war auch schon vor 1993 so, dass KünstlerInnen und Intellektuelle in ihren Kreisen weitaus weniger Denunziation fürchten mußten.

Wenn eine eine Reise tut ...

Liebe ist schön und bekanntlich tragen im Urlaub die Hormone besonders bunte Partyhütchen. Aber damit die romantische Küsserei an den Gestaden der Weltmeere oder auch nur des Vierwaldstädter Sees nicht durch doofe Blicke, Pöbeleien oder gar Verhaftungen jäh beendet wird, sollte sich die reiselustige Halb-, Neu-, Jung- oder Altlesbe über die Gepflogenheiten im Zielland informieren. Denn es gilt in erster Linie: andere Länder, andere Sitten. Die wenigsten Länder dieser Welt haben mit Homosexualität, sei diese nun weiblich oder männlich, kein Problem.

Lesben in Brasilien

Hanna (24): Brasilien war immer mein Traumland. Ich habe Kontakt mit verschiedenen Familien da unten und war einige Jahre hintereinander jeweils für mehrere Monate in Sâo Paulo. Ich habe teils Urlaub gemacht, teils gearbeitet, und mir natürlich auch die Lesbenszene angeschaut. Erstmal ist sie viel kleiner, viel geschlossener nach außen hin, und die Frauen sind starken Diskriminierungen ausgesetzt. Innerhalb der Szene ist alles viel offener. Du wirst nicht gleich in Schubladen gepackt, zum Beispiel Butch/Femme oder Politlesbe, oder ob du männliche Freunde hast. Es ist mehr wie eine Familie. Das ist sehr angenehm. Auf der anderen Seite aber musst du dich total umstellen, wenn du aus einer Stadt wie Berlin kommst. Wenn du in Sâo Paulo Händchen haltend über die Straße gehst, läufst du Gefahr, vergewaltigt zu werden, eine aufs Maul zu kriegen oder für eine Nacht im Knast zu landen. Die Bullen sind da schon

äußerst eigenwillig. Natürlich Männer, und wenn denen was nicht passt, dann sorgen sie schon für Ordnung.
Wenn ich dort bin, passe ich mich völlig an, auch wenn es schwer fällt. Meine damalige Freundin ist überhaupt nicht damit zurechtgekommen, dass man das Lesbischsein nur in der Gay Family ausleben kann.
Ich möchte mittlerweile so eine Offenheit auch nicht mehr missen, deshalb will ich auch nicht mehr in Brasilien leben. Ich kann mir höchstens vorstellen, dort mal wieder Urlaub zu machen.

Als Besucherin eines fremden Landes hält man sich dort naturgemäß nur kurz und zum Vergnügen auf. Von Diskriminierung hört und liest man vielleicht, kommt aber meist selbst damit nicht in Berührung. Trotzdem ist es nicht verkehrt, über die Rechtslage in dem Land Bescheid zu wissen: Ist lesbische Homosexualität verboten? Werden Schwule verfolgt? Ist sie offiziell legal, geht man aber inoffiziell dagegen vor? So beugt man unliebsamen Begegnungen mit der Polizei vor. Aber nicht nur Gesetze und Gesetzeshüter sind ein Problem, auch die Einheimischen lassen es einen deutlich spüren, dass sie Lesben nicht so klasse finden. Das bedeutet zwar nicht immer gleich abreisen, aber den Aufenthalt kann es einer ja doch vermiesen.
Wer sich also auf die Reise begibt, ob mit oder ohne die Liebste, sollte vorher mal einen Blick in die verschiedenen Lesben- und Schwulenreiseführer geworfen haben. Dort werden nicht nur Bars und Restaurants beschrieben, sondern die rechtliche Situation vor Ort wird ebenfalls skizziert.
Einen kleinen, aber feinen Überblick über das jeweils gewünschte Land bietet der *Spartacus Gay Guide*, ein jährlich erscheinender Reiseführer zu allen Ländern, die man irgendwie bereisen kann. Im Vorwort zu den einzelnen Städten wird kurz geschildert, ob und wieweit Homosexualität erlaubt ist. Zwar wendet sich dieses bunte Nachschlagewerk eindeutig an

schwule Männer, aber nützliche Telefonnummern oder ein Gay-Lesbian-Mixed-Club (glm) sind ja oft schon ein Anfang. Da dieser Klopper, wenn man die Anzahl der existierenden Länder betrachtet, naturgemäß ein stolzes Gewicht hat (1291 Seiten), empfiehlt es sich für die clevere Weltenbummlerin, die entsprechenden Seiten zu kopieren. Und zwar aus der neusten Ausgabe, denn im schnellen schwulesbischen Nachtleben ist alles vergänglich. (Bruno Gmünder Verlag)
Das Buch *Frauenorte Überall* sollte allerdings nicht im geschnürrten Rucksack fehlen. Hier findest du einfach alles: von schnuckeligen Pensionen auf einsamen Kykladen-Inseln über Lesbenhotels in spannenden Städten bis hin zu romantischen Lesbencampingplätzen, auch Frauenhotels, preisgünstig tierfreundlich, teilweise behindertengerecht. Über 150 Adressen in ganz Europa sind hier detailliert besprochen. Neben den gebotenen Leistungen, Preisen, Lagen und Ausstattungen finden sich auch Hinweise auf Frauenmitfahrzentralen, Frauenkneipen oder Frauenbuchläden. (VAH Jager)
In *Places of Interest for Women* werden ebenfalls weltweit Reiseziele vorgestellt. Vor allem kommt die wanderfreudige Naturliebhaberin auf ihre Kosten, weil viele spannende Ausflugtipps und sonstige haarsträubende Outdoor-Aktivitäten vor Ort beschrieben werden. (Ferrari Publishers Guides)
InnPlaces, ein weiterer Ferrari-Guide, ist eher ein Nachschlagewerk für schwulesbische Übernachtungsmöglichkeiten weltweit. Dieser Reiseführer gleicht zwar eher einer Sammlung von bezahlten Anzeigen der einzelnen Hotels oder Pensionen, aber für jede, die mal fern ab von den Neckermännern dieser Welt logieren möchte, darf auch er nicht im Gepäck fehlen.
Für die Lesbe, die eine USA-Tour plant, bietet sich die Zeitschrift *On & About* zum Kauf an. Dieses schwulesbische Reisemagazin informiert monatlich über die aktuellsten Reiseziele, Veranstaltungen, Touren- und Ausflugsmöglichkeiten sowie die niedlichsten Bed&Breakfast-Unterkünfte. Falls du sie an den Zeitungsständen nicht bekommst, hier die Kontaktadresse:

Out & About Inc., 8 West 19th St., Suite 401, New York, NY 10011. Telefon (in den USA gebührenfrei): 0800/929-2268.

Im Adressteil sind einige FrauenreiseveranstalterInnen aufgelistet, die neben attraktiven internationalen Reisezielen für Frauen und Lesben auch Frauenferienhäuser und Frauenseminarhäuser im Programm haben.

DAS BESTE IST GERADE GUT GENUG

I'am not a Lesbian, but my Girlfriend is.
– ich bin keine Lesbe, aber meine Freundin

Sie küssen sich wirklich – Lesben im Film

Was gibt es Schöneres auf der Welt als Kino? Kino, in dem Lesben vorkommen! Es ist immer wieder ein Vergnügen, Lesben auf der Leinwand zu sehen. Identifikationsfiguren, Idole, Stars. Die Liste der Lesbenfilme ist länger, als man vermuten könnte. Bei manchen Movies ist die Story etwas dünn, aber immerhin, zwei Frauen haben sich geküsst, und eine Sexszene war auch angedeutet. Andere Filme wie zum Beispiel *Go Fish*, *Watermelon Woman* oder *It's in the Water* sind richtig gut, so dass frau mit einem Hochgefühl und neuem Selbstbewusstsein das Kino verlässt.

Fragt sich nur, welches Kino? Die Lesbenfilme, die im Mainstream-Kino gezeigt werden, lassen sich pro Jahr an einer Hand abzählen. Meistens laufen sie nur ein paar Wochen, also nicht zu lange zögern. Ältere Filme gibt's zum Teil in der Videothek, oder man kann sie im Frauen- bzw. Schwulenbuchladen kaufen. Lillemoors in München hat eine gute Auswahl und verschickt auch bundesweit (s. Adressteil). Da es aber mehr Spaß macht, zu mehreren zu gucken, veranstalten Frauenzentren, Lesbencafés oder Beratungsstellen des öfteren Filmabende. Ein gutes Beispiel ist das Frauen/Lesbenkino Out in Friedrichshain in Berlin. Hier werden in der Veranstaltungsetage eines ehemals besetzten Hauses zweimal im Monat die Lesbenklassiker gezeigt. Vor- und nachher gibt's Kaffee und Kuchen, manchmal auch ein Essen. Hier eine Auswahl von Filmen:

Aimée und Jaguar (D 1998)

Regie: Max Färberböck; mit Juliane Köhler, Maria Schrader, Heike Makatsch

Der deutsche Kinoerfolg des Frühjahrs 1999 und momentan der wohl bekannteste Lesbenfilm. Aimée und Jaguar ist die Verfilmung des gleichnamigen Buches von Erika Fischer. Der Film erzählt die wahre Lebensgeschichte der Lilly Wust im Berlin der frühen 40er Jahre. Lilly ist Ende 20, Mutter von vier Kindern und Trägerin des Mutterkreuzes, als sie die Jüdin Félice Schragenheim trifft. Félice lebt im Untergrund, arbeitet, um sich zu schützen, unter falschem Namen für eine Nazizeitung und versorgt eine Widerstandsgruppe mit Informationen. Die Liebe zueinander verändert das Leben beider Frauen grundlegend.

Begierde – The Hunger (GB 1982)

Regie: Tony Scott; mit Cathérine Deneuve, David Bowie, Susan Sarandon

Ein Film in bester Tradition lesbischer Vampirfilme. Wann gab es jemals so einen attraktiven Biss wie den von Cathérine Deneuve in den Arm der atemlosen Susan Sarandon? Und es ist mal so richtig was fürs Auge geboten: wehende weiße Vorhänge, Cathérine am Piano, Susan an selbiges geschmiegt, schöne Musik und knisternde, sinnliche Erotik. Wunderbar.

Better than Chocolate (CAN 1999)

Regie: Anne Wheeler; mit Wendy Crewson, Karyn Dwyer, Christina Cox, Peter Outerbridge

Unterhaltsames Filmchen mit sympathischen Darstellerinnen. Maggie arbeitet im Buchladen Ten Percent, dessen Hinterzimmer ihr auch als Schlafraum dient. Eines Tages verliebt sie sich Hals über Kopf in eine Weltenbummlerin, die gerade in der Stadt Halt macht. Wie es der Zufall will, melden sich gerade jetzt Mutter samt Bruder zum Besuch an. Nun geht es richtig rund, vor allem weil Mutti nichts wissen darf. Irgendwann fliegt auch noch der Buchladen in die Luft, aber am Schluss haben sich doch alle wieder lieb.

Bound (Gefesselt) (USA 1995)

Regie: Larry & Andy Wachowski; mit Jennifer Tilly, Gina Gershon

Spannend, sexy, brutal. Zum ersten Mal begegnen sie sich im Aufzug: Violet, die laszive Geliebte eines Mafiakillers und Corky, die Hausmeisterin. Kurze Zeit später schraubt Corky an Violets Waschbecken herum, schließlich lieben sie sich leidenschaftlich. Schnell ist der Plan gefasst, gemeinsam abzuhauen. Da trifft es sich gut, dass Violets Mann Cesar gerade auf einen Koffer mit zwei Millionen Dollar aufpassen soll.

Chasing Amy (USA 1997)

Regie: Kevin Smith; mit JoHei Lauren Adams, Ben Affleck, Jason Lee

Warum musste sich der Comic-Zeichner Holden (heterosexuell) ausgerechnet in Alyssa verlieben? Zwar zeichnet sie auch Comics, aber sie ist lesbisch. Sein Kumpel Banky versteht jedenfalls die Welt nicht mehr, als er die beiden auf seiner Couch erwischt. Er macht Holden ordentlich Druck, während sich Alyssa vor ihren lesbischen Freundinnen rechtfertigen muss. Das Gefühlschaos beginnt.

Desert Hearts (USA 1985)

Regie: Donna Deitch; mit Helen Shaver, Patricia Charbonneau

Der Klassiker unter den Lesbenfilmem. Vivian, Professorin aus New York, kommt nach Reno, Nevada, weil man sich dort leichter scheiden lassen kann. Sie mietet sich in einer Pension ein. Dort trifft sie die abenteuerlustige Cay. Nach einigem Hin und Her kommt es zur heißen Liebesszene. Ein Film, bei dem die Rückspultaste des Videorecorders ständig in Gebrauch ist. Und offen bleibt die Frage: Ist es Liebe?

Even Cowgirls get the Blues (USA 1992)

Regie: Gus van Sant; mit Uma Thurman, Rain Phoenix, Keanu Reeves

Der witzige Film mit dem langen Daumen und Musik von k.d.lang. Sissy Hankshaw kann mit ihren Daumen die Welt bewegen, zumindest Sternschnuppen umlenken. Deshalb wird sie Tramperin, hebt den Daumen und kommt ziemlich rum. Irgendwann verschlägt es sie aufs platte Land. Dort verliebt sie sich auf der Schönheitsfarm Rubber Rose Ranch in das Cowgirl Bonanza Jellybean und unterstützt dort die allesamt lesbischen Mitarbeiterinnen im Aufstand gegen den Besitzer, genannt Der Graf.

Fire – wenn die Liebe Feuer fängt (Can/Indien 1996)

Regie: Deepa Mehta; mit Shabana Azmi, Nandita Das

Liebe in Indien. Sita ist frisch verheiratet, doch schon bald merkt sie, dass ihr Ehemann eine Geliebte hat. Auch ihre Schwägerin ist mit ihrem Mann nicht mehr glücklich, da er ihr wenig Aufmerksamkeit schenkt. Immer mehr fühlt sie sich zu der lebensfrohen Sita hingezogen. Das Coming Out der beiden lässt nicht lange auf sich warten. Eine reichlich schräge indische Familiengeschichte.

Gefangen in der Traumfabrik (The Celluloid Closet, USA 1995)

Regie: Rob Epstein; mit Jeffrey Friedman und vielen Stars

Eine Dokumentation über die Rolle homosexueller Darsteller, Autoren und Regisseure in der Geschichte des Films. Basierend auf dem Buch *The Celluloid Closet* des Filmhistorikers Vito Russo. Interviews mit Harvey Fierstein, Whoopi Goldberg, Shirley MacLaine, Susan Sarandon, Tom Hanks.

Der Gesang der Meerjungfrauen (I've heard the Mermaids singing, Can 1987)

Regie: Patricia Rozema; mit Sheila McCarthy, Paule Baillargeon, Ann-Marie McDonald

Phantastisch-romantische Liebesgeschichte. Polly träumt und fotografiert gerne. Als Aushilfssekretärin lernt sie eines Tages die Galeristin Gabrielle kennen. Sie ist nicht nur fasziniert von Gabrielles Bildern, sondern auch von der Lebenswelt dieser mondänen und weltgewandten Frau. Schon bald spürt sie eine starke Zuneigung zu Gabrielle, bis sie eine ernüchternde Entdeckung macht …

Go Fish (USA 1994)

Regie: Rose Troche; mit Guineveve (Guin) Turner, V.S. Brodie, T. Wendy McMillan

Lesbenleben kunterbunt. Max schreibt Tagebuch: Alles, was ich mir wünsche, ist eine Freundin. Doch was passiert, wenn sich zwei Frauen mögen und nicht wissen, wie sie es anstellen sollen? Die Freundinnen tun ihr Bestes, um Max mit der etwas tolpatschigen und schüchternen Ely zu verkuppeln. Sollte es am Ende doch passieren?

Heavenly Creatures (NZ 1994)

Regie: Peter Jackson mit Kate Winslet, Melanie Lynskey

Psychodrama, basierend auf der wahren Geschichte zweier Mädchen, die die Mutter der einen ermordeten. Dieser Fall hat in den 50er Jahren in Neuseeland für Schlagzeilen gesorgt: Zwei sehr unterschiedliche Mädchen freunden sich an. Gemeinsam entfliehen sie in eine märchenhafte Traumwelt. Den Eltern wird die Beziehung zu eng, da sie glauben, die beiden seien lesbisch. Als diese sie trennen wollen, wissen die Mädchen keine andere Lösung, als zu töten.

Heldinnen der Liebe (D 1996)

Von und mit Lily Besilly und Nathalie Percillier

Preisgekrönter Kurzfilm über zwei Soldatinnen mit Musik von *Les Reines Prochaines.* Erster Weltkrieg: Irgendwo im Laubwald laufen sich eine kurzsichtige deutsche und eine schnuckelige französische Soldatin über den Weg. Bald stehen die Gewehre am Baum, die Zelte nebeneinander, und die beiden tauschen Küsschen aus, während im Hintergrund Kopfsalat und Kartoffeln gedeihen.

Infam (The children's hour, USA 1961)

Regie: William Wyler; mit Shirley MacLaine, Audrey Hepburn

Tragischer Klassiker aus der Zeit, als Lesben im Film noch sterben mussten. Eine Mädchenschule wird von den beiden

Schulleiterinnen Karen Wright und Martha Dobie geführt. Als es Probleme mit einem schwierigen Mädchen gibt, beschuldigt dieses die beiden, ein Verhältnis miteinander zu haben. Die Gerüchteküche kocht, Eltern nehmen ihre Kinder von der Schule. Plötzlich wird Karen sich darüber klar, dass ihre Gefühle für Martha tatsächlich mehr als freundschaftlich sind. Die Handlung spitzt sich dramatisch zu.

Its in the water (USA 1996)

Regie: Kelli Herd; mit Keri Jo Chapman, Teresa Garrett, Derrick Sanders, Timothy Vahle, Barbara Lasater

Skandal im Country Club! Aufruhr im Beauty-Salon! Lesben und Schwule in der Kleinstadt Azalea Springs, Oh! Wo kommen diese plötzlichen Anwandlungen nur her. Jemand setzt das Gerücht in die Welt, dass »es« durch das Trinkwasser verursacht werden könnte. Hamsterkäufe von Flaschenwasser sind die Folge. Aber Gottes schwule Wege sind unergründlich: Bruder Daniel, Leiter der Antihomo-Gruppe, kann seine Schäfchen nicht mehr im Zaum halten und die bezaubernde Grace, Tochter aus bestem Hause, erfreut sich neuerdings an Lesbenpornos.

Die Jungfrauenmaschine (D 1985)

Regie: Monika Treut; mit Ina Blum, Dominique Gaspar, Shelly Mars, Susie (Sexpert) Bright

Eine Deutsche im wilden San Francisco. Dorothe Müller, eine junge Journalistin, landet auf der Suche nach der romantischen Liebe in San Francisco. Nachdem sie sich in ein Call Girl verliebt hat und kräftig dafür zahlen muss, findet sie schließlich auch wahre Freunde. (S. auch Monika Treut)

Kaffee, Milch und Zucker (Boys on the Side, USA 1995)

Regie: Herbert Ross; mit Whoopi Goldberg, Marie-Louise Parker, Drew Barrymore

Bisschen plattes Road Movie mit Starbesetzung. Drei Ladys sind unterwegs von New York nach L.A.: Eine Lesbe, eine HIV-Positive und eine, die ihren Mann umgebracht hat. Die Frauen beschließen, sich in einem Kaff in der Nähe von Tucson niederzulassen. Auf Dauer aber können sie nicht davonlaufen. Die inzwischen hochschwangere Holly wird verhaftet und vor Gericht gestellt, die Krankheit von Robin schreitet ihrem Höhepunkt entgegen. Durch die Unterstützung ihrer Freundinnen kommt Holly mit einer milden Strafe davon. Die drei Freundinnen sind wieder vereint. Und sie beschließen, ein letztes Mal ein großes Fest zu geben …

Kommt Mausi raus?! (D 1996)

Regie: Alexander Scherer; mit Julia Richter, Nina Weniger

Zwar kein Kinofilm, aber ein immer wieder gern gesehenes Fernsehspiel zum Thema Coming Out. Und so heiter kann das sein: Mausi(!) zieht in die Großstadt und verliebt sich in eine Frau. Prompt fallen die Haare und sie definiert sich als Lesbe. Als sie wieder zu Mutti heim aufs Land fährt, ist Mausis Coming Out für die total verständnisvolle Mutter überhaupt kein Thema. »Och, aber ein Würstchen kannste doch noch …« Darauf Mausi: »Ne, Mutti, ich bin doch jetzt Vegetarierin.«

Mädchen in Uniform (D 1958)

Regie: Géza Radvanyi; mit Romy Schneider, Lili Palmer

Romy Schneider mal endlich nicht als Sissi. Hier bringt die Dramatik unser aller Herzen zum Schlagen. Die Internatsschülerin Manuela von Meinhardis liebt ihre Lehrerin, Fräulein von Bernburg. Auch das Fräulein mag die Schülerin, darf ihrer Zuneigung jedoch keinen Ausdruck verleihen. *Mädchen in Uniform* wurde in Deutschland zweimal verfilmt: erstmals 1931 unter der Regie von Leontine Sagan; mit Hertha Thiele, Dorothea Wieck und Emilie Unda, s/w.

Novembermond (BRD/Frankreich 1984)

Regie: Alexandra von Grote; mit Gabriele Osburg, Christiane Millet

Novembermond erzählt die Geschichte der jüdischen Deutschen November Messing, die 1933 mit ihrem Vater nach Paris emigriert. Nach der Besetzung Frankreichs durch die Deutschen 1940 kann November zunächst in die freie Zone flüchten. Dort wird sie denunziert und von der Gestapo verhaftet. Mit Hilfe eines jungen SS-Soldaten gelingt ihr jedoch die Flucht.

Orlando (GB 1992)

Regie: Sally Potter; mit Tilda Swinton, Quentin Crisp, Jimmy Sommerville

Nach einem Roman von Virginia Woolf. Orlando bleibt ewig jung. Mal Mann, mal Frau wandert er/sie durch vier Jahrhunderte, erlebt Krieg und Frieden, Einsamkeit und rauschende Feste.

Paris was a woman (GB/USA/D 1995)

Regie: Greta Schiller, Dokumentarfilm

Lesbengeschichte wiedererlebt. Mit zeitgenössischem Filmmaterial und Originalinterviews lässt Greta Schiller die legendären Frauen von der Left Bank wiederauferstehen: Gertrude Stein, Adrienne Monnier, Natalie Clifford Barney. Das Buch mit dem gleichnamigen Titel von Andrea Weiss ergänzt den Film.

Salmonberries (CDN 1991)

Regie: Percy Adlon; mit k.d.lang, Rosel Zech

Liebe mit k.d. im ewigen Eis. Kotz wurde als Baby in der Tundra Alaskas in einer Pappschachtel gefunden. Als sie 20 ist, sieht sie aus wie ein junger Mann und ist auf der Suche nach ihrer Identität. Sie trifft auf die Bibliothekarin Roswitha, die als Holocaust-Überlebende nach Nordamerika emigriert ist. Eine eigentümliche Liebe nimmt ihren Lauf.

Two Girls in Love (USA 1996)

Regie: Maria Maggenti mit Laurel Holloman, Nicole Parker, Kate Stafford

Süße Teenie-Komödie über die erste Liebe. Randy Dean ist ein wildes Mädchen. In einer Lesben-WG aufgewachsen, kennt sie sich aus und ist zu jeder Schandtat bereit. Evie Roy ist das genaue Gegenteil: eine Highschool-Prinzessin aus einer der reichsten und angesehensten Familien der Stadt. Als sie sich ineinander verlieben, ernten sie nicht nur Begeisterung. Das die eine weiß und die andere schwarz ist, macht es noch komplizierter. Trotzdem finden sie einen Weg, sich durchzusetzen ...

Warten auf den Mond (USA 1987)

Regie: Jill Godmillow

Die Lebensgeschichte von Gertrude Stein und Alice B. Toklas. Ein wunderbarer Film über das Leben der beiden Frauen. Gertrude scheucht Alice herum, Alice ist böse, Gertrude und Alice fahren viel zu schnell mit dem Auto über Land und besuchen Picasso. Ein ganz normales Paar also?!

The Watermelon Woman (USA 1996)

Regie: Cheryl Dunye; mit Cheryl Dunye, Guinevere Turner, Valarie Walker, Camille Paglia

Die Suche nach lesbischer Geschichte mit überraschendem Ergebnis. Cheryl Dunye führt Regie und spielt die Hauptrolle in diesem Film über eine lesbische Videofilmerin. Clerk will eine Dokumentation über Fae Richards, *The watermelon woman,* machen. Sie weiß von ihr nicht viel mehr, als dass die schwarze Schauspielerin eine Sklavin in einem Film aus den 20ern spielte. Doch es gibt ja das Lesbenarchiv …

When night is falling (CDN 1995)

Regie: Patricia Rozema; mit Pascale Bussières, Rachel Crawford

Romanze unter der Zirkuskuppel. Camille unterrichtet an einem christlichen College, und ihr Leben ist geregelt. Bald soll sie ihren Kollegen Martin heiraten, um mit ihm die Leitung des Colleges zu übernehmen. Doch dann kommt alles ganz anders. Camilles Hund stirbt, und sie lernt Petra in einem Waschsalon kennen. Diese beeindruckt sie nicht nur durch ihre Trapez-Kunststücke. Plötzlich erscheint Camille das Leben klein und öde. Als Petra schließlich weiterziehen muss, muss sie sich entscheiden …

Am Puls der Queer-Szene – Monika Treut

Monika Treut ist eine der interessantesten Vertreterinnen des zeitgenössischen Queer Cinema. Geboren 1954 in Mönchengladbach, besuchte sie zunächst eine Mädchenschule. Sie studierte Literatur- und Kunstwissenschaft und promovierte über de Sade. Mit 23 Jahren hatte sie ihr Coming Out mit einer lesbischen Videokünstlerin, der sie nach Hamburg folgte.
1988 gelang ihr mit dem Film *Die Jungfrauenmaschine* ein echtes Sahnestückchen lesbischer Filmkunst. Hier ist wirklich eine große Palette von erotischen Spielarten für Frauen geboten. Die Filmheldin verschlägt es nach L. A., wo sie mit der käuflichen lesbischen Liebe, einem lesbischen Limousinen-Unternehmen und der Sexshop-Besitzerin Susie »Sexpert« Bright und deren Dildopalette ihre einschlägigen Erfahrungen macht. Einer der köstlichen Höhepunkte ist das böse Erwachen nach der ersten Liebesnacht mit einer Frau. Anstelle eines gemeinsamen Frühstücks oder einer schnellen Nummer am Morgen wird unserer gebeutelten Heldin eine saftige Rechnung für die gemeinsam verbrachten Stunden präsentiert. Zum Glück akzeptierte die amerikanische Liebhaberin alle gängigen Kreditkarten. Ebenfalls immer wieder schön ein Drag-King-Strip von Shelly Mars.
1991 dreht sie in New York den Film *My Father is coming* und 1992 kamen vier Dokumentarfilme unter dem Titel *Female Misbehaviour* ins Kino. Hier porträtierte sie eine Bondage-Fetischistin, den Female-to-Male Transsexuellen Max Wolf Valerio, die Performance-Künstlerin Annie Sprinkle und die US-amerikanische Wissenschaftlerin Camilla Paglia.
Ein weiteres Filmprojekt war 1997 *Didn't do it for love*, eine Dokumentation über die 50-jährige Domina Eva Norvind, die in New York lebt.

Freute sich Monika Treut noch vor einigen Jahren darüber, als lesbische Filmemacherin bekannt zu sein, ist dieses Label für sie heutzutage eher kein Grund mehr zum Jubeln. Zwar kommt sie mit ihren Filmen immer wieder auf lesbische Themen oder lesbisches Leben, aber ihre neueren Filme spiegeln klar ihre Bemühungen wider, sexuelle Aspekte jenseits von Lesbischsein darzustellen. Ihre neueste Dokumentation widmet sich auch einem eher männlichen Thema. *Gendernauts* ist ein Film über die Female-to-Male-Transsexuellenszene von San Francisco.
Monika Treut lebt heute in Hamburg und New York.

Lesbische Märchentanten – Literatur für Lesben

Rita Mae Brown

Nach der Lektüre eines Buches von Rita Mae Brown hat man das Gefühl, dass Lesbischsein eigentlich eine ganz tolle Sache ist. Ihre Heldinnen sind intrigant, mies oder hinterhältig, betrügen, lieben und leiden, und sie sind ganz selbstverständlich Lesben. Das löst keine Sinnkrise aus, durchzieht sich nicht durch das ganze Buch als roter Jammerfaden, sondern ist einfach nur eine Tatsache von vielen. Ihr erstes und bekanntestes Buch, *Rubinroter Dschungel* (Rubyfruit Jungle), erschien 1973 zum ersten Mal. Es ist die erfrischende Coming-Out-Geschichte einer jungen Südstaatlerin, die sich auf den Weg nach New York macht, um ins Filmgeschäft einzusteigen. Dabei wird sie auch noch richtig lesbisch und verfällt darüber nicht mal in Depression. Dies Buch sollte in keinem Regal fehlen. Nicht weniger bekannt-pikant ist ihr Schlüsselroman *Die Tennisspielerin*, in dem sie ihre langjährige Beziehung mit Martina Navratilova aufarbeitet. Seit einiger Zeit gibt sich Rita ganz dem Krimischreiben hin. Das Setting ist meist in Großfamilien in den Südstaaten, assistiert wird ihr dabei von ihrem Hauskater Sneaky Pie.
Hier eine kleine Auswahl ihrer bekanntesten Romane:
Bingo; Goldene Zeiten; Herzgetümmel; Jacke wie Hose; Die Tennisspielerin; Venusneid; alle Rowohlt Verlag, Reinbek.

Karen-Susan Fessel

Karen-Susan Fessel gilt als Shooting Star der jungen deutschen Lesbenliteratur. Endlich mal eine, deren erotische Geschichten einem nicht das Gruseln lehren, sondern eine Gänsehaut nach der anderen den Rücken rauf und runter jagen und deren Erzählungen Tiefgang bieten. Sie veröffentlichte zwei Romane, *Bilder von ihr*, *Und abends mit Beleuchtung*, die phantastische Erzählung *Stirb, meine Königin* sowie zwei Bände mit Kurzgeschichten *Heuchelmund* und *Was ich Moira nicht sage*.
Karen-Susan Fessel spricht in ihren Geschichten die unterschiedlichsten Themen an, Lesben und Eltern, als Lesbe in der Heterowelt arbeiten, Coming Out, S/M, Liebe und Leidenschaft, Freundschaften zwischen Schwulen und Lesben und natürlich Sex, Sex, Sex. Ihre Storys sind komisch, tragisch, ernst, lustig, manchmal sehr erotisch und manchmal sehr melancholisch. Karen-Susan Fessel schafft es, ihre LeserInnen in Stimmung zu versetzen, welcher Art auch immer. In Literaturbesprechungen nennt man das gerne »atmosphärisch dicht«. Die Handlungen kommen einem recht vertraut vor. Da hier eine Deutsche über die deutsche Szene schreibt, bekommt man nicht den distanziert-amüsierten Blick wie bei den amerikanischen Exportschlagern, sondern hat das Gefühl, Teile aus dem eigenen Leben wiederzuerkennen, vielleicht auch die Kneipen, in denen die Protagonistinnen ihr Bier trinken.
Fessel wurde 1964 in Lübeck geboren und lebt als Schriftstellerin und Journalistin in Berlin. Wenn sie nicht gerade auf Lesereise durch die Republik tingelt, hat man gute Chancen, sie Samstag morgens im Locus in Kreuzberg 61 beim Frühstücken zu treffen.

Radclyffe Hall

Radclyffe wurde 1880 in Bournemouth, England geboren und starb 1943 in Pimlico. Mit ihrem 1921 erschienenen Buch *The Well of Loneliness (Quell der Einsamkeit)* entfachte sie einen europaweiten Skandal, der sie zur bekanntesten lesbischen Schriftstellerin aller Zeiten machte. Der Roman wurde wegen »Obszönität« verboten, weil er die Geschichte einer Frau schildert, die wegen ihrer Liebe zu Frauen von der Gesellschaft geächtet wird. Radclyffe, die in wohlhabenden Verhältnissen aufgewachsen ist und von einem Privatlehrer erzogen wurde, hatte, nachdem sie das Vermögen ihres Großvaters geerbt hatte, zeitlebens ausgesorgt. Sie bereiste viele Länder, hatte mehrere Frauenbeziehungen, bis sie sich 1915 in die Schriftstellerin Una Troubridge verliebte, mit der sie bis an ihr Lebensende zusammenblieb. Aus heutiger Sicht hat *Quell der Einsamkeit* eher historischen Wert: Lesbischsein wird als tragisches Schicksal dargestellt, dem die Heldin, auch wenn sie wollen würde, nicht entfliehen kann.

Krimiautorinnen

In der Ariadne-Reihe beim Argument-Verlag und beim Verlag Frauenoffensive sind eine Vielzahl von Frauen/Lesben-Krimis erschienen. Ihnen gemein ist, dass die jeweiligen Heldinnen witzige, starke und mutige Frauen sind, die auf ungewöhnliche Weise ihr Ziel erreichen. Bei Ariadne sind übrigens die Krimis mit den ungeraden Seriennummern Lesbenkrimis. Sie werden von der Soziologin und Feministin Frigga Haug herausgegeben.

Katherine V. Forrest

Katherine V. Forrest wurde 1939 in Ontario, Kanada, geboren. Seit den 80ern schreibt sie Krimis, Romane und Kurzgeschichten. Von 1984 war sie zehn Jahre Lektorin und Herausgeberin

beim lesbischen Verlag The Naiad Press. Katherine wurde dreimal mit dem bekannten schwulesbischen Literaturpreis Lamda Award ausgezeichnet. Sie gilt als eine der besten und spannendsten Krimiautorinnen der schwulesbischen Subkultur. Ihre Heldin ist die smarte Kate Delafield.
Romane: *Die Fremde im Pool*; *Das Gebot der Stunde*; *Seltsamer Wein*; alle Frauenoffensive, München.
Krimis: *Amateure; Die Tote hinter der Nightwood Bar; Beverly Malibu; Tradition*; alle Argument Verlag, Hamburg.

Sarah Dreher

Sarah wurde 1937 geboren und verliebte sich schon mit 17 in Frauen. Dafür flog sie fast vom College. Sie studierte klinische Psychologie und promovierte 1963. Heute arbeitet sie als Psychotherapeutin. Mit ihrer Liebsten und mehreren Katzen und Hunden lebt sie in Massachusetts, USA. In ihrer Freizeit schreibt sie Theaterstücke und Krimis. Sarah Dreher ist die »Mutter« von Stoner McTavish, der beliebten lesbischen Detektivin, von der mittlerweile sieben Folgen erschienen sind.

J. M. Redmann

J. M. Redmann lebt in New Orleans, wo ihre Romane spielen, und arbeitet in einer privaten Aids-Hilfe. Im Klappentext ihrer Bücher erfährt frau, dass sie noch nie politisch korrekt gewesen sei und gerade deshalb machten ihre Krimis um Underdog Michele (Micky) Knight sie auf Anhieb zur Kultfigur.
Krimis: *Missippi, Stirb, Jokaste!*; *Sag niemals ja!*; *Stein der Waisen*; alle Argument-Verlag (Ariadne-Reihe), Hamburg

Sie sind Avantgardistinnen und nehmen kein Blatt vor den Mund. Ob durch praktische Übungen, prickelnde Vorträge oder erotische Videos, ihnen ist jedes Mittel recht, Lesben die Scham auszutreiben und Spaß am Sex zu vermitteln. Schamlosigkeit findet sich bei:

Susie Bright

Alias Susie Sexpert, geboren 1958, ist die wohl bekannteste lesbische Sexologin in den USA. Sie arbeitete als Redakteurin bei dem lesbischen Pornomagazin *On our backs*. Ihre Lesungen, Videopräsentationen und Safer-Sex-Vorführungen füllen ganze Säle in den USA, Kanada und Europa. Sie hat eine Tochter namens Aretha. Das Minneopolis Weekly kürte sie an 23. Stelle unter den 62 Gründen, warum man Amerika lieben kann.
In Deutschland erschienen: *Susie Sexperts Sexwelt für Lesben* und *Susie Sexperts liederliche Lesbenwelten*. Krug & Schadenberg, Berlin

Pat Califia

Wurde 1954 an der US-amerikanischen Westküste geboren. Sie beschäftigt sich schon seit über 20 Jahren intensiv mit lesbischer Sexualität und hat eine Reihe von Sachbüchern, Romanen und Lyrik veröffentlicht. Sie selbst bezeichnet sich als »sexual outlaw«, indem sie immer wieder die Szene mit Tabuthemen konfrontiert. Ihr bekanntestes Buch *Sapphistry* ist unter dem Titel *Wie Frauen es tun – Das Buch der lesbischen Sexualität* neu erschienen. Das Standardwerk lesbischer Lust liefert handfeste Informationen und Anleitungen für Lesben jeden Alters, die mehr über die eigenen erotischen Bedürfnisse oder sexuelle Techniken erfahren wollen. Sie geht aber auch auf Tabu-Themen wie lesbischen S/M-Sex, behinderte Lesben und Sex sowie Transsexualität ein.

Besondere Tipps von Lillemors Frauenbuchladen, München
www.frauenliteratur.de

Käthe von Fleckenstein (Hrsg.): *Sappho küsst die Welt. Geschichten von Lesben aus vier Kontinenten.* Quer Verlag, Berlin.

Mirjam Müntefering: *Flug ins Apricot.* Milena, Wien.

Romantisch-aufregende, einfach wunderbare Coming-Out-Geschichte.

Claudia Schock: *Und dann kamst Du.* Krug & Schadenberg, Berlin

Geschichten von verheirateten Frauen, die lesbisch wurden.

Erzsébet Galgóczi: *Eine andere Liebe.* Suhrkamp, Frankfurt.

Die Geschichte einer lesbischen Journalistin in Ungarn im Jahre 1959, drei Jahre nach der niedergeschlagenen Revolution.

Infos aus aller Welt – Leszines und Lesmags

Einmal im Monat erscheint das einzige bundesweite Lesbenmagazin *Lespress*. Die *Seiten mit Sinn*, so der Untertitel, sind für vier Mark in Frauenbuchläden, Lesbenzentren und ausgewählten Bars erhältlich. Das ca. 40 Seiten starke Heft von Ulrike Anhamm und Monika Richrath bietet einen bunten Mix aus Szene-Infos, Buch- und Filmrezensionen, Berichten über lesbische Aktivitäten weltweit, Kurzgeschichten und Kontaktanzeigen.

Alle zwei Monate erscheint die *UKZ (Unsere kleine Zeitung)*, das Lesbenmagazin aus Berlin. Sie ist für sechs Mark an diversen Stellen in Berlin erhältlich oder im Abo (s. Adressteil). Die *UKZ* informiert auf ebenfalls ca. 40 Seiten über Aktuelles aus Politik, Kultur und Szene. Sie bietet Berichte über lesbenrelevante Themen und bespricht Filme und Bücher. Die *Ihrsinn*, nach eigenen Angaben eine »radikalfeministische Lesbenzeitschrift«, erscheint zweimal im Jahr. Sie enthält gesammelte Aufsätze zu einem bestimmten lesbenspezifischen Thema und ist in Frauenbuchläden und im Abo erhältlich.

Nicht speziell für Lesben, sondern für die gesamte Community ist die bundesweite Monatszeitschrift *Queer* gedacht. Das Infoblatt im Tageszeitungsformat liegt kostenlos in Szenekneipen aus. In der *Queer* finden sich sowohl Artikel zu schwulesbischen Themen als auch Veranstaltungstipps, aufgegliedert nach unterschiedlichen Regionen.

Schließlich gibt es in den meisten Großstädten kostenlose schwulesbische Stadtmagzine (s. Adressteil). Da viele früher ausschließlich auf die schwule Zielgruppe ausgerichtet waren, sucht frau oft vergeblich nach den auf dem Titel versprochenen Informationen für Lesben. Als einziges Stadtmagazin in Deutschland leistet sich die Berliner *Siegessäule* mit Manuela Kay eine lesbische Redakteurin. Sie berichtet:

Bei uns bekennt sich die ganze Redaktion zu einem Queer-Konzept, d. h., dass Schwule über lesbische Themen schreiben und umgekehrt. Außerdem haben wir selten rein schwule Themen, sondern vermischen alles. Dieser Ansatz passt meiner Meinung nach eher zu der folgenden Generation. Die nächste Generation von jungen Lesben wird nicht mehr so separatistisch sein.

Spezielle Magazine für junge Lesben im Comimg Out gibt es keine, das lässt sich einfach nicht finanzieren. Die Siegessäule *gehört zu den Magazinen, die kostenlos verteilt werden. Wir sind rein werbefinanziert. Dabei kommen 80 Prozent des Budgets von Schwulen, mit Lesben kann man da nach wie vor keinen Staat machen. Trotz der Anzeigenfinanzierung sind Redaktion und Anzeigengeschäft ganz strikt getrennt. Du wirst keinerlei Gefälligkeitsartikel finden. Es ist viel eher so, dass wir mal Anzeigenkunden vergrätzen, weil wir ganz schlicht und einfach die Wahrheit schreiben: über ihre schlechten Partys, Kneipen oder Produkte.*

Die Siegessäule *behauptet das größte schwulesbische Stadtmagazin Europas zu sein, aber da wir mit dem Konzept einzigartig sind, ist das auch leicht zu behaupten. Unsere Auflage liegt bei 45 000 Exemplaren, und die sind dann auch alle vergriffen.*

International

Das größte US-amerikanische Schwulen- und Lesbenmagazin heißt *Out*. Es ist auch in gut sortierten deutschen Buchhandlungen erhältlich. Unter www.out.com kannst du dir einen Eindruck von Themen und Aufmachung verschaffen. Aus San Francisco kommt die *OnOurBacks*. Das Lesbensexmagazin behandelt alles, was mit dem schönsten Zeitvertreib der Welt zu tun hat. Du findest praktische Sextipps neben Fotostrecken und theoretischen Abhandlungen. Die URL der *OnOurBacks* lautet www.gfriends.com. In Großbritannien erscheint einmal im Monat die *Diva*. Neben hübschen Dykes auf dem Hochglanzcover, bietet sie die neuesten Trends aus der Londoner-Szene und dem Rest der Welt. Leseproben unter www.gaytimes.co.uk. In Frankreich lesen Lesben und Schwule *TETU, Le magazin des gays et des lesbiennes.* Wer dieser Sprache mächtig ist, erfährt mehr unter www.tetu.com. In Italien gibt es schließlich noch die *Babilonia* (www.babilonia.net) und auch Prag hat mit *Zero* (www.eset.cz/soho/) ein schwulesbisches Stadtmagazin.

Im Netz zu Hause – die besten URLs

Lesbennetz (www.uni-bielefeld.de/IFF/lesben/)
Das Lesbennetz ist ein Projekt des Interdisziplinären Frauenforschungszentrums (IFF) an der Uni Bielefeld. Ziel ist es, Lesben dabei zu unterstützen, sich mit Hilfe des Internets zu vernetzen. Auf den Seiten des Lesbennetzes findet sich eine gut sortierte lesbenspezifische Linksammlung für den deutschsprachigen Raum. Wer will, kann sich auf eine Mailingliste eintragen und wird mit aktuellen Informationen zur Lesbenpolitik, Lesbenforschung und Lesbenkultur frei Mailbox versorgt.

Dykes World (www.dykesworld.de)
Tauche ein und erkunde die Lesbenwelt der Indina Bendc. Während du von Seite zu Seite stolperst, entdeckst du schöne Fotos, Infos und Witze. Mit Schwerpunkt Afrika erfährst du einiges über das Leben der Frauen dort und Indinas Reisen in die Region. Hier findest du auch den interaktiven Lesbencomic *Dykes on Dykes* von Katrin Kremmler.

Bunte Lesbenzeitung (www.blesz.de)
Lesben E-zine aus Hamburg. Das Team bestehend aus fünf Frauen, hat alles zusammengetragen, was ihnen zu den Bereichen Lesben, Liebe, Leidenschaft in die Finger gekommen ist. Gut sortiert. Mutig ist der Aufsatz zum Thema sexualisierte Gewalt. Die Seiten sind noch ausbaufähig. Mitmachen ist erwünscht.

Konny's Homepage (www.homo.de/lesben/)
Eine wahre Fundgrube. Kaum zu glauben, dass Kornelia all diese Infos alleine zusammengetragen hat. Aus einer täglich wachsenden Zahl von Kategorien kannst du wählen: Film, Buch, Reise, Lesben und Behinderungen etc. Hier findest du in Hülle und Fülle Bücher und Adresslisten. Wenn sich zwei Lesben in Deutschland treffen, kannst du davon ausgehen, dass Konny am nächsten Tag die Adresse hat.

Lesspress im Netz (www.lespress.de)
Die Online-Version der *Seiten mit Sinn*. Wenn sie denn mal geladen sind, ein schön-gestaltetes informatives Angebot für Lesben aus der ganzen Republik. Mit Veranstaltungstipps, ausgewählten Artikeln und Links auf andere Pages.

Blau Digital (www.txt.de/blau)

Die Blau, die etwas anspruchsvollere Lesbenzeitung, ist viel zu gut, um sie zu verpassen. Was allerdings bei der unregelmäßigen Erscheinungsweise doch viel zu häufig passiert. Nach einer schönen blauen(!) Startseite findet ihr Auszüge aus den letzten Heften. Viel zum Thema Literatur.

Siegessäule Online (www.siegessaeule.de)

Online-Angebot des größten europäischen Queer-Stadtmagazins. Nicht nur die Reisevorbereitung für ein Wochenende in Berlin, sondern auch spannende Artikel und Buchrezensionen aus der Lesbenhauptstadt.

Fundgrube für Frauenthemen (www.frauennews.de)

Superausführliche Sammlung von Artikeln rund um das Thema Frau. Von der ersten Frauenbewegung über Menstruation bis hin zu feministischer Theorie findest du hier einen guten Einstieg in Themen aller Art. Der Unterpunkt *Frauen die Frauen lieben* bietet hilfreiche Links.

Lesbenchats

Deutschsprachiger Chat (www.lesben.de)
Lesbenchannel (www.geocity.de/lesben/chatten.html)
Frauen ab 30 (www.s-hip.de/chat/default.asp)
Chaträume (www.femalenews.de.www.femalenews.de/news; www.her2her.de;www.her4her.de)
Englische Chats (www.dykesworld.de/Talk.html; www. dykesworld.de/chathouse.html)

Weitere Highlights

Sextoys und mehr (www.good-vibrations.com)
Eidgenössische Lesbenpower (www.lesbian.ch)
Tor zur Welt der Ami-Lesben (www.lesbian.org)
Trendmagazin für die Generation Queer (www.vary.de)
Shopping for Dykes (www.lesbenkaufhaus.de)

Dyke Rock – die besten Popsongs

Angefangen hat alles mit Janis Joplin. Wenn sie ihren *Hit Bobby McGee* (»Freedom's just another word for nothing left to loose«) sang, nuschelte sie jedesmal beim Pronomen für Bobby so, dass nicht klar wird, ob Bobby nun eine Frau oder ein Mann ist. Darauf angesprochen, hat sich die bisexuelle Sängerin nicht klar festgelegt. Schon ward die erste Lesbenhymne geboren. Eigentlich wäre es ja egal, ob da nun von zwei Frauen gesungen wird, oder eine Frau für einen Mann minnt, ein guter Song ist nun mal ein guter Song. Und doch ist es immer wieder ein kleines Glücksgefühl, wenn eine der großen Rockladys für eine andere Dame schwärmt. Ganz eindeutig sind da Melissa Etheridge, k.d.lang und Marla Glenn, aber die geben ja auch offen zu, lesbisch zu sein. Madonna, die sich ja als schwuler Mann in einem weiblichen Körper definiert, singt einmal, dass ein Mann ihr tausend Lügen erzählen kann und dass sie ihre Lektion daraus gelernt hat. Ob das schon was zu bedeuten hat?
Janet Jackson covert auf ihrem Album *The Velvet Rope* Rod Stewarts *Cause I love you, girl.* Dabei belässt sie die Pronomen so, wie sie sind. Sie wolle damit ihren homosexuellen Freunden eine Freude machen und ein Zeichen setzen, kommentierte die Jacko Schwester keck. Wunderschön ist *Mujer contra Mujer* von Mecano. Im Text geht es um eine Frau, die zwei Lesben beobachtet, die sich lieben. Ein Klassiker unter den deutschsprachigen Liedern ist sicher Ulla Meinecke mit der *Tänzerin.* Viel gespielt auf dem CSD 1999 wurden Rosenstolz und Hella von Sinnen mit ihrem Hochzeitssong *Ich will.* Die drei unterstützen damit die Ja-Wort!-Aktion zur Homoehe des Lesben- und Schwulenverbandes.

SERVICE

Lesbenpower – every hour

Kontaktadressen

Aachen

- Lesbentelefon (Di 19–21 Uhr), Tel: 0241/ 404145

Ahaus

- Lesbentelefon (1.Fr 20–22 Uhr), Tel: 02561/971738

Augsburg

- Frauenzentrum, Haunstetterstr. 49, 86161 Augsburg, Tel: 0821/581100
- Frauenbuchladen Elisara, Schmiedgasse 11, 86150 Augsburg, Tel: 0821/154303, Fax: 0821/154811

Basel

- Schwulen- und Lesbenzentrum Basel (SchleZ), Gärtnerstr. 55, CH-4010 Basel, Tel: 0041/61/631 5588

Bautzen

- Lesbentelefon, Tel: 03591/460748 (Beratung), 0359/42353 (Frauenzentrum e.V.)

Berlin

- Lamda Jugendnetzwerk für Lesben und Schwule, Ackerstr. 12–13, 1015 Berlin, Tel: 030/2827990, Fax: 030/2807276 www.inx.de/rainbow/lambda-berlin
- EWA e.V. Frauenzentrum, Prenzlauer Allee 6, 10405 Berlin, Tel: 030/4425542, Fax: 030/4428023
- Frieda Frauenzentrum, Proskauer Str.7, 10247 Berlin, Tel: 030/7074820
- Lesbenberatung e.V., Kulmer Str. 20a, 10783 Berlin, Tel: 030/2152000, Fax: 030/2172753
- Lesbennetzwerk Schöneberg, Potsdamer Str. 139, 10783 Berlin, Tel: 030/2151414
- Sonntags-Club e.V., Beratungs- und Informationszentrum, Greifenhagenerstr. 28, 10437 Berlin, Tel: 030/44 82 184
- Transphon, Tel: 030/4423702

Bern

- Buchhandlung Candinas, Münstergasse 41, CH-3000 Bern, Tel: 0041/31/3121285

Biberach

- Lesbentelefon (Fr ab 20 Uhr), Tel: 07351/13567

Bielefeld

- Lesbentelefon c/o Frauenkulturzentrum (Mi 19–21 Uhr), Am Zwinger 16, 33602 Bielefeld, Tel: 0521/138390

Bochum

- Amazonas Buchladen, Schmidtstr. 12, 44793 Bochum, Tel: 0234/683194
- Lesben Info & Notruftelefon (Sa 17–21 Uhr), Tel: 0234/67295
- Rosa Strippe Bochum, Eislebener Str. 14, 44892 Bochum, Tel: 0234/280822 (Büro), 19446 (Beratung), Fax: 0234/280829

Bonn

- Azade – interkultureller Mädchentreff, Dorotheenstr. 20, 53111 Bonn, Tel: 0228/659491, Fax: 0228/659491
- Lesben- und Schwulenzentrum Bonn e.V., Am Frankenbad 5, 53111 Bonn, Tel: 0228/630039, Fax: 0228/650050
- Lesbentelefon (Di 19–21 Uhr), Tel: 0228/19446
- Nora Frauenbuchversand, Kekuléstr. 35, 53115 Bonn, Tel: 0228/224491, Fax: 0228/265115
- Lesbenberatung, Dorotheenstr. 1–3, 53111 Bonn, Tel: 0228/653222, Fax: 0228/7668077

Botropp

- Frauenzentrum Courage und Lesbentelefon, Scharnhölzstr. 52, 46236 Bottrop, Tel: 02041/63593 (Mo 17–20 Uhr)

Braunschweig

- Frauenzentrum e.V., Rosenstr. 6, 38102 Braunschweig, Tel: 0531/796760
- Frauenhaus-Beratungsstelle (Mo, Mi, Fr 9–12 Uhr, Di, Do 14–17 Uhr), Tel: 0531/302200
- Frauenbuchladen, Magnikirchstr. 4, 38100 Braunschweig, Tel: 0531/40744, Fax: 0531/17552

Bremen

- Belladonna, Kultur-, Kommunikations- und Bildungszentrum für

Frauen e.V., Sonnenstr. 8, 28203 Bremen, Tel: 0421/703534, Fax: 0421/703544

- Frauentherapiezentrum, Humboldtstr. 88, 28203 Bremen, Tel: 0421/76405, Fax: 0421/76405
- Hagazussa Frauenbuchladen, Friesenstr. 12, 28203 Bremen, Tel: 0421/74140, Fax: 0421/75130
- Lesbentelefon Bremen, Tel: 0421/3399046
- Rat und Tat Zentrum, Theodor-Körner-Str.1, 28122 Bremen, Tel: 0421/704170, Fax: 0421/700009

Chemnitz

- CHeLSI e.V., Rösslerstr. 9, 09120 Chemnitz, Tel: 0371/50094, Fax: 0371/55867
- Frauenzentrum Lila Villa, Kaßbergstr. 22, 09112 Chemnitz, Tel: 0371/302678, Fax: 0371/302678

Cottbus

- Anders Artig e.V., Postfach 100517, 03005 Cottbus
- Landeskoordinierungsstelle für LesBiSchwule Belange, Land Brandonburg, Taubenstr. 20, 03046 Cottbus
- Lebensart e.V., Straße der Jugend 100, 03046 Cottbus, Tel: 0355/23273, Fax: 0355/23273

Darmstadt

- Artemis Frauenbuchladen, Friedrichstr. 22, 64293 Darmstadt, Tel: 06151/272601

Dortmund

- Lesbentelefon (Di 19–21 Uhr), Tel: 0231/820001
- Schwulen- und Lesbenzentrum, Braunschweiger Str.22, 44145 Dortmund, Tel: 0231/832263

Dessau

- Homland, Postfach 11 16, 06812 Dessau, Tel: 0340/2202395

Dresden

- Frauenzentrum Sowieso, Angelikastr.1, 01099 Dresden, Tel: 0351/8041470, Fax: 0351/5022025
- Gerede e.V., Dresdner Lesben, Schwule & alle anderen, Wienerstr. 41, 01219 Dresden, Tel: 0351/4640220, Fax: 0351/4640247
- Pusteblume Frauenbuchladen, Martin-Luther-Str. 23, 01099 Dresden, Tel: 0351/8027880

Düsseldorf

- Café Rosa Mond, Zentrum für Lesben & Schwule, Oberbilker Allee 310, 40233 Düsseldorf, Tel: 0211/775242, Fax: 0211/775212
- Frauenberatungsstelle Düsseldorf e.V., Ackerstr. 144, 40233 Düsseldorf, Tel: 0211686854, Fax: 0211/676161
- Frauenbuchladen, Becherstr. 2, 40476 Düsseldorf, Tel: 0221/464405, Fax: 0221/461853
- Lesben- und Schwulenzentrum e.V., Lierenfelder Str. 39, 40231 Düsseldorf, Tel: 0211/7370030, Fax: 0211/7370034
- Lesbeninfotelefon (Do 19–22 Uhr), Tel: 0221/7337480
- LuSZD, Lesben- und Schwulenzentrum Düsseldorf e.V., Kronenstr. 76, 40217 Düsseldorf, Tel: 0211/330292, Fax: 0211/9345037

Emden

- Lesben- und Schwulengruppe c/o AIDS- & Drogenberatung, Am Alten Binnenhafen 2, 26721 Emden, Tel: 04921/26051

Erfurt

- Brennessel e.V. Frauenkommunikations- und Bildungszentrum, Meister-Eckehart-Str.3, 99084 Erfurt, Tel: 0361/5656510, Fax: 0361/5656511

Essen

- Frauenliebe im Pott, Verein zur Förderung lesbischer Lebensformen e.V., Kaldekirche 32, 45309 Essen, Tel: 0201/212190

Flensburg

- Lesbengruppe Flensburg c/o Luzie's Frauenzimmer, Marienstr. 29–31, 24937 Flensburg
- Lesbentelefon (Di 18–19 Uhr), Tel: 0461/21347

Frankfurt/M.

- Lebendiges Lesbenleben e.V., Zentrum für Kommunikation, Kultur und Bildung e.V., Klingerstr. 6, 60313 Frankfurt/M., Tel: 069/293044, Fax: 069/293044
- LIBS – Lesben-Informations- und Beratungsstelle, Alte Gasse 38, 60313 Frankfurt/M., Tel: 069/28282, Fax: 069/282883

Freiburg

- FLUSS, Freiburgs Lesbisches und Schwules Schulprojekt e.V., Wilhelmstr.15, 79098 Freiburg, Tel: 0761/33321, Fax: 069/282883
- Lesbentelefon Freiburg (Mi 20–22 Uhr), Tel: 0761/383390

Gelsenkirchen

- Jugendtelefon (Mo/Mi 16–19 Uhr), Tel: 0209/144011

Gießen

- Lila Kabel Lesbentelefon (Do 16–21 Uhr), Tel: 0641/72777

Göttingen

- Laura Frauenbuchladen, Burgstr. 21, 37073 Göttingen, Tel: 0551/47317, Fax: 0551/47317
- Lesbentelefon Göttingen, Groner Str. 28, 37073 Göttingen, Tel: 0551/45510

Graz

- Steirisches Schwulen- und Lesbenzentrum »Feel Free«, Rapoldgasse 24, A-8010 Graz, Tel: 0043/316/3288080

Greifswald

- Rosa Greif – schwulesbischer Arbeitskreis c/o Soziokulturelles Zentrum St. Spiritus, Lange Str. 49, 17489 Greifswald, Tel: 03834/3463

Halle

- Weiberwirtschaft, Tel: 0345/2024331

Hamburg

- Frauenbuchladen, Bismarckstr. 98, 20253 Hamburg, Tel/Fax: 040/4204758
- Junglesbenzentrum Intervention e.V., Glashüttenstr. 2, 20357 Hamburg, Tel: 040/4304624, Fax: 040/4304624
- Lesbentelefon im MHC, Tel: 040/2790049
- Magnus-Hirschfeld-Centrum, Lesben- und Schwulen-Zentrum, Borgweg 8, 22303 Hamburg, Tel: 040/27877800, Fax: 040/27877802

Hannover

- Frauenbuchladen, Theaterstr. 16, 69117 Heidelberg, Tel: 06221/22201
- HOME-Zentrum. Homosexuelle Emanzipation Hannover e.V., Johannsenstr. 8, 30159 Hannover, Tel: 0511/363344, Fax: 363399
- Lesbenzentrum Hannover e.V., Lichtenbergplatz 7, 30449 Hannover, Tel: 0511/440568
- Lesbentelefon (Mi 18–20 Uhr), Tel: 0511/19446

Innsbruck

- Autonomes Frauen/Lesbenzentrum, Liebenegggerstr. 15, A-6020 Innsbruck, Tel: 0043/512/580 839

Jena

- Lesbentreff im Frauenzentrum Jena, Schulstr. 11a, 07749 Jena, Tel: 03641/443968

Karlsruhe

- Lesbentelefon Karlsruhe (Fr 20–22 Uhr), Tel: 0721/691070

Kassel

- Aradia Frauenbuchladen, Pestalozzistr.9, 34119 Kassel, Tel: 0561/17210, Fax: 0561/771445
- Frauenforum Kassel, Annastr. 9, 34119 Kassel, Tel: 0561/770587, Fax: 0561/7390864
- Lesbentelefon Kassel, Tel: 0561/104050

Kempten

- Frauenbuchladen, Rathausplatz 9, 87435 Kempten, Tel: 0831/18228, Fax: 0831/272246

Kiel

- Frauenprojektehaus, Schaßstr.4, 24103 Kiel, Tel: 0431/61549, Fax: 0431/665400
- Psychosoziale Frauenberatungsstelle donnaklara (Mi 9–11 Uhr), Tel: 0431/5579344

Klagenfurt

- Belladonna Frauenzentrum, Villacherring 21/2, A-9020 Klagenfurt, Tel: 0043/463 511248

Köln

- Check Point – Service für Lesben und Schwule, Pipinstr. 7, 50667 Köln, Tel: 0221/92576868, Fax: 0221/92576845
- Frauenberatungsstelle Frauen lernen leben e.V., Venloer Str. 405–407, 50825 Köln, Tel: 0221/9541661, Fax: 0221/9541662
- Rhiannon Frauenbuchladen, Moltkestr. 66, 50674 Köln, Tel: 0221/523120, Fax: 0221/527091
- Hagazussa e.V. Feministisches Frauengesundheitszentrum Köln, Roonstr. 92, 50674 Köln, Tel: 0221/234047, Fax: 0221/2403653
- Schwulen- und Lesbenzentrum Schulz, Kartäuserwall 18, 50678 Köln, Tel: 0221/93188080, Fax: 0221/93188085

Leer

- Lesben- und Schwulengruppe c/o Zollhaus e.V., Postfach, 26772 Leer, Tel: 0491/67649

Leipzig

- Lesbengruppe Buntes Archiv e.V., Könneritzerstr. 92, 04229 Leipzig, Tel: 0341/4797475, Fax: 0341/4797475
- Tian-Frauenbuchladen, Könneritzerstr. 67, 04229 Leipzig, Tel/Fax: 0341/4797475

Lingen

- Lesbentelefon (2. u. 4. Do 20–22 Uhr), Tel: 0591/54121

Linz

- Frauenzentrum Linz, Altstadt 22/1, A-4020 Linz, Tel: 0043/732/2129, Fax: 0043/732/2129
- HOSI-Zentrum, Schubertstr. 36, A-4020 Linz, Tel: 0043/732/609898, Fax: 0043/732/609898

Löbau

- Lesbentelefon (1. Di 17–19 Uhr), Tel: 03585/403924 (Rosa Power e.V.)

Lübeck

- ARANAT – Feministisches Frauenbildungs- und Kulturzentrum Lübeck, Mühlenbrücke 5a, 23552 Lübeck, Tel: 0451/704494, Fax: 0451/73827
- SubLine Lesbentelefon (Di 19–21), Tel: 0451/19446

Luzern

- Schwulesbisches Zentrum Uferlos, Geissensteinring 14, CH-6005 Luzern

Magdeburg

- Lesbentelefon (Do 18–20), Tel: 0391/4048089

Mainz

- Frauenzentrum Mainz e.V., Walpodenstr.10, 55116 Mainz, Tel: 06131/221263, Fax: 06131/229222
- Lesbentelefon (Do 18.30–20 Uhr), Tel: 06131/221263

Mannheim

- Beratungstelefon, Tel: 06322/980592
- Plus Psychologische Lesben- und Schwulenberatung (Di 17–18 Uhr, Do 9–10 Uhr), Tel: 0621/3362110

- Xanthippe Frauenbuchladen, T3,4, 68161 Mannheim, Tel: 0621/21663, Fax: 0621/1565717

Menden

- Rosa Linde schwulesbische Gruppe (Di 19.30–22 Uhr), Tel: 02373/903455

Moers

- Hilfe und Beratung für Lesben (Mo–Mi 9–12 Uhr, Do 16–19 Uhr), Tel: 02841/28600

Mönchengladbach

- Lila Distel – Frauenzentrum Mönchengladbach e.V., Lüpertzender Str. 69, 41061 Mönchengladbach, Tel: 02161/21900, Fax: 02161/208574

München

- LesbenTraum (LeTra) Lesbenberatungsstelle des Lesbentelefon e.V., Dreimühlenstr. 23, 80469 München, Tel: 089/7254272, Fax: 089/7254272
- Lillemors Frauenbuchladen, Arcisstr. 57, 80799 München, Tel: 089/2721205, Fax: 089/2720998
- Ragazza, Mädchenzentrum, Jahnstraße 38, 80468 München, Tel: 089/268921

Münster

- Chrysalis Frauenbuchladen, Buddenstr. 22, 48143 Münster, Tel: 0251/55505, Fax: 0251/47836
- KCM – Schwulen- und Lesbenzentrum e.V., Am Hawerkamp 31, 48025 Münster, Tel: 0251/665686, Fax: 0251/665661
- Lesbentelefon Münster (Do 20–22 Uhr), Tel: 0251/19446

Neubrandenburg

- Initiative Rosa Lila e.V., Fritz-Reuter-Str.1a, 17033 Neubrandenburg, Tel: 0395/5442077, Fax: 0395/5442077
- Lesbentelefon: 0395/19446

Neustrelitz

- Lesbentelefon (1. Mo 11–16 Uhr), Tel: 03981/203862 oder persönlich im Kiss Familienzentrum, Useriner Str. 3, 17235 Neustrelitz

Nürnberg

- Fliederlich e.V. Kommunikations- und Beratungszentrum für Schwule und Lesben, Gugelstr. 92, 90459 Nürnberg, Tel: 0911/4234570, Fax: 0911/42345720

- Frauenbuchladen, Kleinreutherweg 28, 90408 Nürnberg, Tel: 0911/352403, Fax: 0911/351405
- Lesbians United Infotelefon (Sa), Tel: 0911/9354505
- Lila-Hilfe Lesbentelefon (Mi 17–19 Uhr), Tel: 0911/42345719

Oberhausen

- Lesbentelefon Oberhausen, Tel: 0208/852454

Oldenburg

- Na Und e.V. – Lesben- und Schwulenzentrum, Ziegelhofstr. 83, 26121 Oldenburg, Tel: 0441/7775923, Fax: 0441/76478
- Violetta, Lindenstr. 18, 26123 Oldenburg, Tel: 0441/883039, Fax: 0441/8850962

Osnabrück

- Lesbentelefon Osnabrück c/o Frauenberatungsstelle, Spindelstr. 41, 49074 Osnabrück, Tel: 0541/803405
- Mother Jones, Jahnstr. 17, 49080 Osnabrück, Tel: 0541/43700, Fax: 0541/49752

Paderborn

- Lesbeninitiative Paderborn c/o Lilith, Fürstenbergerstr. 41, 33102 Paderborn, Tel: 05251/21311

Passau

- Lesbentelefon (Do 19–20 Uhr), Tel: 0851/55367

Potsdam

- Beratungstelefon für Frauen und Mädchen (Mo 15–20 Uhr), Tel. 0331/19446

Recklinghausen

- Lesbentelefon (Do 19.30–21.30 Uhr), Tel: 0231/19446

Regensburg

- Frauenzentrum e.V. Regensburg c/o Frauenprojektehaus, Prüfeninger Str. 32, 93049 Regensburg, Tel: 0941/24259

Rostock

- Frauen- und Lesbenberatung bei rat & tat, Tel: 0381/453166

Saarbrücken

- Lesbischschwules Überfall- und Beratungstelefon, Tel: 0681/19228

Salzburg

- Frauenzentrum Salzburg, Markus-Sittikus-Straße 17, A-5020 Salzburg, Tel: 0043/662/871639

Schwerin
- Klub Einblick, Tel: 0385/555560

Siegen
- Lesben in Siegen c/o Frauenberatungsstelle, Freudenbergerstr. 28, 57072 Siegen, Tel: 0271/21887

Stuttgart
- FETZ – Frauenberatungs- und Therapiezentrum Stuttgart e.V., Obere Str. 2, 70190 Stuttgart, Tel: 0711/2859001, Fax: 0711/2859003
- Goudou-Frauenbuchladen, Schloßstr. 66, 70176 Stuttgart, Tel: 0711/611100, Fax: 0711/611199
- Weißenburg – Schwulesbisches Zentrum, Weißenburgstr. 28a, 70180 Stuttgart, Tel: 0711/6404492

Trier
- Frauenzentrum Trier, Saarstr. 38, 54290 Trier, Tel: 0651/49133
- Lesbentelefon (Do 18–21 Uhr), Tel: 0651/49133

Tübingen
- Lesbentelefon, Beratung und Information c/o BAF, Wöhrdstr. 25, 72072 Tübingen, Tel: 07071/32901
- Lesbentelefon (Fr 18–20 Uhr), Tel: 07071/22599
- Thalestris Frauenbuchladen, Bursagasse 2, 72070 Tübingen, Tel: 07071/26590, Fax: 07071/51129

Ulm
- Lesbenberatungstelefon PLUS, Tel: 0731/67057

Villingen-Schwenningen
- Lila Telefon c/o Lesben und Schwulenring Villingen-Schwenningen, Tel: 07720/21798

Weimar
- Frauenzentrum Weimar e.V., Schopenhauerstr.21, 99423 Weimar, Tel: 03643/87116, Fax: 03643/871184

Westerburg
- Frauenzentrum Beginenhof, Neustr. 31, 56457 Westerburg, Tel: 02663/919629, Fax: 02663/919241

Wetzlar
- Lesbentelefon (1. Fr 20–22 Uhr), Tel: 06441/42259

Wien

- Frauenzimmer Frauenbuchladen, Lange Gasse 11, A-1080 Wien, Tel: 0043/1/4068678, Fax: 0443/1/4071620
- HOSI – Homosexuelle Initiative Wien, Novaragagasse 40, A-1020 Wien, Tel: 0043/1/2166604
- Rosa Lila Tipp, Linke Wienzeile 102, A-1060 Wien, Tel: 0043/1/5868150, Fax: 0043/1/5871778

Wiesbaden

- Frauenbuchversand & Laden, Luxemburgstr. 2, 65042 Wiesbaden, Tel: 0611/371515, Fax: 0611/371913

Wolfsburg

- Lesbentelefon (Mo/Mi 20–22 Uhr), Tel: 05361/19446

Würzburg

- Lesbentelefon (Fr 19–21 Uhr), Tel: 0931/573162

Wuppertal

- Frauenbuchladen, Heubruch 30, 42275 Wuppertal, Tel/Fax: 0202/551541
- Lesbentelefon (Mo 20–22 Uhr) Tel: 0202/440808

Zittau

- Lesbentelefon (2./4. Do 18–20 Uhr), Tel: 03583/510515

Zürich

- BOA – Infostelle für Frauen/Lesben, FrHeiastr. 20, CH-8004 Zürich, Tel: 0041/1/2912601, Fax: 0041/1/2912601
- Frauenbuchladen, Gerechtigkeitsgasse 6, CH-8002 Zürich, Tel: 0041/1/2026274
- Lesbenberatungsstelle, Mattengasse 27, CH-8005 Zürich, Tel: 0041/1/2727371

Bundesweite Organisationen

- Adefra, Initiative schwarzer Frauen, Tel: 089/2013626, Fax. 089/2022747
- Amigas c/o Carolina Brauckmann, Petersbergerstr. 21, 50939 Köln, Tel: 0221/50939, Fax: 0221/2408676. Netzwerk lesbischer Unternehmerinnen und Freiberuflerinnen in Köln, Bonn und Umgebung
- Lesbenring e.V., c/o Vertriebsbüro, Akazienstr.25, 10823 Berlin, Tel: 030/78702551. Bundesweiter Lesbendachverband
- BGLS, Bundesverband Gehörloser Lesben und Schwule, c/o Christian Geilfuß, Rendsburgerstr. 9, 20359 Hamburg, Fax: 040/31796935
- Bundesverband lesbischer und schwuler JournalistInnen, Postfach 304204, 10724 Berlin
- Bundeszentrale für gesundheitliche Aufklärung, Postfach 910152, 51071 Köln, Tel: 0221/89920
- Deutsche Aids-Hilfe, Beratung für Frauen, Dieffenbachstr. 33, 10967 Berlin, Tel: 030/6900870, Fax: 030/69008742
- Furien & Companeras c/o LeTra, Dreimühlenstr. 23, 80469 München. Verein von Lesben, die mit Kindern leben (wollen).
- ILGA, Action Secretariat, c/o GLF Köln, Bismarkstr. 17, 50672 Köln
- JAMIL, Jüdische, Afrodeutsche/Schwarze, Migrierte Lesben c/o Lesbisch-schwules Kulturhaus, Klingerstr.6, 60313 Frankfurt/Main, Tel: 069/446451
- Krüppel-Lesben-Netzwerk c/o Frauenbuchladen Amazonas, Schmidtstr. 12, 44793 Bochum, Tel/Fax: 0243/683194
- LesArt, überregionaler Verein lesbischer Künstlerinnen und kunstinteressierter Lesben, Postfach 600580, 50685 Köln, Tel: 0234/680500
- LSVD Lesben- und Schwulenverband Deutschland, Pipinstr. 7, 50667 Köln, Tel: 0221/9259610, Fax: 0221/92596111

- SAFIA e.V. – Lesben organisieren ihr Alter c/o Anke Schäfer, Postfach 5266, 65042 Wiesbaden, Tel: 06439/7870, Fax: 06439/5217
- Verband lesbischer Psychologinnen und Psychologen in Deutschland e.V., Postfach 221330, 80503 München, Tel: 089/29168549, Fax: 089/29168548
- Yachad, Vereinigung schwuler, lesbischer und bisexueller Jüdinnen und Juden in Deutschland, c/o Sub, Müllerstr. 43, 80469 München, Tel: 089/2603056

Toys, Bücher, Musikversand

- Sexclusivitäten, Sex-Toys & More, Fürbringerstr.2, Berlin, Tel/Fax: 030/6936666. Farbiger Katalog kann gegen DM 8.– Schutzgebühr und Porto bestellt werden
- Tikala, Women's World Music & Video, Kemptener Str.5, 87730 Bad Grönenbach, Tel: 08334/986698, Fax: 08334/986699. Katalog mit 500 CD's kann gegen DM 4.40 angefordert werden

Medien und Archive

- die – Feministische Lesbenzeitschrift, Mattengasse 27, CH-8005 Zürich, Fax: 0041/1-2013735
- Ihrsinn – eine radikalfeministische Lesbenzeitschrift, Schmidtstr. 12, 44793 Bochum, Tel/Fax: 0234/683194
- Lesbenarchiv, Am Zwinger 16, 33602 Bielefeld, Tel: 0521/66713
- Lesbisch-schwules Pressearchiv, Mehringdamm 61, 10961 Berlin, Tel: 030/69401723. Herausgeber der Schwulesbischen Presserundschau Lesbenring Info, Postfach 5229, 70722 Fellbach, Tel/Fax: 0711/515697
- Lespress – Seiten mit Sinn, Kaiser-Karl-Ring 57, 53111 Bonn, Tel: 0228/653464, Fax: 0228/653501
- Queer – Monatszeitschrift für Lesben und Schwule, Rosa Zone, Verlag GbR, Aachener Str. 66, 50674 Köln, Tel: 0221/579760, Fax: 0221/5797666
- Spinnboden, Anklammer Str. 38, 10115 Berlin, Tel/Fax: 030/4485848. Archiv zur Entdeckung und Bewahrung von Frauenliebe
- UKZ – Unsere kleine Zeitung, Gruppe L74 e.V., Postfach 310609, 10636 Berlin, Tel/Fax: 030/2621832
- XTRA! Österreichs größtes Schwulen- und Lesbenmagazin, Postfach 77, A-1043 Wien

Stadtmagazine

- Flip – Infoblatt von Lesben für Lesben im Ruhrgebiet, Kaldekirche 32, 45309 Essen, Tel: 0201/212190
- GAB – Das Magazin für Schwule & Lesben Rhein-Main, Kaiserstr. 72, 60329 Frankfurt/M., Tel: 069/2740420

- Gegenpol – Sachsens schwulesbisches Magazin, Postfach 100408, 01074 Dresden, Tel: 0351/8033364
- Hinnerk – das schwule Magazin im Norden, Koppel 97, 20099 Hamburg, Tel: 040/240645
- Our Munich – Münchens schwulesbisches Stadtmagazin, Pestalozzistr. 10, 80469 München
- Rosalila Buschtrommel – schwulesbisch-steirisch, c/o feel free, Rapoldgasse 24, A-8010 Graz, Tel/Fax: 0443/316-328080
- Rosige Zeiten – Magazin aus Oldenburg für Schwule und Lesben, Postfach 3804, 26028 Oldenburg, Tel: 0441/7775923, Fax: 0441/76478
- Siegessäule – Das schwulesbische Berliner Stadtmagazin, c/o Jackwerth Verlag GmbH, Lütziwstr. 102–104, 10785 Berlin, Tel: 030/2308270, Fax: 030/2652805
- S.L.I.B. – Schwulesbisches Infoblatt Schwerin, c/o Klub Einblick, Bornhövedstr. 78, 19055 Schwerin, Tel/Fax: 0385/555560
- WasWannWo – Monatliches Infoblatt für Lesben in München, c/o Kofra, Baaderstr. 30, 80468 München, Tel: 089/2010450

Reisen

- Avantgarde Travel
  Frauengruppenreisen und Individualreisen für Frauen
  Graf-Adolf-Str. 68, 40210 Düsseldorf, Tel: 0211/93 57 011
- Frauen unterwegs e.V.
  Potsdamer Str. 139, 10783 Berlin
  Tel: 030/215 10 22, Fax: 030/216 98 52
- Good Buy!
  Flugreisen u.a., Special Gay Trips,
  Egenolffstr. 38, 60316 Frankfurt, Tel: 069/94 41 45 04,
  Fax 069/4398 97
- High Live – Frauenkletterschule
  Kletterkurse nach Frankreich und Italien
  Lindenbornstr. 18, 50823 Köln
  Tel. + Fax: 0221/519 622
- Nouwelle – Frauen-Aktiv-Reisen
  Hamburg Tel: 040/441 456 oder Frankfurt 069/515 280
- Our World Travel
  Reisebüros für Gays und Lesben,
  Müllerstr. 47, 80469 München, Tel: 089/2609418

Ein kleiner Tipp für die Daheimgebliebene und alle, die keine Lust auf ölige Fahrlehrer und deren Hände auf dem Knie haben:

- Frauenferienfahrschule
  Schulrat-Spang-Str. 24, 55597 Wöllstein, Tel: 06703/4839

Guter Rat zu guter Letzt ...

Das Ende ist gekommen. Zeit, ein kleines Fazit zu ziehen: Ein Coming Out ist kein Zuckerschlecken. Du wirst mehrere Identitätskrisen durchleben. Wenige deiner Freunde werden jubelnd die Arme hochreißen, manche werden vielleicht sogar den Kontakt zu dir abbrechen. Aber lasse dir eines von zwei alten Häsinnen gesagt sein: Auf solche Leute, und seien es sogar die Eltern, kannst du getrost verzichten. Das Leben ist viel zu kurz, um es einzig und allein anderen recht zu machen. Fühlst du dich als Lesbe? Dann lebe so! Worauf wartest du noch? Steh dazu, dann wirkst du glaubwürdig, und andere können etwas mit deiner neuen Identität anfangen. Du hast allen Grund, stolz zu sein! Denn im Gegensatz zu vielen anderen, heterosexuellen Menschen hast du dir mal Gedanken gemacht, was du in diesem Leben willst. Und du willst jetzt Frauen lieben! Das ist doch super! Geh raus in die Welt und tu es!

DAS HAB ICH MIR DOCH SCHON LETZTE WOCHE BEI IHNEN GEKAUFT. JETZT HÄTT' ICH GERN EINE LESBISCHE BEZIEHUNGS-RATGEBERIN.
JANE LIEBT JULIA
DER SACHBUCH-BESTSELLER 2000!
"OFFEN TABULOS"
J♡J

Für Renate – die sich jetzt ja auskennt... Die "Perle"

Für Renate – hoffentlich Unterhaltung ... B

Danksagung

Vielen Dank an alle, die bei der Entstehung dieses Buches mitgewirkt haben. Das sind unsere Interviewpartnerinnen, die mutig und offen ihre Geschichten erzählt haben, Respekt!
Des Weiteren die Fotomodelle, die dazu beigetragen haben, dass Lesben ein Gesicht bekommen, und was für ein hübsches.
Danken möchten wir auch all jenen Frauen, die über Lesben forschen und fleißig Informationen sammeln, auf ihre Erkenntnisse haben wir gerne und reichlich zurückgegriffen.
Und schließlich gilt unser ganz besonderer Dank einem Mann und einer Hetera: Tim Sonderhüsken, der die Idee zu einem Coming-Out-Buch hatte und dafür sorgte, dass wir es auch schrieben. Und Bettina Traub, die mit Einfallsreichtum und Engagement *Jane liebt Julia* zu ihrer heutigen Topform verhalf.

Pia Werner 5-2000 Barbara L...

FRAGEN, DIE DIE WELT BEWEGEN:
...JA ALSO, ÄHM, ICH HÄTT' DA MAL NE FRAGE, – WIE TUN'S EIGENTLICH DIE LESBEN...?

SILKE MACHTS IN DER GROßSTADT.
U

HELGA & SIEGLINDE TUN'S AM LIEBSTEN BEIM KAFFEE-TRINKEN.

KITTY TUT'S, SOLANGE SIE NOCH SINGLE IST.
WOMAN'S DAY
1999

HENRIETTE UND CONNY TUN'S JEDEN SAMSTAG MARATHONMÄSSIG.

GERTRUD & LISBETH TUN'S MEISTENS IN DER HINTERSTEN KIRCHENBANK.

TINA WÜRDE SOWAS NIEMALS TUN.
na ja...

GABI & BEATE TUN'S IMMER AUF IHREM ACKER!
SAPPHOS